ENCUENTRA TU CAMINO

... hacia las cosas que verdaderamente importan

TOMMY TENNEY

PENIEL

BUENOS AIRES - MIAMI - SAN JOSÉ - SANTIAGO

www.peniel.com

©2009 Editorial Peniel

Ninguna parte de esta publicación puede ser reproducida en ninguna forma sin el permiso escrito de Editorial Peniel.

Las citas bíblicas fueron tomadas de la Santa Biblia, Nueva Versión Internacional, a menos que se indique lo contrario.
© Sociedad Bíblica Internacional.

EDITORIAL PENIEL
Boedo 25
Buenos Aires, C1206AAA
Argentina
Tel. 54-11 4981-6178 / 6034
e-mail: info@peniel.com
www.peniel.com

Adaptación de cubierta y diseño de interior:
ARTE PENIEL • arte@peniel.com

Copyright © 2008 by Hope Direction and Encouragement Ministries, Inc.
Publicado originalmente en inglés con el título:
Finding Your Way
Por FaithWords
New York, New York, USA
All rights reserved.

Tenney, Tommy
Encuentra tu camino. - 1a ed. - Buenos Aires : Peniel, 2009.
  260 p. ; 21x14 cm.
  Traducido por: María José Hooft
  ISBN 10: 987-257-237-3
  ISBN 13: 978-987-557-237-9
  1. Vida Cristiana. I. Hooft, María José, trad.
  CDD 248.5

Impreso en Colombia / Printed in Colombia

Índice

Prólogo   5

Introducción   7

Dirección y destino   9
GPS vs. SPE

¿Cómo llegué aquí?   13
El hambre del alma

¿Cómo retomo el camino?   29
El fin de la "normalidad" de Noemí

La pérdida del pasado magnifica el dolor del presente   49
Va a sentirse peor antes de sentirse mejor...

Toparse con el camino correcto   67
Tu crisis personal puede provocar una revelación en otra persona

El viaje de regreso   83
Arreglárselas para salir del problema

Volver a casa, a un lugar donde nunca has estado   99
"Déjà vu por primera vez"

Encuentra tu camino hacia las cosas que verdaderamente importan   115
¿Qué es lo realmente valioso?

La familia no es un proyecto "hazlo-tú-mismo"   137
Pero ¿implica un pueblo?

"Finalmente lo hallé"   155
¿De quién es este campo?

El camino a la redención 169
¿Qué le vio ella a él?

A veces hay que esperar por dirección 187
Viajar en la oscuridad

La marcha atrás es un buen cambio para tener en cuenta 203
Sé que quedaba por aquí en alguna parte...

El valor de los valores 219
El mapa de ruta hacia lo que verdaderamente importa

Notas finales 235

Acerca del autor 255

Prólogo

En el cuento clásico de *Hansel y Gretel*, los jovencitos, preocupados por la posibilidad de perderse en el bosque, dejan una estela de migas de pan detrás de ellos para poder encontrar el camino de regreso a casa. Los animales del bosque, sin embargo, se comen las migas y ellos terminan perdiéndose sin ninguna esperanza de encontrar el camino de vuelta.

Hoy Hansel y Gretel no habrían caminado por el bosque; habrían conducido una camioneta todoterreno completamente equipada con un sistema de navegación que les asegure que jamás se extraviarán en su travesía. ¡Si tan solo la vida viniera con un sistema GPS! Nunca giraríamos equivocadamente y jamás nos perderíamos.

El nuevo libro de Tommy Tenney, *Encuentra tu camino... hacia las cosas que verdaderamente importan*, provee el sistema de navegación GPS para resplandecer en una senda que te conduce a lo que verdaderamente importa en esta vida. También te ayuda a descubrir qué hacer cuando has perdido el camino y cómo volver al sendero correcto.

En algún punto de la vida, todos nos extraviamos y dudamos del lugar que ocupamos actualmente en el mundo. Tenney nos ayuda a encontrarle sentido a todo aquello.

Estoy seguro de que disfrutarás leyendo *Encuentra tu camino*, y que lo considerarás como un recurso irreemplazable al transitar por este hermoso peregrinaje al que llamamos vida.

Y puedes guardarte el pan para hacerte unos buenos emparedados.

Obispo T. D. Jakes,
Pastor principal *The Potter's House* de Dallas

En la escuela de la vida, a algunos los eliges, otros te son asignados, pero de todos aprendes.

Gracias a E. W. y Johnnie Ruth Caughron, Doyle y Faith Spears, T. W. y Lucille Barnes, Charles y Barbara Green, T. F. y Thetus Tenney, y a G. E. y Mildred Switzer.

Si es que los nombres suenan un tanto viejos es porque lo son. A menudo aprendes mejor cómo llegar a algún sitio a través de alguien que ya ha estado allí.

Introducción

Muchos automóviles ahora vienen equipados con tecnología GPS (Sistema de Posicionamiento Global, por sus siglas en inglés). Tal vez hayas ingresado la dirección de destino en uno de esos navegadores electrónicos y hayas encontrado fácilmente el camino, incluso evitado desvíos.

¿Quisieras encontrar tu camino en la vida de manera tan sencilla? ¿No sería maravilloso si tan solo pudieras hacer clic o tocar algún dato en la pantalla y seguir las indicaciones de la voz que está dentro del automóvil, con detalladas directrices verbales, juntamente con el mapa electrónico exhibido en pantalla?

Afortunadamente existe un SPE (Sistema de Posicionamiento Eterno). Ese SPE es La Biblia, con todas las historias de los pueblos desde los tiempos antiguos. La cultura puede haber cambiado. La geografía puede haberse alterado un poco. Pero la gente siempre ha tenido las mismas necesidades fundamentales a pesar de donde vivan geográfica o cronológicamente. Luego de que las necesidades vitales como comida y vivienda son suplidas, ¿qué es lo que hace que valga la pena vivir la vida? ¿Qué es lo que verdaderamente importa? Estas historias de la antigüedad nos brindan indicaciones claras, si tomamos el tiempo de estudiar sus vidas y aplicarlas hoy a las nuestras.

Yo encontré un añejo mapa de ruta en donde dos generaciones viajaron juntas hacia un lugar que reflejaba lo que verdaderamente era valioso: un lugar en familia, amigos, un propósito en la vida y una conexión con lo eterno. Los personajes principales de este relato histórico incluyen a Noemí, la madre; Elimélec, el padre y sus dos hijos, Majlón y Quilión; Rut la moabita, que se quedó con su suegra; Orfa, que volvió con su familia; Booz de Belén y un personaje anónimo a quien los rabinos judíos llamaban *Ploni Almoni*, el equivalente hebreo para Fulano de Tal.

Tal vez tú también estés "buscando tu camino" hacia las cosas que verdaderamente importan. Que mis pensamientos modernos sobre esta antigua historia te guíen a ese lugar de comodidad y seguridad.

CAPÍTULO 1

Dirección y destino

GPS vs. SPE

Las ciudades extrañas o lugares extraños parecen sacar lo mejor o lo peor de mí. Como viajo tanto, mi familia y yo frecuentemente nos encontramos en lugares desconocidos. En cuestión de unos años he estado en más de cien ciudades de los Estados Unidos, y en veinte países. No hay manera de que pudiera conocer el camino a cada uno de esos lugares.

De hecho, estoy agradecido de que ahora podamos alquilar autos que vienen con GPS (Sistema de Posicionamiento Global, por sus siglas en inglés) incorporado. El GPS es una red de veinticuatro satélites puestos en órbita por el Departamento de Defensa de los Estados Unidos. Los satélites GPS rodean y transmiten señales de información a la Tierra. El sistema fue originariamente concebido para usos militares, pero en la década de 1980 el gobierno hizo que también estuviera disponible para uso civil. El GPS funciona en cualquier condición climática, en todas partes del mundo, las veinticuatro horas del día. El gobierno no cobra cuota de suscripción o cargos de instalación para usarlo.

El GPS ha salvado mis nervios de quedar extenuados muchas veces. Parece como si hubiera pasado la mitad de mi vida buscando aeropuertos... y la otra mitad buscando hoteles. Nunca olvidaré un incidente en particular, antes de la aparición de los sistemas de navegación GPS.

Yo tenía un asistente de viajes que estaba encaprichado en buscar siempre los mapas en Internet. Luego de una reunión que había finalizado tarde en la noche, insistió en que sabía exactamente cómo llevarnos al aeropuerto para tomar el avión. El único problema era que había descargado el mapa del aeropuerto equivocado.

Cuando acabamos en algún camino a millas de donde se suponía que deberíamos estar, ante un embarque terminado y un aeropuerto cerrado, la paciencia se me estaba acabando.

Él dijo:

–Bueno, *pensé* que era el aeropuerto indicado.

Yo le contesté:

–Y también *pensaste* que tenías un trabajo.

El momento fue bastante tenso, debo admitirlo. Muchas llamadas telefónicas luego y terminamos en el aeropuerto correcto, solo que mucho más tarde.

Repito, estoy agradecido por los sistemas de navegación GPS.

En algunas ocasiones, sin embargo, solo supe que: "Necesitamos ir en *esta* dirección". En aquellos momentos fue aliviador encontrarme de repente con algún punto de referencia conocido, o ir a parar por casualidad a la carretera correcta.

Si los satélites fueran el punto fijo desde el cual uno puede determinar su ubicación geográfica y destino, ¿qué brújula sería la que indicaría la dirección adecuada para un viaje más espiritual? En términos terrenales uno necesitaría un GPS, en los celestiales, se precisaría un Sistema de Posicionamiento Eterno (SPE), un punto fijo desde el cual poder guiar la dirección de su vida.

La crisis personal al buscar dirección a menudo genera la oportunidad de una gran aventura. Muchas de esas aventuras yo no las quería y no me gustaban, pero ciertamente he tenido un montón de ellas.

Este libro trata de lo que es verdaderamente importante. Trata sobre avanzar hacia lo valioso y alejarnos de lo que no lo es. Discernir la diferencia entre ambos es lo que hoy todos queremos. ¿Quién quiere ser engañado por "el oro de los tontos"? Por eso la frase "no todo lo que brilla es oro" todavía resuena. Yo quiero ayudarte a separar lo que brilla de lo que es oro real, la fantasía de las joyas verdaderas. Este es un libro acerca de valores. No es sobre los "valores tradicionales". A veces la tradición asigna valores que son correctos, pero algunas veces son incorrectos.

Recuerdo esas palabras de "Tradición", una canción en la película *El violinista sobre el tejado*: "¿Quién, noche y día, debe luchar para vivir, alimentar esposa e hijos, hacer sus oraciones diarias?" Tal vez tú recuerdes la escena del filme o del musical donde las generaciones entran en conflicto. La perspectiva de los años ha cambiado mi opinión sobre esta canción. La odiaba cuando era adolescente, me molestaba cuando tenía veinte, no me gustaba a los treinta y algo, me olvidé de ella en mis cuarenta... y ahora, en mis cincuenta y tantos años la aprecio y me temo que será mi himno en mis sesenta. ¿La canción cambió? No, yo cambié. Adquirí una apreciación por las cosas que una vez cuestioné.

¿Alguna vez has dicho o pensado: "Ellos no valoran las cosas que nosotros una vez valoramos"? Tal vez sea cierto; tal vez valoren otras cosas, más importantes que las que una vez nosotros consideramos valiosas.

La generación de mis padres valoraba la ética del trabajo, a veces incluso a expensas de la familia. Se está levantando una nueva generación que se rehúsa a hacer horas extra, simplifica intencionalmente y ha puesto de moda palabras tan pegadizas como "calidad de vida". Esta generación le asigna un significado distinto a las palabras *trabajar y comprar* que las que sus padres y sus madres le asignaron. Calidad de vida no se define necesariamente como una casa más grande, un automóvil de marca prestigiosa y ropa con la marca del diseñador mostrada en forma exagerada.

La calidad de vida para ellos incluye cosas como licencia por paternidad –donde los padres piden tiempo fuera del trabajo–, trabajar desde su casa –a través de Internet– y tener flexibilidad horaria –trabajar a diferentes horas para poder priorizar el tiempo con la familia–.

En vez de viaje suburbano ahora hay viaje urbano, una vuelta a los centros de las ciudades, para que el recorrido al centro laboral no sea tan largo, y los negocios y supermercados están a distancias que pueden hacerse a pie. ¡Es conveniencia con un propósito!

Muchos de nosotros estamos sintiendo un impulso primario de separar lo que verdaderamente importa, de regresar a lo que es valioso de veras: familia, amigos, un propósito en la vida laboral y una conexión con lo eterno. Para algunos ni siquiera es un "regreso", sino más bien un descubrimiento –¡o hasta un redescubrimiento!– de lo que realmente interesa en la vida.

Descubramos cómo tu dirección puede afectar tu destino. ¿A dónde vas? ¿Acaso lo sabes? Tal vez precises un mapa de ruta confiable.

El libro bíblico de Rut puede ser nuestro SPE para guiarnos a cada uno hacia las cosas que verdaderamente importan en la vida.

CAPÍTULO 2

¿Cómo llegué aquí?

El hambre del alma

¿Alguna vez llegaste a algún sitio solo para darte cuenta de que ese no era el lugar donde querías estar? Tal vez has seguido las indicaciones imprecisas de alguien, solo para acabar en un lugar complicado.

Aconteció (...) que hubo hambre en la tierra.[1]

Tú puedes haber leído ya sobre la historia judía conocida para los cristianos como la historia de Rut, pero no puedes imaginarte lo perdida que se sintió Noemí, su suegra, cuando decidió marcharse a un país que nunca había visto, para vivir con gente que no conocía, todo mientras que huía de una gran hambre.

¿Alguna vez te sentiste perdido?

¿Sabías en donde te encontrabas geográficamente, pero igual te sentías perdido?

En un territorio desconocido, sin saber cómo llegaste allí.

Evidentemente, doblaste mal en algún lugar y eso te condujo *aquí*... dondequiera que sea *aquí*.

Las cosas *lucen* como un tanto familiares. Solo que no se *sienten* familiares.

Ya no te sientes cómodo donde estás. El vecindario, la calle, se *ven* iguales; pero no se *sienten* iguales. Esta *es* tu casa, pero no se siente como tu hogar.

Si este lugar es definitivamente donde yo vivo, ¿por qué siento una extraña inconexión? Este es mi empleo, ¿pero por qué estoy tentado de escapar?

La insatisfacción creciente lleva a un tiempo de reflexión: ¿Debería haber doblado a la derecha o a la izquierda? ¿Me casé con la persona correcta? ¿Cómo llegué aquí? ¿Y por qué a veces me siento tan infeliz, especialmente cuando todo me indica que debería ser feliz: tengo un buen trabajo, un matrimonio decente, hijos controlables?

Si conoces la ciudad en la que te encuentras, si sabes donde trabajas y donde queda tu casa, ¿por qué te sientes tan perturbado? ¿Por qué te sientes como "esto no es mi casa"?

Si no estoy perdido geográficamente, tal vez lo esté emocionalmente. Pero si el hogar es donde está el corazón, ¿entonces por qué me duele el corazón?

Si el hogar es donde está el corazón, ¿entonces por qué me duele el corazón?

¿Es el *hogar* el problema, o lo es el *corazón*? ¿Será posible que el *corazón* no sea una buena brújula? Yo seguí mi corazón –o eso creí– pero no estoy satisfecho.

Como viajo frecuentemente, perderse es parte de "los gajes del oficio". Acabar en lugares donde no esperaba es simplemente parte del proceso de mi vida.

A veces busco un restaurante muy conocido, solo para llegar y encontrarme con un "Cerrado los lunes". Y estoy hambriento. Siempre es sencillo encontrar comida chatarra –la cual *odio*–, pero al menos satisface el hambre.

¿Qué hay acerca de la vida real, cuando el problema no es un

¿Cómo llegué aquí?

estómago vacío sino un alma hambrienta, cuando no pareces encontrar tu senda hacia un lugar de "satisfacción del alma"?

Si sencillamente no te sientes satisfecho con tu vida y *con lo que hay*, entonces tal vez tú también estés preguntándote: "¿Cómo llegué aquí?" Tienes comida por doquier, familia, amigos... pero así y todo, tu corazón se duele. Ese es "el hambre del alma". Estás rodeado de todo, pero te sientes vacío. Tienes un hogar, pero te sientes un poquito como un sin techo; no un sin techo de esos que duermen debajo de un puente o a un costado del camino, pero inconexo. Tienes familia, pero realmente no te sientes conectado a ellos. No sabes de dónde decirle a la gente que eres. Tienes un montón de amistades, pero pocos amigos verdaderos. Eso es lo que yo llamaría "un corazón sin techo".

En un cierto nivel muy impreciso y superficial, puedo identificarme con el sentimiento de un "sin techo". Mis hijos también crecieron viajando intensivamente, como producto de mis ocupaciones. En nuestros muchos viajes, a menudo los llevábamos cuando eran niños. De hecho, cuando mi hija menor tenía alrededor de cuatro años, alguien le preguntó donde vivía. Ella respondió muy segura:
–¡En un *motetel*!

Es la versión infantil de la suma de *motel* y *hotel*: por consiguiente, un *"motetel"*.

Entonces el adulto, algo confundido, le hizo otra pregunta, esperando que esta pudiera brindar una traducción que le diera la pista para la primera respuesta de mi hija.
–¿Qué hace tu papi?

Mi hija de cuatro años cansada de los hoteles por la fuerza dijo:
–¡Él *"vandaliza"*!

Otra vez, la versión infantil de "evangeliza".

Estoy seguro de que nuestra experiencia de vagabundos no se aplica exactamente a los "sin techo", pero tú entiendes lo que quiero decir. En cierto nivel, todos nos hemos sentido como si estuviéramos *adonde no queríamos estar*, o quizás hasta donde *necesitábamos* estar.

Repito: ¿alguna vez te sentiste perdido?

No sé qué es lo que puede haberte hecho "perder el camino", o sentirte sin techo o tan nostálgico en algún punto. Es difícil establecerlo con exactitud, especialmente cuando tu cabeza te dice que estás en el hogar, pero tu corazón te dice otra cosa. Sabemos que algo falta, pero no tenemos ni idea de lo que es. Nuestra mayor esperanza a veces parece estar en el proceso de descarte... una por una tenemos que ir a las cosas que están en el placard de nuestra vida y eliminar las que no nos satisfacen hasta poder volver a la senda.

Yo sí sé las muchas cosas que me han hecho "perder mi camino". He determinado cómo me encontré en esos lugares en los que realmente no quería estar, preguntándome todo el tiempo cómo había llegado allí. Algunas veces fue por una *mala decisión* u otras veces por *información incorrecta*. A veces fue mi culpa; otras veces no estoy tan seguro. Todo lo que sé es que "¡me siento perdido!".

Incluso la gente *buena* puede extraviarse del camino. Sin saberlo, y hasta de modo inocente en la carrera frenética por el éxito, por sobresalir, o incluso por simplemente sobrevivir, perdemos las mismas cosas que todos estamos buscando innatamente. Y a veces hasta olvidamos que deberíamos ocuparnos de ellas.

Pero aun así, algo instintivo, o "espiritual", se asoma en nuestros corazones y se expresa mejor con la frase una urgencia de "ir a casa".

¿Realmente puedes "ir a casa"?

Hace un tiempo tuve un deseo no buscado, apremiante y urgente de visitar una casa de mi niñez. Incluso insistía en que mi esposa y mis hijos me acompañaran.

Fue una visita totalmente insatisfactoria, también para mi familia, ¡pero especialmente para mí![2]

¡No se *sentía* bien! Era la casa correcta, calle Slack N.° 114, West Monroe, Louisiana, pero la casa parecía misteriosamente más pequeña de lo que yo recordaba. Y los árboles eran mayores de los que evocaba. Y también estaba la atmósfera: la única forma que podría describirlo es *"no huele a mamá"*. Ella siempre tenía algunas flores y plantas que yo recuerdo por su fragancia. Tal vez su ausencia de

¿Cómo llegué aquí?

cuarenta y cuatro años de ese lugar ha afectado la botánica. Hasta el día de hoy, cada vez que huelo el perfume de un olivo, momentáneamente "vuelvo a casa".

Sé por mis conversaciones con muchas personas, que han sentido impulsos similares. No estoy seguro de si los demás comúnmente describirían estos anhelos primitivos, o cuántos de ellos verdaderamente actuarían a raíz de esos sentimientos. Pero lo que sé es cómo se sienten.

Saben que algo está faltando; se sienten fragmentados y frágiles. Muchas personas sienten que *si tan solo pudieran volver a casa* y conectarse con lo que realmente importa en la vida, entonces todo estaría bien.

¿Alguna vez te has sentido como "volviendo a casa"? Tal vez esperaste que un nuevo comienzo y una "conexión" renovada con el hogar de algún modo aliviaran el dolor de sentirse tan perdido y "desconectado".

Todo aquel que haya jugado al béisbol –ya sea en el arenero del fondo de la casa o en una liga organizada de alguna clase– sabe lo importante que es "tocar base" [o *home*, en inglés] antes de correr cuando alguien más está al bate. No puedes "irte" o serás atrapado en el proverbial *pinch play*.[*] El objetivo de un *pinch play* es atrapar al que corre y que *se ha alejado demasiado de su base* para que regrese a la seguridad; y eso se logra cuando el *pitcher* aparenta estar desatento o actúa como si estuviera distraído, hasta que sea el tiempo de "abrir la trampa".

Tú sientes ese profundo dolor que dice: "toca base otra vez". Sabes que necesitas "tocar base" una vez más antes de seguir. Sientes una profunda necesidad de volver al hogar para un nuevo comienzo, pero por alguna razón, no has "avanzado hacia el *home*". Te sientes atrapado entre *adonde necesitas ir* y *de donde viniste*. ¡Hay una conexión allí, tú sabes!

---

[*] N. de la T.: El *pinch-play* o también llamado *pickle-ball*, es un juego derivado del béisbol que se practica mayormente en los Estados Unidos, Canadá y Australia, entre otros países, y no tiene equivalente en las comunidades hispanoparlantes.

Tal vez detestas la atmósfera de la "ciudad pequeña", o las reglas básicas de campo que parecen acompañar a "la vida en casa". O puede ser que compares "ir a casa" con "instalarte" –como en "volver otra vez con tus padres"–. No hablo de *retroceder*, sino de avanzar.

Algo dentro de ti puede estar impulsándote a "avanzar" o a "retroceder" mientras lees estas palabras. Sabes en tu corazón que aun estarías dispuesto a aceptar menos pago a cambio de la posibilidad de más relación. ¿Temes hacer esa movida?

No estamos hablando necesariamente de un movimiento geográfico, aunque las lecciones sobre "volver a casa" de las que estoy aprendiendo provienen de una mujer que *en efecto* hizo un regreso geográfico para volver a su hogar. Aunque irónicamente, alguien regresó con ella a su hogar, y que no provenía de un hogar como el de ella. Permíteme contarte su vida; está tomada de las páginas de la historia y de La Biblia.

La histórica senda a casa

Rut creció en un hogar atroz. Era hija de un hombre vicioso conocido por gobernar una familia tribal sexualmente decadente en el antiguo Medio Oriente. Una tribu con una predilección por los sacrificios rituales de niños.

Ella conoció a un hombre extranjero de una familia refugiada que se había escapado a la zona donde Rut vivía, para huir del hambre y de la sequía. Se sentía atraída hacia este hombre por razones que no era capaz de definir. Siendo una princesa del Medio Oriente, podría haber elegido al que quisiera. Pero él le ofrecía intrínsecamente cierto sentido de pertenencia que era intangible.

Rut ciertamente vivió una vida trágica. Su padre, el obeso rey de Moab, Eglón, fue asesinado; y poco después que Rut se casara con Majlón, él murió inesperadamente, dejándola sola y sin hijos. Todo lo que le quedaba era su hermana Orfa –que se había casado con el hermano de Majlón, Quilión, quien también murió trágicamente el mismo día que Majlón– y su suegra extranjera, Noemí.

Noemí parecía ser la fuente de la estabilidad intangible a la cual Rut

¿Cómo llegué aquí?

era atraída. Incluso después de la muerte del propio marido de Noemí, su fuerza en medio del dolor le resultaba atractiva a Rut. Detrás del luto de Noemí, Rut vislumbraba la esperanza.

Todo en la vida de Rut parecía desesperanzador... excepto que había algo en Noemí –y la manera en que vivía– que hablaba a lo profundo del dolido corazón de Rut.

Descubrió que amaba a esta mujer judía y sus caminos más que a su propia familia, su pueblo y su tierra. Luego de la muerte de sus dos hijos, Noemí anunció su intención de regresar a casa. No había estado en ella por más de una década. Había huido de Belén por causa de la hambruna, pero ahora era tiempo de volver a casa.

Las tres mujeres, Orfa, Rut y Noemí, caminaron por el largo sendero que llevaba a la comunidad rural que Noemí llamaba casa, la aldea montañosa conocida como Belén.

El futuro de Rut parecía poco prometedor pero obvio: se esperaba que ambas hermanas moabitas regresaran a su propia familia y reconstruyeran sus vidas como las princesas que eran. Cuando Rut y su hermana despidieron con un beso a Noemí y se secaron las lágrimas, algo invisible, algo intangible, algo incontrolable surgió dentro del corazón de Rut con un imperativo inevitable:

–Yo voy contigo, Noemí.

Orfa besó a Noemí y abruptamente se volvió para regresar a sus recuerdos moabitas. Cuando fue el turno de Rut, ella no tuvo interés en su hogar natal. Ella "volvería" al hogar de Noemí. No estaba preparada y no había empacado, pero fue de todos modos, no sabiendo lo que el próximo día les depararía.

¿Que la llevó a hacer tal apuesta imposible con su vida? Ella sabía que debía encontrar su camino hacia un lugar que llenara el vacío doloroso dentro de su corazón. Un vacío que un nuevo esposo, un nuevo novio, o el paisaje conocido de Moab nunca podrían llenar. Se sintió guiada a la decisión de que el "hogar" estaba delante, no detrás de ella.

¿Qué nos lleva del "hambre de la tierra" al "hambre del alma"?

¿Qué había provocado a Noemí para que dejara el lugar que años después parecía lo suficientemente atractivo como para regresar? No había comida. La cita de apertura de este capítulo nos dice sucintamente que hubo una hambruna. Un camino difícil nos puede llevar del "hambre de la tierra" al "hambre del alma". Perseguir nuestras necesidades materiales puede llevarnos a lugares que dejen nuestras almas hambrientas. Noemí comprendió el hecho de que un estómago lleno no se compara con un alma llena. ¿Cómo perdemos de vista lo que es innatamente valioso?

¿Qué puede hacer que uno desentierre las estacas, abandone todo lo que una vez fue valioso y "levante campamento"? ¿Son los harapos de la pobreza o la extenuante búsqueda de la prosperidad? ¿Podría ser el estrés de la interminable lucha por conseguir un empleo mejor pago? El costo en las relaciones por este tipo de acciones puede ser muy alto. Tales búsquedas pueden derribar las creencias y convicciones profundas que nos sostuvieron y –por una vez al menos– hacernos honestos, amorosos y conectados con los demás.

Hogar

Hay tres tipos de hogares mencionados en la sabiduría de La Biblia. Está el hogar literal en el cual habitas sobre la Tierra junto a tu familia. Segundo, está Jerusalén, llamada en La Biblia "nuestra madre", lo cual es una imagen perfecta del "hogar" religioso o espiritual.[3] Y el tercer hogar lo describió el rey Salomón con esta metáfora para la eternidad: "el hombre se encamina al hogar eterno".[4]

Si hay un *hogar eterno* es porque debe haber uno cercano. Si la eternidad es tu *hogar eterno*, ¡entonces tu *hogar literal* y tu *hogar religioso* deben ser los hogares cercanos!

Según valores y según te conduzcas en los primeros dos hogares, indicará dónde estará tu "hogar eterno".[5] La eternidad, el "para siempre", solo tiene dos direcciones en dos vecindarios: uno bueno y otro malo; el cielo o el infierno. Tus elecciones en la Tierra determinarán

¿Cómo llegué aquí?

en qué barrio estarás disfrutando o padeciendo por la eternidad. ¡Por esa razón necesitas un SPE más que un GPS! Uno te lleva a un lugar temporal, mientras que el otro te conduce a lo eterno. Lo que es más importante todavía: ¿adónde irás por un corto viaje o adónde vivirás de manera permanente?

Puedes conocer el precio de todo, pero el valor de nada.

He conocido gente con una mentalidad de "charco" mientras que viven en un alto nivel en un departamento lujoso. Pueden conocer el precio de todo, pero el valor de nada. Si la vida fuera un gran juego como "El precio correcto", ellos ganarían. Saben el costo en dólares de cada prenda de diseñador exclusivo sobre la Tierra. Pero no saben el valor de una taza de café tranquilo con un viejo amigo o un familiar. Esta es la vida insatisfecha de los infelices "sin techo".

¿Alguna vez te preguntaste por qué las empresas que forman parejas como *eHarmony.com* o *Match.com* se han vuelto unos gigantes de Internet? ¡La gente quiere estar conectada! Ellos valoran las conexiones a largo plazo y los viejos amigos, así como también los nuevos desafíos.

Evidentemente el dinero, la influencia y la indulgencia ilimitada con los placeres personales no suplen esta necesidad profunda que tenemos de regresar a "algo". ¡Si tan solo supiéramos a *qué* o, más importante, *adónde* podría ser!

Todos quieren pertenecer.

Tú quieres pertenecer a algún lugar, pero ciertamente no a aquí. Sientes que un reloj está haciendo tictac en alguna parte, y te estás poniendo *impaciente*. No basta con existir y sentirse bien por un momento... algo en ti quiere gritar fuertemente: "¡soy importante para alguien, para algo en algún lugar! ¡Yo *importo*! Si solo supiera dónde o para quién...".

Para la mayoría de nosotros, registrar ese sentido de que algo falta, lleva un tiempo. Tal vez sea la invasión de tentaciones y su disponibilidad lo que haga que el estudiante universitario, lejos de la zona de confort protegida del hogar, pierda contacto con los valores familiares y los descarte, para tratar de reconectarse –en el momento en que una crisis, matrimonio o hijos entran en su vida– con los valores que despreocupadamente desechó antes.

A menudo somos influenciados por el "factor Colón", ese sentimiento perturbador de que el costo de explorar nuevos mundos bien puede ser la pérdida del viejo mundo. Pero hasta Colón supo que había un tiempo de volver.

Lo que está perdido nos obsesiona. Es tiempo de encontrar el camino a quien realmente tú eres. No creer por más tiempo la mentira de que la felicidad siempre se encuentra abandonando la tradición, es emprender el camino de regreso.

Usar "el camino al hogar" como una frase pegadiza y una definición puede no interesarte, si ella dispara recuerdos de una niñez abusada, un padre ausente o un lugar en donde tu confort y tu seguridad no fueron valorados. "Hogar" no es necesariamente una buena palabra para todos.

Si el hogar que recuerdas y conoces siempre ha sido un lugar de memorias dolorosas, ¿entonces por qué querrías ir a casa? ¿Qué si la cosa que estás deseando es algo que nunca antes has tenido?

Puedes ser el producto de un hogar complicado, lleno de rencores, o un hogar en donde tus necesidades básicas nunca eran suplidas. Si el hogar que has conocido está signado por esos recuerdos dolorosos, entonces "hogar" no es un buen término para ti. *No es* adonde quieres ir. Entonces, hasta pronunciar esa palabra parece pinchar la herida interior.

Como sociedad occidental hemos hecho un buen trabajo en destruir la familia. Incluso en la televisión, uno puede observar el cambio del estereotipo cultural. Ya no se ven series sobre una familia típica. Su reemplazo es la familia mixta, seguida de un desfile de familias con un solo padre, parejas desparejas y amigos.

¿Cómo llegué aquí?

Desafortunadamente, habiendo demolido la valuada familia de ayer, ¿adónde iremos hoy?

Si el matrimonio es una idea anticuada de antaño, ¿qué toma su lugar cuando los veinte años son remplazados por la tercera y cuarta década de vida? Si el compromiso para toda la vida no tiene lugar en las relaciones humanas, ¿entonces por qué es tan difícil sentirse realizado y contento con encuentros amorosos de solo una noche? En síntesis, ¿con quién quisieras envejecer y que te salgan las arrugas? ¿Con alguien que valora solo lo externo o alguien que te valora por lo que eres por dentro?

En busca de un lugar en donde seas valorado

Tal vez solo sabes adonde *no* quieres ir. Pero yo creo saber adonde *sí* quieres ir.

Realmente deseas encontrar tu camino hacia un lugar donde seas valorado, donde seas amado, donde seas consolado y apoyado. Y donde tu destino también sea importante. Podemos estar agradecidos por la ayuda de los psicólogos, psicoanalistas y psiquiatras, pero ¿pueden ellos reemplazar lo que Dios en verdad planeó: un medio seguro y cómodo en el cual crecer? Todos necesitamos el apoyo de una familia extendida amorosa, ya sea una familia "biológica" o "por elección".

¿Dónde está ese Shangri-La, ese santuario del alma, ese lugar de amor incondicional?

¿Existe verdaderamente un lugar en donde alguien crea en tu seguridad y valore tu destino y tu felicidad? ¿Un lugar donde alguien esté de veras comprometido contigo para que alcances ese destino y logres el éxito?

Bien, *ese es el hogar del que estamos hablando.*

El camino a casa puede no siempre ser el camino esperado, o la senda conocida que te lleva a la entrada que tú ya conoces, o atraviesa el vecindario que tienes en tus recuerdos.

Sabes en lo profundo de ti que de alguna forma simplemente "no encajas", al menos no en donde te encuentras ahora. Sientes añoranza por el hogar mientras estás sentado en medio del lugar que otros piensan que *es* tu hogar.

Te sientes un poco como el personaje de la película clásica de ficción de Steven Spielberg, *E.T.: el extraterrestre*: no importa cuántas golosinas comas en tu hogar adoptivo, ellas simplemente no te satisfacen. Algo dentro de ti dice: "E.T. yendo a casa". Este camino a casa bien puede ser el camino que nunca transitaste y que te conduce al mismo lugar en que siempre has anhelado estar.

¿Alguna vez has conducido por un barrio en donde las casas estaban económicamente fuera de tu alcance? ¿Cuántas veces has mirado con deseo un lugar así una vez, dos veces e incluso una tercera vez antes de pensar o decirte en voz alta: "Sería agradable vivir aquí"?

Las casas caras no siempre representan hogares cálidos.

Ese es el lugar del cual hablo...

No hablo de una casa de ladrillos y cemento, sino de un lugar en donde las cosas que te brindan comodidad, seguridad, destino y propósito son valorados.

Ese es el hogar del cual hablo.

De hecho, si tu *hogar* es malo, si te sientes sin padre, si sientes los efectos del abandono y la soledad, entonces tengo una promesa para ti. Es una promesa de parte de Aquel que nunca ha roto una promesa, el que *será un Padre para aquellos que no tienen padre*.[6] En otras palabras, ¡Él proveerá un *hogar* para ti!

Bueno, *ese* es el hogar del que hablo.

Algo –tal vez el comienzo de la esperanza– está naciendo dentro de ti: tu deseo de regresar a lo que verdaderamente importa. Quizás adonde nunca has estado. A lo que es verdaderamente importante. Siempre hay algo espiritual acerca de la búsqueda de lo intangible.

Tal vez tu búsqueda inconsciente del "hogar" que has soñado te haya llevado a un lugar de confort temporal y engañoso. El efímero santuario ofrecido por un pastillero, una botella, la carrera profesional o los brazos de un amante ilícito.

¿Cómo llegué aquí?

En vez de brindar ese lugar de seguridad, confort y valorar tu destino, todos esos caminos sin salida y elecciones incorrectas solo te han hecho sentir más incómodo y menos feliz. Tal vez incluso has creído la mentira de la cultura popular: "mejor imposible".

Tal vez simplemente has cambiado amantes, esposos, empleos o las drogas que elegiste, justificándolo todo con la frase: "Todos merecen ser felices". ¿Esas elecciones te han traído satisfacción interior?

¿Cómo fue que terminé tan lejos del hogar?

Tú *sabes* que es tiempo de un cambio real. Solo te preguntas cómo fue que acabaste tan lejos del lugar llamado hogar. Un despertar ha acontecido, uno que te hizo darte cuenta que el placer temporal nunca podrá remplazar el gozo verdadero del pacto permanente.

A veces las mayores pérdidas de la vida vienen tan lentamente, que *el camino desde el "tengo que" hasta el "no tengo que" se torna difícil de distinguir de la rutina diaria.*

Durante décadas algunos viven como deben, con fuerzas y buena salud. Luego, en un día común igual que otros miles de días, un extraño debilitamiento parece venir de alguna parte y tomar sus cuerpos y drenar sus fuerzas. El diagnóstico –ya sea cáncer, una afección neurológica, Alzheimer, o el simple pero inevitable efecto del envejecimiento natural– es abrumador.

¿O pudiera ser la repentina conciencia de los efectos lentos y corrosivos de una serie de malas decisiones que les robaron toda compañía, dejándolos arruinados y solos, y se sienten como si no quedara nadie a quien les importaran de verdad?

El hambre del alma a menudo viene suavemente.

Lo que produce la gran conmoción es el *sigilo* con que *todo esto pasa inadvertido* y nos sorprende. El hambre del alma a menudo viene suavemente, mientras que deja deslizar sospechas bajo la cubierta de "lo normal".

Esta forma de hambre está basada en la pérdida de lo valioso.

Bien sea la salud o las relaciones, viene con una directiva de matar la trillada noción de que "esto nunca me acontecerá *a mí*".

Para unos pocos, la desagradable sorpresa en la vida se remonta a una simple decisión tomada un cierto día. Para la mayoría, sin embargo –incluso para aquellos con tragedias relativamente identificables–, la pérdida puede involucrar secuencias enteras de elecciones aparentemente triviales tomadas día tras día.

¿Cómo sucede esto? Esta acumulación invasiva de decisiones incorrectas o fallas menores parecen no captar la atención, pues vuelan fuera del *radar* de la mente consciente. Vienen disfrazadas o envueltas en un manto de detalles de poca importancia, y sin aparentes consecuencias escondidas de la vista insolentemente como algo común, ordinario y rutinario.

Pintar una catástrofe en potencia

Muy pocas de las decisiones aisladas que tomamos cada día calificarían como la proverbial "pistola humeante" que yace detrás del daño hecho. Pero une una mala decisión a otra, permite que las malas decisiones se acumulen y superen a las buenas, y ellas pintarán un lastimoso retrato de una debacle secreta y una vida catastrófica en potencia. O tal vez simplemente una conciencia de "estoy yendo en la dirección equivocada".

Pocos de nosotros queremos invertir un montón de tiempo en los "porqués" detrás de la crisis, pero cuando la desagradable realidad aparece, inevitablemente se vuelve una interrupción inoportuna a nuestros sueños.

Este ladrón astuto de lo que verdaderamente es importante y valioso para nuestra paz interior, al parecer tiene el poder de robar todo lo que consideramos "normal" de nuestras vidas. Si no somos cuidadosos, podremos descubrir que en alguna parte hemos perdido nuestro sistema personal de valores durante el desliz insensato hacia la mera existencia. Este viaje a "lo usual" muchas veces se ha puesto malo.

En la historia que inspiró mis observaciones, dos mujeres de mundos totalmente opuestos –Noemí, una madre judía, y Rut, una princesa de Moab– se encuentran durante la huida de Noemí del hambre. Esto está cuidadosamente relatado en el libro de Rut. Observamos a estas mujeres soportar públicamente lo que normalmente son penas privadas. Luego ellas comparten su triunfo público, todo exhibido eternamente mediante la narrativa bíblica. Pero todo comenzó cuando Noemí dejó el hogar.

Gracias al beneficio de la retrospectiva entendemos que cada día de la vida de Noemí como una esposa y madre judía normal, fue atrapado y entrelazado con las maquinaciones de algo mayor que ella misma.

Ella no provocó la hambruna. No era su culpa. Donde te encuentras ahora puede no ser tu culpa. Probablemente puedas decir, legítimamente: "Si hubiera sabido…" ¡Pero no lo sabías! Noemí tampoco tuvo la ventaja de la retrospectiva.

Esta mujer tomó sus decisiones del mismo modo en que tú lo haces: provista solo de su mente, su corazón, sus convicciones y su a veces débil fe. El mismísimo proceso de supervivencia y "navegación ciega", a veces hace que Dios parezca distante y no interesado en tu situación presente.

¿Alguna vez has oído el sonido de los neumáticos chirriando, de las bocinas sonando, del metal chocando y de los paragolpes incrustándose? La vida tal como la conoces ha cambiado para siempre. Tal vez no haya sido tan dramático o drástico, pero ¿alguna vez has sentido como si fuera el fin de la vida normal para ti?

CAPÍTULO 3

¿Cómo retomo el camino?

El fin de la "normalidad" de Noemí

Cuando estaba creciendo aprendí que las cosas malas a veces sucedían en la vida. Cubría mis temores conduciendo mi Ford Mustang rojo y escuchando a todo volumen y cantando las canciones de moda en la radio. Cantarlas parecía estimular mi valentía, ya sea después de la muerte de John Kennedy, John Lennon, Martin Luther King Jr., o mi sobrino, un soldado que había ido a Vietnam. La llegada de la tragedia siempre señala el fin de una era. Nada volverá a ser como era.

La generación de hoy lidia con tragedias públicas tan omnipresentes que hasta han recibido sobrenombres: la del "9-11", por ejemplo. También luchan con tragedias tan privadas que ni siquiera saben cómo decírselas a sus padres. ¿Cómo les dices a tus padres que te has hecho un aborto y que la vida no será completamente "normal" otra vez? ¿Cómo les explicas a tus hijos que tú y tu esposa se están divorciando, y que la familia "normal" se acabó? Ellos continuarán su vida, pero al principio un poco consternados.

Tal vez recuerdes el día en que lo "normal" tuvo su fin en tu vida. Te despertaste un día después en el que nada volvería a ser igual. Entonces tomaste una decisión: dejarías tu trabajo o tu matrimonio, o simplemente recogerías tus cosas y te marcharías.

Noemí era una mujer que reaccionaba como nosotros lo hacemos ante las noticias chocantes de tragedia: un refrigerador vacío, el proverbial "sueño rosado", o una hambruna regional. La historia de la vida de Noemí es un cuento acerca de dos viajes y dos destinos. Entre ellos hallamos episodios de un dolor indescriptible y de un gozo inexplicable. Su historia comienza en el versículo uno del único libro del Antiguo Testamento que lleva el nombre de alguien no judío, y eso marca el fin de la "normalidad" de Noemí.

En el tiempo en que los caudillos gobernaban el país, hubo allí una época de hambre. Entonces un hombre de Belén de Judá emigró a la tierra de Moab, junto con su esposa y sus dos hijos.[1]

Noemí y su esposo vivían en la pequeña aldea de Belén, un antiguo grupo de viviendas ancladas en los cerros de la áspera región rural de Judá. Belén no era famosa entonces. No era un destino turístico ni estaba conectada a la Navidad o al nacimiento virginal. Ese lugar era simplemente la sombra suburbana apartada de una ciudad importante.

Esta familia de cuatro personas vivía a solo 6 kilómetros al sur del lugar que conocemos como Jerusalén, tal vez la ciudad más importante de la historia y el sitio más concurrido del oriente.

No sabemos mucho acerca de la vida de Noemí en Belén de Judá *antes* del hambre, pero lo que sí sabemos es que algunas cosas nunca cambian en la vida humana.

Puede ser aparentemente sencillo tomar una mala decisión mientras pensamos que es una buena o una que "viene de Dios". Podemos caer víctimas de la seducción de "la monotonía de lo usual" y perder nuestro camino durmiéndonos una siesta cuando deberíamos estar buscando los carteles de la ruta. Puede pasar en cualquier tiempo, en cualquier cultura y en la vida de cualquiera.

---

*A veces la decisión que se siente como buena
es fundamentalmente errónea.*

¿Cómo retomo el camino?

Uno no puede siempre ser guiado por lo que siente que es bueno. La naturaleza engañosa de nuestras emociones mezclada con nuestras tendencia humana natural de evitar el dolor, puede llevarnos a una decisión desastrosa. El corazón puede ser engañoso, por lo tanto los "sentimientos" pueden mentir.[2]

Es más sencillo ir derecho que doblar, pero los giros son esenciales para alcanzar el destino. Los cambios nunca son fáciles, y siempre se necesita más valor de lo que imaginamos. El valor para seguir en camino durante los tiempos de prueba es quizás el tipo de valor más formidable.

Sabemos que el hambre obligó a un cambio en el hogar de Elimélec y Noemí. Todo aquel que vivía en la región de Belén fue confrontado con la hambruna y la pobreza, pero parece que la mayoría de las personas eligieron quedarse y esperar o tal vez debería decir "soportar".

Al menos una familia decidió dejar sus esperanzas cada vez más acotadas y su morada en Belén, para emprender el camino hacia lugares desconocidos bajo riesgo de perderlo todo.

Su noble objetivo era construir una vida mejor en un lugar que parecía ofrecerles más potencial, más oportunidades para ellos y sus hijos de alcanzar el éxito que en su ciudad natal. El objetivo no era el problema; el error fatal se encuentra en las elecciones que los llevaron a ese lugar llamado Moab.

El hombre se llamaba Elimélec, su esposa se llamaba Noemí y sus dos hijos, Majlón y Quilión, todos ellos efrateos, de Belén de Judá. Cuando llegaron a la tierra de Moab, se quedaron a vivir allí.[3]

Los nombres conllevan un gran peso en el Antiguo Testamento, y el peso de los malos tiempos que se avecinaban parecía ensombrecer esta familia de prominencia. El nombre de Elimélec significa "Mi Dios es rey"[4,5], y el de Noemí, "Placentera"[6]. Los padres tenían buenos nombres, pero los hijos deben haber mirado al futuro con temor.

Una fuente traduce los nombres de los hijos respectivamente como "Débil" y "Enfermizo", mientras que otros los traducen con términos aun más terribles: ¡"Enfermedad" y "Destrucción"!⁷ Majlón y Quilión siempre aparecen en pareja y es por una buena razón: sus nombres suenan como si hubieran recibido roles protagónicos en una película en la que se detalla cada juicio aterrador del Apocalipsis.

Creo que dentro de cada padre está la esperanza de que sus hijos alcancen las cosas buenas en nuestras vidas y un futuro promisorio, o de lo contrario habría más hijas llamadas Jezabel y más hijos llamados Judas. Tal vez la historia les cambió el nombre a esos muchachos después del hecho. Esperemos que sea así. ¿Cómo lo llamará a usted su historia?

Elimélec era un hombre de recursos, respetado y un rico terrateniente, hombre de gran talla y prominencia en su comunidad. Nadie está seguro de sus razones para dejar todo esto atrás, pero tal vez temía que el hambre continuara lo bastante como para quitarle toda la riqueza que había acumulado en Belén.

Las decisiones tomadas en temor a menudo conducen al desastre.

Tal vez la temerosa queja de Noemí, legítimamente preocupada por el futuro de sus hijos, presionó el botón del pánico en su familia. Las decisiones tomadas en temor a menudo conducen al desastre. Huir del hambre de la tierra los llevó al hambre del alma.

Es posible que los madianitas –antiguos enemigos y primos distantes de los judíos–⁸ seriamente comprometieran la productividad de la tierra de Judá y la región de los alrededores de Belén durante siete años de ocupación militar.⁹ Todos podemos estar "bajo ocupación" mientras luchamos con una crisis y tomar decisiones precipitadas e incorrectas.

Esta crisis bien puede haber desatado la hambruna devastadora que llevó a Elimélec –un terrateniente y agricultor– a considerar una inmigración de emergencia como refugiado en Moab.¹⁰ Sus compañeros probablemente no aprobaron o no tomaron bien su

¿Cómo retomo el camino?

huida de su ciudad natal a la tierra maldecida de los extranjeros. No es simplemente *que* se mudó, sino *adonde* se mudó. Un escritor comenta:

> Su huida a Moab es en efecto sorprendente; la promesa de su nombre no estaba siendo cumplida. La tradición judía imagina que Elimélec abandonó Belén con una valija y equipaje para (quizás) evitar dividir su riqueza con la población que quedaba y que eran víctimas del hambre.[11]

Si esta sospecha de la tradición judía es cierta, entonces Elimélec avergonzó a todos los miembros de su familia extendida que quedaron en Belén. Todos ellos habían sido enseñados desde la niñez: "Parte tu comida con el hambriento y recibe a los pobres vagabundos en tu casa. Dale ropas al que las necesita, ¡y no te escondas de tus familiares que necesitan tu ayuda!"[12]

No sobrevivieron a su fatal decisión

La decisión de Elimélec de desarraigar a su familia de Belén y mudarse a Moab, fue una elección que les cambió la vida y que tuvo consecuencias significativas. La urgencia de su crisis debe haberlos abrumado por completo. Sabemos esto: que Elimélec y sus hijos no sobrevivieron a su fatal decisión.

A pesar de su impresionante nombre, el marido de Noemí tomó algunas decisiones poco sabias que le valieron la crítica a través de los siglos. Cuando miramos a sus acciones del pasado desde miles de años más tarde, parece ser que la mayoría de las personas que se quedaron en Belén se las arreglaron para pasar la hambruna bastante bien.

Elimélec *pudo haber* resistido en fe. Tal vez *pudo haber* compartido su parte con la comunidad y asegurarse un lugar en el futuro de la nación de Israel. En cambio, decidió tomar sus cosas –especialmente su riqueza– y cruzar la valla prohibida hacia un lugar en donde el pasto lucía más verde.

No puedo evitar pensar en Esaú, el hermano mayor de Jacob en La Biblia. Esaú era un estómago andante que neciamente vendió sus derechos de por vida como primogénito y principal heredero en una antigua familia hebrea, por *un simple plato de lentejas*.[13] Parece que padecía el mismo tipo de enfermedad que hoy nos deja lisiados a muchos de nosotros, ¡el infame "síndrome de gratificación instantánea"!

¿Cuántos recuerdos de decisiones imprudentes y elecciones necias hemos intentado guardar en las recónditas cavidades de nuestras mentes? ¿Alguna vez has permitido que las cosas que lamentas del ayer estrangulen la vida de hoy y le asfixien sus posibilidades? ¿Has sido alguna vez invadido por el hedor de una decisión "que se pudrió", que habías tomado un par de semanas antes? ¿*Todavía* estás pagando las consecuencias de un error que cometiste hace diez o veinte años?

La búsqueda en vano del proverbial "anillo de cobre", o "la sortija" –la oportunidad de éxito y riqueza, el premio que cada uno se esfuerza por alcanzar– puede desplazarte de las cosas importantes de la vida.

Cuando se creó el carrousel, al principio tenía un anillo de cobre –la sortija– que uno podía estirarse para alcanzar mientras seguía girando. El premio era una vuelta gratis. La práctica dejó de utilizarse cuando muchos se cayeron del carrusel al tratar de alcanzar la sortija.

"Agarrar la sortija" se volvió un cliché que pasó a significar alcanzar el premio o vivir la vida al extremo. También eso implicaba el peligro de caerse.[14]

A veces, la caída de los valores se desliza de forma inadvertida cuando hacemos caso omiso a lo que la sabiduría nos dice, nos extendemos tanto como nuestros apetitos y nuestro cuerpo nos permiten llegar, con nuestros ojos puestos solamente en agarrar el anillo. De repente perdemos el equilibrio... y caemos, todo por tratar "de agarrar la sortija".

El mundo puede incluso aplaudir la presión agresiva que hay dentro de ti; después de todo, la urgencia material de la sociedad te

¿Cómo retomo el camino?

dice: "¡Tú solamente das una vuelta en esta vida! La búsqueda a ciegas del deseo, poder y satisfacción sensorial es la llave a la felicidad. ¡Está allí, en ese anillo de cobre!". Nota que se le dice anillo de *cobre*, no de *oro*. Brilla como el oro, pero se empaña cuando lo tocas.

Desafortunadamente, a menudo no vemos los brazos contenedores y los ojos esperanzados de nuestros cónyuges, de nuestros hijos, de aquellos seres queridos. Ellos *no* están procurando el anillo, ¡nos quieren a nosotros! Anhelan nuestra atención, nuestro amor y compañía. Mientras tanto, nosotros emprendemos a tontas y a locas nuestras búsquedas vacías.

Podemos descubrir que insensiblemente echamos fuera a la misma gente que amamos y por los que nos preocupamos más. Generalmente ocurre cuando algo –o alg*uien*– obstruye nuestra visión o detiene nuestro progreso. Justificamos nuestros métodos despiadados y nuestras tácticas brutales diciendo:
–Ellos taparon mi visión. Se interpusieron en mi camino. Estoy determinado. Ya estoy decidido. ¡Voy a alcanzar el "anillo de cobre"! *Ese* será mi premio. Debo obtenerlo a *cualquier* precio.

Y justificamos nuestra intensidad diciendo:
–Haré que las cosas sean mejores para todos nosotros.

Nos gusta pensar que "todos merecen ser felices". Eso puede ser cierto, pero fácilmente puede convertirse en el primer paso hacia una red muy insidiosa de pensamiento erróneo. Este "principio de la felicidad" simple y sencillamente no puede justificar o ser el motor de cada acción o decisión en la vida. Debemos limpiar nuestros ojos de las legañas que nos impiden observa el empañado anillo de cobre, y usar nuestra visión periférica para observa la verdad.

A veces debes dejar lo que quieres hacer en pro de lo que necesitas hacer.

La urgencia de correr cuando una crisis ocurre, es algo natural. La decisión de permanecer, soportar y posiblemente ayudar, es heroica. ¿Has notado alguna vez que a veces la gente que a menudo es muy feliz vive vidas supuestamente "austeras", privadas de lujos y una amplia gama de entretenimientos, oportunidades y deseos que son comunes a la vida moderna? Ya sea un Amish en Efrata, Pensylvania, o los haitianos en una pobre aldea costera en el Caribe, *¡su dependencia uno del otro les brinda una clase peculiar de felicidad!* En ciertas regiones de los "Estados Unidos de Plenitud", hay un grupo de personas que viven intencionalmente un estilo de vida "austero". Son los Amish, una orden religiosa legalista que rechaza todas las comodidades modernas, incluyendo la electricidad y los vehículos modernos, y viven como si estuvieran en 1800. En un tiempo se convirtieron en una atracción turística.

¿Por qué los Amish son una atracción turística? Porque todos aprecian y disfrutan el observar lo que los Amish valoran y la forma en que llevan a la práctica esos valores. Tú puedes no querer pagar el precio de montar un caballo en vez de conducir un automóvil. Sin embargo, yo creo que te gustaría la camaradería y el apoyo que se brindan unos a otros, junto con el enfoque comunitario en *lo que importa más* que en lo que *les da placer*. Cuando miramos hacia atrás, los hijos muchas veces recuerdan experiencias que vivimos juntos, más que las cosas que les dimos.

Cuando el desorden de la vida parece enredarnos

Muchos padres llevan a sus hijos de vacaciones, pero el desorden de la vida parece enredarnos, incluso en esos viajes especiales. Imagine una familia conduciendo por el área de Pensylvania en que viven los Amish, cuando la madre dice:

–¡Hey, quiero que ustedes, niños, vean algo!

Así que detienen la sobrecargada camioneta 4x4 en un estacionamiento. Los jovencitos se quitan los auriculares de sus oídos, apagan sus videojuegos portátiles, y se dirigen hacia el museo Amish. Luego se sientan para tomar un almuerzo hecho en casa al estilo antiguo.

La madre disfruta de la conversación, pero los niños miran los objetos en exposición y los recuerdos representativos y exclaman:

–No puedo creer que esta gente viva así. ¡No hay electricidad, no manejan automóviles…!

¿Cómo retomo el camino?

Su enfoque está en las cosas hechas de acero, plástico, resina y vidrio... lo cual incluye a la camioneta todoterreno, un elemento que probablemente acabe en una chatarrería antes de que ellos finalicen la universidad, y los videojuegos, que pronto serán remplazados por "nuevos" modelos y nueva tecnología antes de que finalicen la secundaria, o incluso antes de que vuelvan a salir a la carretera.

La razón por la que los Amish rechazan la electricidad y tienen una vida simple y apartada, es su deseo sincero de vivir sin contaminarse o echarse a perder por las distracciones del mundo. Ellos no odian a los visitantes: simplemente quieren honrar a su Dios y sus tradiciones, y vivir vidas que sigan estando concentradas en los valores que ellos consideran que importan más que los otros.

Los principios deben tener prioridad por encima de la comodidad.

En otras palabras, valoran más las cosas intangibles que las comodidades modernas. No soy partidario de adoptar el estilo de vida Amish, pero sí soy partidario de abrazar buenos valores.

Una cosa es ser pobre o vivir una vida simple y apartada, y otra cosa es ser desdichado. Aprendí una gran lección de las experiencias de mis abuelos cuando ellos atravesaron la Gran Depresión. Las historias de su pobreza eran numerosas, pero las historias de su felicidad durante ese tiempo siempre superaban sus relatos de la pobreza.

En efecto, recuerdo a mis abuelos contándome historias sobre lo que la gente tenía que hacer para sobrevivir. Más que eso, recuerdo que me contaban historias de lo que *ellos hicieron* para sobrevivir. Cómo lo hicieron *juntos*. Cómo la familia permanecía unida y los amigos unidos también. Cómo las relaciones se formaban, afianzaban y perduraban por toda la vida.

A veces me pregunto si nuestro gran error es que tenemos tanto temor del "hambre de la tierra" que, antes de darnos cuenta, nos hemos aislado a nosotros mismos en el síndrome del "hambre del alma".

Tal vez sea debido a que cuando todo lo demás es arrancado, no nos queda nada, excepto lo que es verdaderamente valioso. A menudo eso es *el otro*. A veces, en la presión de huir de la pobreza, también hemos dejado atrás aquellas cosas que deberíamos haber llevado con nosotros: nuestros valores y prioridades.

¡Eso puede pasar hasta en nuestra propia casa! Piensa en el empresario adicto al trabajo que trabaja de sol a sol permaneciendo totalmente separado de su familia. En su mente él está escapando del hambre, pero en realidad es una víctima del hambre del alma.

> *En la presión de huir de la pobreza, no dejes atrás la verdadera prosperidad.*

Quizás si Elimélec y Noemí hubieran conocido el dolor futuro que Moab les tenía preparado, o si hubieran sabido de la futura bendición que vendría a Belén, hubieran tomado otras decisiones. Pero no lo sabían, y tú tampoco lo sabes. Ellos cometieron errores, y tú también. Pero los errores pueden corregirse.

No puedo evitar pensar que Elimélec, un hombre que desarraigó a su familia y se dirigió a los altiplanos de Moab, debe haber pensado que Moab les tenía preparada una vida mejor. Probablemente parecía más sencillo que soportar una hambruna. El problema era que Moab no estaba precisamente en la lista de "Los diez lugares más deseables para vivir". ¡Especialmente para los niños!

La gente de Moab –y sus primos, los amonitas– eran parientes antiguos de los judíos, que descendían a través de la línea de las dos hijas de Lot. Él era el sobrino de Abraham, el único sobreviviente varón junto con sus dos hijas de la catástrofe de Sodoma y Gomorra, en donde el fuego y el azufre del cielo destruyeron las ciudades hermanas por causa de su depravación sexual.

Lot tuvo dos hijos, Moab y Benani –este más conocido como Amón–, nacidos por medio de concepciones incestuosas[15] con sus hijas. Las naciones que vinieron de esos dos hijos fueron tan antagónicas a sus "primos" –los hijos de Israel–, que cuando Moisés los sacó de Egipto Dios mismo los maldijo.

> *No podrán entrar en la asamblea del Señor los amonitas ni los moabitas, ni ninguno de sus descendientes, hasta la décima generación. Porque no te ofrecieron pan y agua cuando cruzaste por su territorio, después de haber salido de Egipto. Además, emplearon a Balán hijo de Beor, originario de Petor en Aram Najarayin, para que te maldijera.*[16]

Parece que el rey de Moab tenía miedo porque eran muchos israelitas los que venían con Moisés desde Egipto. Por eso es que contrataron a un religioso llamado Balán para maldecir a Moisés y a los israelitas... el equivalente de contratar a un médico brujo en África o en el Caribe.

Más adelante, otro rey moabita llamado Eglón, oprimió a los israelitas por dieciocho años desde una fortaleza capturada en Jericó durante el tiempo de la vida de Elimélec. Seguramente que la opinión que los israelitas tenían de los de Moab, no era la mejor.[17] Poco sabía Noemí que su vida se entrelazaría con la de Eglón.

Una de las pocas cosas positivas que avalan la decisión de Elimélec era el hecho de que Moab era considerado "la mitad más civilizada" de los descendientes de Lot, conocido por sus "campos fructíferos, heno, frutos de veranos, viñedos, prensas, [y] los cantos de los viñadores".[18] En nuestra lengua moderna diríamos que la economía era buena y había un buen mercado laboral.

Es la mezcla lo que nos atrapa

Moab también estaba bien posicionada en cuanto a la seguridad y defensa de los invasores, algo que probablemente estaba en la mente de Elimélec como hombre de recursos.[19] Nos gustaría rotular a la tierra de Moab como totalmente impía, pero al igual que con muchas otras cosas y situaciones en la vida, era tanto un lugar de *bendiciones* como también de *maldiciones*. Esto hace que se constituya en un medio peligroso para alimentar valores profundamente sostenidos. Es fácil dejar de lado las cosas que son claramente malas o peligrosas. Es la mezcla de lo malo con lo bueno lo que a menudo nos confunde.

Fue en las llanuras de Moab que los hijos de Israel hicieron su último campamento antes de entrar a la tierra de Canaán, y fue en Moab que Moisés subió a la cima del Monte Nebo y murió luego de contemplar el valle de la Tierra Prometida.[20] Por estas razones, Moab tenía algunos buenos recuerdos. Pero la desviación sexual solo se empeoró después de su comienzo horrendo allá con Lot y sus hijas. Los moabitas adoraban dioses-demonios tales como Moloc, sedientos de sangre y que exigían sacrificios de niños. ¡Qué mezcla! La bendición de la plenitud mezclada con la maldición sobre las familias.

Las cosas se estaban empezando a observa confusas para Noemí. Ella fielmente dejó todo atrás para seguir a su esposo hasta Moab junto a sus hijos. No tenía idea que una parte de Moab vendría a vivir en *su* casa y compartiría su futuro, con todas sus *penas y bendiciones*.

> *Los cuales tomaron para sí mujeres moabitas; el nombre de una era Orfa, y el nombre de la otra, Rut; y habitaron allí unos diez años.*[21]

Nadie sabe cuánto vivió Elimélec después de que mudó su familia a Moab, pero su período como residente de Moab debe haber sido muy breve. La evidencia circunstancial da a entender que fue recibido con honores a su llegada. No sabemos si esto era en parte debido a su aparente riqueza o por su manera de presentarse entre los líderes de Moab.

¿Que te quieres casar con quién?

Una razón por la que pensamos que la familia de Noemí fue recibida con honores, es porque parece que sus hijos se casaron con dos hermanas que también eran *princesas moabitas*. Según la tradición judía rabínica, Rut y Orfa eran hijas del rey Eglón de Moab, el que oprimió a los israelitas por dieciocho años hasta que fue asesinado por Aod, un líder israelita.[22]

El Talmud judío enseña que el rey Eglón dio a su hija Rut en matrimonio a Majlón.[23] No sabemos cómo se sintió Noemí acerca de sus nueras moabitas al principio, pero debe haber sido un golpe para ella. En palabras de un escritor:

> Ella es una moabita. Pertenece a un pueblo enemigo, insensible, implacable, un pueblo que comercia en maldiciones letales...
> Es difícil... aceptar una esposa moabita.[24]

Pero era realmente *peor* que eso. Toda buena madre está preocupada por el estilo de vida y el trasfondo de toda potencial nuera. Es difícil imaginar un escenario peor para Noemí que el *pedigree* personal de Rut y Orfa. Su padre había sido –o sería– asesinado por un agente judío, por oprimir al pueblo de Israel.

El padre de Rut y Orfa era tan obeso que cuando el asesino zurdo, Aod, lo apuñaló con un machete que medía casi ochenta centímetros de largo, ¡literalmente se hundió tan profundo que se perdió en los rollos de grasa del cuerpo del rey Eglón, y la empuñadura desapareció y no pudo ser retirada nuevamente![25]

Viniendo de un lugar de hambre a un lugar de tanta comida, Noemí y Elimélec deben haber estado sorprendidos de saber que la nación de Moab fuera liderada por una persona tan dramáticamente obesa. (Eglón parece ser la persona más obesa que se menciona en La Biblia.)

Mientras que Belén no tenía *nada*, Moab tenía *todo*; y su líder parecía hacer alarde de su "gordura". Tal vez los hijos de Elimélec y Noemí estaban impresionados por la obesa opulencia y la extravagante abundancia del hogar del cual Rut y Orfa provenían. (Tal vez los padres, en su madurez, *no* se impresionaron tanto.) La madurez con frecuencia ayuda a filtrar el *bling-bling*[26] que camufla la ausencia de las buenas prioridades y valores.

La inmadurez con frecuencia está cegada por el brillo de las cosas.

Ellos, como padres, ahora tenían una batalla distinta que pelear. Ya no estaban peleando para mantener a sus hijos con vida físicamente como en Belén; ahora la batalla era por mantener vivos los valores en Moab. ¿Has notado que una simple mudanza no elimina tu lucha? ¡Solo cambia el campo de batalla!

En una sociedad moderna que es "obesa de opulencia", nuestros hijos están en riesgo, no de hambre del cuerpo, sino de hambre del alma. Si la vida de tu familia es disfuncional en Newark, Nueva Jersey o en Riverside, California, también será disfuncional en Des Moines, Iowa. Puede haber menos peligros externos aguardando, pero lo que falta en el interior todavía seguirá obrando para afectar tu vida hasta que el vacío sea llenado con algo de valor.

Puedes elegir a tus amigos, pero no a tus suegros

Es muy lógico e incluso probable que el obeso rey Eglón, el padre de Rut y Orfa, fuera impuro en toda forma imaginable. El suyo no era un mero problema de peso o un desequilibrio metabólico: su herencia espiritual como líder moabita era como un charco contaminado.

Recuerda: la nación de Moab fue concebida mediante incesto, pero cada generación le agregó sus propias capas de perversión sexual ritual y adoración demoníaca extrema a través del sacrificio de niños. Ellos envolvían a los bebés y los arrojaban a la boca abierta de un ídolo llamado Moloc, donde un fuego ardiente los consumía.

Esta sórdida historia obligó a Noemí a contender con la mentalidad israelita y el estereotipo de que las mujeres moabitas "no eran mejores que las prostitutas".[27] ¡Por lo que sabía, sus nueras deben haber sido como las *Twisted Sisters* originales!**

¡Imagínate una de esas hermanas agregándose a tu árbol genealógico familiar! Ahora, abraza a dos nueras de la misma familia de este hombre. Dios mismo había maldecido a este clan moabita pervertido con una maldición que llega a ser una de las más fuertes que Dios puso sobre algún enemigo del pueblo judío. Los dos hijos de Noemí se casaron con mujeres de ese clan contaminado... y ambos

---

** N. de la E.: *Twisted Sisters*, una película de terror de dos hermanas malvadas.

¿Cómo retomo el camino?

murieron prematuramente. Tú puedes elegir a tus amigos, puedes elegir a tu esposo, pero no puedes elegir a tu familia política. Parece que las nuevas "adquisiciones" de la familia llegaron después de la pérdida repentina de Elimélec, el esposo de Noemí, único proveedor y principal protector en una tierra extranjera. El confort y la seguridad del hogar y la familia extendida parecen haberse alejado durante su penosa época de luchar como una madre sola.

La crisis de Noemí señala la *baja prioridad de sus valores* en sus elecciones. Una serie de decisiones lamentables y consecuencias debilitantes la llevaron al borde de la bancarrota de cuerpo y espíritu.

La mayoría de las elecciones ni siquiera eran suyas, ya que Noemí es mencionada en solo tres oraciones en el libro de Rut descendiendo de un lugar de honor y plenitud –allá en Belén– a la precaria posición de una viuda desesperada en un lugar extranjero. Y se pretendía que ella sostuviera a sus dos hijos enfermizos y sus dos nueras provenientes de un pueblo maldecido.

Importante contra urgente

Las pérdidas a menudo se inician en el lugar en donde lo *urgente* comienza a desplazar a lo *importante*. La verdad es que uno solamente puede aferrarse a pocas cosas con sus manos.

¿Alguna vez has estado tan ocupado que los asuntos urgentes parecían tener prioridad sobre los importantes? Solo tienen que recordarme:

–Papi, vos lo prometiste.

Con eso me doy cuenta de las veces que permito que la crisis del día me haga perder lo que verdaderamente importa: mis hijas.

Recuerdo un día en que estaba pasando unos instantes con mi hija menor en nuestra piscina, cuando el ama de llaves pronunció en voz alta desde el fondo el nombre de un ministro de renombre internacional. Dijo: "Tommy, él quiere hablar con usted".

A pesar de que somos amigos, era inusual que me llamara. Más inusual aún era que me llamara a mi casa. Mi ama de llaves supuso

que yo saltaría de la pileta, pero cuando miré a los ojos de mi niña de once años en aquel entonces, le respondí:
—Dile que luego lo llamo. Estoy en una reunión.

La mirada de asombro de mi ama de llaves la delató, pero se dio media vuelta y procedió a entrar en la casa para hacer obedientemente lo que yo le había mandado.

Mi hija se volvió a mí y me dijo:
—Papi, no estás en una reunión. Solo estás jugando en la piscina conmigo.

Yo le respondí:
—No, efectivamente estoy en una reunión: *contigo*. Y eso es más importante que hablar con él. Puedo hablar con él en otro momento, pero tú vas a tener once años solo una vez.

Con frecuencia tomo malas decisiones, pero ese día hice lo correcto. No permití que una llamada urgente tenga prioridad por encima de un momento importante con mi hija. Luego supe cuánto le había afectado mi decisión a ella. A los pocos días pasaba casualmente por delante de su habitación, cuando escuché que se jactaba delante de sus amigas y repetía el nombre de este famoso ministro.

—Mi papá no habló con él porque estaba en la piscina jugando conmigo.

Sí, oí esas palabras de su boca, pero también sentí la huella que dejó en su corazón, y supe que ese día había hecho una impresión indeleble acerca de lo que verdaderamente importaba.

¡Nunca dejes que las cosas urgentes tengan prioridad sobre las importantes!

Puedes perder lo que deseas conservar por causa de las prioridades mal ubicadas. Establece tu escala de valores y aférrate a ella. Por supuesto, es más fácil decirlo que hacerlo.

Noemí *sabía* que sus hijos no eran precisamente perfectos, pero nunca dejó de amarlos a ellos o a sus esposas... aunque eran

¿Cómo retomo el camino?

moabitas. El amor incondicional de Noemí debe haber sido el factor atractivo, el "Dios mostrándose a través de" que capturó el corazón de Rut, la moabita.

Había algo especial en Noemí, tal vez una habilidad interior o una virtud que le dio la capacidad de producir una lealtad extrema. La semilla de un fruto está siempre en el fruto. De algún modo, Rut la moabita vio algo en Noemí que le aseguraba que tenía algo muy especial adentro, algo que *ella* misma deseaba.

A la que nunca le faltó nada como una princesa llena de plenitud, de repente sentía un hambre de algo que nunca supo que existía. Y en el proceso, parece ser que Noemí se convertiría en la evangelista menos pensada para la princesa pagana, no judía[28], sin "iglesia", Rut. Noemí no lo hizo con una predicación ni con perfección, ni tampoco a través de la habilidad de tomar siempre buenas decisiones. Lo hizo con amor y aceptación, junto con una gran dosis de sinceridad y transparencia.

El eventual regreso de Noemí a Belén y la conversión de Rut es un ejemplo de cómo mantener viva tu pasión en medio de tu dolor. En su peor crisis, Noemí recordó lo que era *más importante* para ella: había mantenido la llama de su pasión por Belén y lo que ello significaba. No permitas que el dolor de tu circunstancia actual asesine la pasión de lo que es verdaderamente valioso para ti.

> Ella viene de Moab, un pueblo idólatra lleno de desenfreno y pecado, y ella misma es tan tierna y pura...
> La confesión de Rut acerca de Dios y su pueblo se originó en el hogar de su vida de casada. Fluyó del amor con el cual le fue permitido abrazar a los israelitas... *[a través] de la conducta de una mujer israelita [Noemí] en una tierra extranjera.*[29]

El amor de Noemí tanto por Dios como por su pueblo tuvo un efecto llamativo en sus nueras, aunque ella misma estaba atravesando las circunstancias más dolorosas de su vida. Noemí fue desconectada a la fuerza de su marido por la muerte. Y la distancia la había desconectado de su familia extendida. Aun así, forjó nuevas conexiones con su pequeña familia en Moab, formó el núcleo de una nueva comunidad de pacto con sus hijos y nueras a la sombra misma de la tierra de maldición.

Anhelamos sentirnos conectados

El viaje que nos aleja de los valores puede no ser intencional, pero gradualmente comenzarás a sentir los efectos de la "pérdida de conexión". Es la gran queja común a la "excitante vida urbana", aun en las mayores ciudades del mundo: "Deseamos sentirnos conectados. Tenemos teléfonos celulares, mensajería instantánea, mensajes de texto, correo electrónicos, pero *todavía nos sentimos desconectados*".

La gente puede estar a tu alrededor cuando vas a la iglesia, al supermercado o a la escuela, pero de algún modo en tu viaje, simplemente, no te sientes conectado con la gente.

Se ha dicho: "El típico *individuo moderno* no tiene historia, solo *episodios*, como las novelas de la televisión".[30]

A menudo perdemos lo que no hemos valorado.

Una cosa es perder una lapicera barata. Te encoges de hombros y metes tu mano en el bolsillo para buscar otra. Pero si la lapicera era un regalo "de oro" de alguien importante para ti, la búsqueda de pronto se torna frenética. ¿Por qué, si la lapicera podría ser remplazada enseguida, o no? Sí, ella podría ser remplazada, ¡pero *no* el recuerdo y la relación *que le da su valor*! Nunca olvidaré el día en que perdí una lapicera "de oro" que mi tía me había regalado el día de mi graduación. Ahora tengo lapiceras mucho más costosas que esa simple lapicera de oro. Pero ocasionalmente cuando estoy rebuscando en algún lugar viejo, abrigo la esperanza de que aparezca. El costo y el valor no siempre son lo mismo.

Una vez, cuando era un niño, mi abuelo me enseñó una lección acerca de perder cosas.

¡Yo no podía encontrar mi peine! Él se estiró hasta el cajón y sacó un peine gastado, rojizo y anticuado. Sosteniéndolo en sus manos dijo:

—La manera en que cuidas de las cosas pequeñas establece un patrón de cómo cuidarás de las cosas grandes.

Entonces me contó que había comprado ese peine antes de ir de misionero a Alaska, en el tiempo en que mis padres se casaron. Eso era al menos quince años antes de ese momento. Luego mi abuelo me entregó el peine y me dijo:

—¡No lo pierdas!

Su lección hacia mí fue: "Este peine ha ido a Alaska y ha regresado a Louisiana conmigo, y yo no lo perdí. No quiero que tú lo pierdas".

—En cualquier momento —me dijo mi abuelo— puedo preguntarte dónde está el peine.

Él partió hace mucho tiempo, pero todavía conservo ese peine. Sé muy bien dónde está. Cincuenta y cinco años, dos propietarios, tres generaciones de recuerdos más tarde, y todavía tengo el peine. Ahora está bajo llave. Es demasiado valioso como para perderlo. No es el valor del peine en sí, sino lo que él representa.

A menudo perdemos lo que no valoramos.

La manera en que cuidas de las cosas pequeñas establece
un patrón de cómo cuidarás de las cosas grandes.

Es tiempo de revalorizar nuestra capacidad de conexión, de establecer y alimentar relaciones de pacto, en vez de citas amorosas descartables, y alianzas mutuamente beneficiosas.

Noemí estaba lamentando su trágica pérdida de las personas y su solitaria separación de las cosas que valoraba, pero todavía se las arreglaba para llevar a sus nueras a una relación de calidad y "vida con propósito" que ellas nunca habían visto o experimentado.

Noemí puede haber cuestionado el hecho de que su esposo hubiera muerto tan súbitamente, y por qué ella se encontraba tan lejos de su hogar: "¿cómo llegué aquí?". Aun así, todavía tenía un sentido de pasión y propósito en su vida. Noemí todavía tenía a sus hijos y sus nueras, y sabía que a veces Dios hace o permite cosas —a menudo las cosas más importantes— *a* propósito y *con* un propósito.

El fruto acumulado de "más decisiones buenas que malas"

Si Noemí sentía que estaba atrapada en una lotería de accidentes, aun así sabía que no hay accidentes, solo incidentes, en lo que a Dios respecta. Algunos la llaman "buena suerte", pero tal vez sea más el resultado del fruto acumulado de "más decisiones buenas que malas". En todo caso, nunca puede llamársela "La lotería del Señor".

Los pasos del hombre bueno son ordenados por el Señor.[31] La Biblia dice que los pasos –y yo agregaría *los frenos*– del hombre bueno son dirigidos por el Señor. En otras palabras, *tú no eres una relación descartable para Él.* La mano que te sostiene a veces te eleva, otras veces te demora y te detiene. Dios puede acelerarte, frenarte, pero nunca abandonarte.

Noemí estaba a punto de experimentar otra caída fatal, pero en su camino a los tropezones junto a una joven extranjera, descubrió que *la adversidad compartida a menudo engendra una amistad sincera*, y que *la fuerza muchas veces se encuentra en cómo manejas la debilidad del otro.*

La adversidad compartida a menudo engendra una amistad sincera.

CAPÍTULO 4

La pérdida del pasado magnifica el dolor del presente

Va a sentirse peor antes de sentirse mejor...

Recuerdo haber oído las siguientes palabras: "Se va a sentir peor antes de sentirse mejor". Mi recuerdo de esas palabras se remonta a la época del jardín de infantes, cuando mi madre me llevó por primera vez al dentista. Es tan vívido en mi memoria que todavía me acuerdo de la ya inexistente farmacia Rexall encima de la cual estaba ubicado el consultorio del odontólogo.

Ese día el dentista me lastimó, ¡aunque todo el tiempo me decía que *no me iba a doler*! Al tiempo de este escrito tengo más de cincuenta años de edad, y todavía lucho con cierta fobia a los dentistas. Como cristiano tengo que amarlos; como humano, todavía me pregunto si han de ir al cielo.

El problema persistió hasta mi adultez. En una ocasión en que tuve que hacerme un trabajo importante en la boca, acudí a un dentista que me infringió mucho dolor, aunque todo el tiempo me decía: "Se va a sentir peor antes de sentirse mejor".

Incluso luego de esa humillación, el dentista me dijo que no podía finalizar el trabajo ese día y que tendría que volver para una nueva sesión de tortura. Estaba determinado a que no me iban a volver a mentir otra vez bajo la excusa de que "no va a doler", de modo que elaboré un plan.

Al día siguiente me dirigí al consultorio, me senté en la silla de torturas, abrí mi boca obedientemente, y puse un martillo sobre mi falda. Cuando el dentista que ejecutaría mi tortura "indolora" entró, notó el martillo y preguntó: "¿para qué es eso?"

Con calma le respondí:

–Me dijo que no me iba a doler, y del mismo modo yo le dijo que a usted no le va a doler.

Riéndose entre dientes, sonrió y dijo:

–Entiendo...

Entonces se volvió a la asistente y dijo:

–Déjalo inconsciente.

Ahí fue cuando descubrí el cielo de la sedación odontológica. Ahora, cada vez que visito al dentista, es algo sabido: ellos me duermen. Y cuando despierto, han terminado su trabajo y todo el mundo está feliz.

¿Qué hace que un hombre de cincuenta y tantos años, semi inteligente, autor de numerosos libros, tenga que ser tratado como un niñito en el consultorio del odontólogo? Es porque *el dolor del pasado puede magnificar las circunstancias del presente.*

Para aquellos que están pasando por una pérdida como la de Noemí, un día con el dentista puede parecer trivial –aunque no lo fue para mí en ese momento–. El dolor de Noemí era el dolor de la *pérdida.* No la pérdida de un diente o de un empleo, sino una pérdida *real.* Había sufrido la pérdida de un marido y de sus dos hijos.

> *Pero murió Elimélec, esposo de Noemí, y ella se quedó sola con sus dos hijos. Murieron también Majlón y Quilión, y Noemí se quedó viuda y sin hijos.*[1]

Una cosa es *perderse* y otra bien distinta es que *te pierdan.* Los recuerdos y las emociones que están relacionadas con ellos persisten por décadas. Prácticamente todos nosotros podemos rememorar alguna experiencia de la niñez de terror puro, que surgió de la comprensión de "mis padres no están aquí. ¿Dónde están ellos? ¡Me han dejado!"

Sucede casi siempre en época navideña, cuando la superpoblación de compradores en los atestados centros comerciales alcanza niveles alarmantes de peligrosidad. De tanto en tanto uno escucha el chillido penetrante de un niño aterrorizado, que enfrenta por primera vez el mismo terror que se ha vuelto conocido para nosotros.

Lo llamo "terror", porque el sentimiento de ser dejado atrás sobrepasa el mero temor. Es un terror que estoy convencido que nunca se va de la psiquis humana. Tal vez esté ligado al temor humano natural por la muerte y la separación eterna.

Noemí sabía sobre la muerte. Todavía estaba sintiendo las punzadas de dolor por la súbita muerte de Elimélec, hacía menos de una década. Y todavía tenía los recuerdos frescos de sus luchas como madre sola para tratar de criar a sus dos hijos en un lugar en donde ellos todavía eran vistos como poco menos que extranjeros. Y *la muerte de repente tocó a su puerta otra vez,* esta vez con una doble venganza.

Las cosas parecían estar marchando bien después de que sus dos hijos crecieron y mostraron las habilidades de su padre para el liderazgo y los negocios. Los hijos de Noemí se levantaron y tomaron posiciones de autoridad en la región, y sus necesidades estaban suplidas. La familia tenía habilidades y destrezas de liderazgo que deben haber atraído la atención personal del rey de Moab, y él inmediatamente puso a los hijos del hebreo a trabajar y les otorgó posiciones de gran influencia a cambio.[2,3,4] Parece que incluso les dio a sus hijas en matrimonio, aunque el padre, Elimélec, ya había muerto.

Durante siglos los estudiosos de la Torá y La Biblia han comparado a Noemí con Job, el sufriente número uno en toda la historia. También es comparada con otro luchador, Abraham, que dejó su casa, familia y tierras tribales por una tierra prometida que nunca encontró.

Aun así, Noemí tenía *menos* que alguno de esos grandes líderes de La Biblia, y también tenía *menos* que esperar… o eso era lo que parecía.

A diferencia de Abraham, Noemí no tenía ninguna promesa divina a la que anclarse en medio de la tormenta. Y a diferencia de Job, esta esposa, madre y ama de casa no estableció su propio curso, sino que siguió a su esposo adonde él la llevó, y allí permaneció con sus dos hijos que prefirieron casarse y asentarse en la tierra extranjera de Moab, en vez que regresar a su hogar ancestral en Belén.[5]

Noemí experimentó el "robo total de la identidad"

La pérdida del pasado magnifica el dolor del presente. Primero, esta esposa y madre perdió la seguridad económica que gozaba en Belén. El hambre no los destruyó económicamente, pero redujo o entorpeció en gran manera su habilidad de aumentar o mantener lo que tenían, y obligó a Elimélec a ponerse en la modalidad de emergencia.

Noemí experimentó el "robo total de la identidad" a manos de la hambruna y el desastre natural, combinado con la toma humana de decisiones. Ya no era una mujer prestigiosa y prominente, reconocida en su medio. Ahora era nadie, con casi nada, yendo a ningún lugar.

Mucho más doloroso que la pérdida de dinero era la pérdida de amigos y familiares. Noemí era un producto de la antigua sociedad de pacto judía, y específicamente de la zona de los alrededores de Belén. Era común que muchas generaciones de una familia vivieran, trabajaran y comieran juntas desde la cuna hasta la tumba. Cada hecho personal relevante se convertía en un acto significativo de la comunidad toda, y viceversa.

Con una simple decisión, Elimélec cortó todo acceso a las raíces culturales de su familia, además de todas las obligaciones personales de ayudar a su comunidad a sobrevivir ante el desafío de la sequía, y salió rumbo a tierras prohibidas.

La psicóloga clínica Mona DeKoven Fishbane dijo algo acerca de los "cortes" que dan justo en el centro del "viaje de alejamiento de los valores", y que afligen a tanta gente, ya sea que se vean separados "a propósito" o por accidente. Ella describió algo que vemos desplegado literalmente "a todo color" en las vidas y penurias de los miembros de la familia de Elimélec.

"Corte", en el lenguaje de la terapia familiar, se refiere a *la acción de la gente que se aparta totalmente de su familia de origen*, que rechaza todo contacto con ellos. La información clínica sugiere que *tales cortes abruptos hacen estragos* en el sistema familiar, especialmente para la persona que lo realiza, y *pueden afectar negativamente a las generaciones siguientes* si el problema no es resuelto.[6]

Noemí ya no recibiría al sol matinal con cálidos saludos a sus hermanos, tíos o amigos de toda la vida. Se preguntaría si acaso volvería a observar las grandes festividades y las otras incontables excusas para tener adoración y celebración comunitaria.

Una cosa es irse de una casa, otra es irse de "la casa"

Diez años es un período largo en la vida de una familia extendida muy unida. Cuando Noemí sacó sus pertenencias de la casa que quizás había sido su hogar desde su matrimonio con Elimélec, dejó atrás mucho más que un techo, cuatro paredes y un horno humeante.

Casi seguro sabía que estaba dejando a algunos miembros de la familia que probablemente morirían antes de que ella pudiera regresar, *si es que* alguna vez lograba hacerlo.

Muchos de sus queridos amigos estaban probablemente en sus mejores años para tener hijos cuando Noemí dejó Belén. Cuántos de ellos darían a luz y vivirían las cosas de la maternidad con todos los otros amigos que Noemí amaba tanto, *pero no con ella*. ¡Ella estaba mudándose a Moab!

Puedo hasta escuchar la tirantez de la respuesta a la decisión de Elimélec:

–¡Yo no quiero irme a Moab!

–Pero, cariño, ¡tenemos que hacerlo! No hay futuro aquí. No hay empleos, dinero, ¡no hay nada!

–Pero, Elimélec, Moab es un lugar malo, un lugar sucio...

Su comentario imaginario tiene un buen precedente. El Salmo 60:8 dice que Moab es la vasija para lavar de Dios. ¿Quién quiere vivir donde Dios lava la ropa sucia?

Los padres, tíos y tías fueron dejados atrás, algunos de ellos para siempre. ¿Sus sueños de observa a sus hijos casarse con las mujeres más bonitas de Belén y que toda la aldea estuviera presente en la boda? Se hicieron añicos el día en que la última vivienda se desvaneció de su vista y echó un último vistazo al campo que bordeaba su aldea natal.

Gran parte de lo que hace que un matrimonio esté gozoso –los sueños y esperanzas de acunar y malcriar a los nietos, de mirar al esposo trabajando junto a los hijos para preparar a los nietos para traspasarles la herencia familiar en el futuro–, esos sueños y esperanzas fueron hechos añicos y aparentemente enterrados para siempre.

Y hablando de nietos, ¿sería capaz algún día de comunicarse con ellos? Ni siquiera hablarían el mismo idioma.[7]

Cuando los recuerdos te hacen desdichado

Solamente podemos imaginar los sentimientos de dolor y pérdida que Noemí experimentó en el largo viaje desde Belén de Judá a Moab, cuando su rostro empapado en lágrimas inundaba sus recuerdos de lo que ella dejaba atrás en el único mundo que había conocido. Ese dolor, combinado con un temor normal y natural del futuro, es la receta perfecta de la infelicidad.

Muchas personas hoy batallan con emociones como la pérdida, enojo o desilusión, debido a recuerdos de haber sido obligados a dejar el colegio, la plaza del barrio o una relación íntima por una mudanza de ciudad o de país. Los que no han pasado por lo mismo no podrán entender tu dolor.

Yo crecí en el hogar de un predicador, y mi hermana y yo sabíamos lo que era ser separados de papá algunas veces cuando él no podía llevar a toda la familia a un viaje ministerial. También sabíamos cómo era vivir con la ropa en valijas, y aprendimos a vestirnos para las reuniones del domingo usando solo el espejo retrovisor en el viejo auto familiar y el lavatorio de una estación de servicio. ¡Creo que desde entonces he perfeccionado el arte de arreglarme mientras me desplazo! Pocos han nacido en esta vida rodante. La mayoría no.

Los brillos del "encanto de viajar" no están bien adheridos, tienden a caerse muy rápidamente.

> *Los que no tienen tu misma clase de recuerdos*
> *no pueden entender tu dolor.*

Con su partida, Noemí perdió mucho más que dinero, recuerdos y momentos con sus amigos y parientes. Fue obligada a dejar atrás muchos de esos valores que eran tan importantes para ella y para la comunidad que amaba. Yo solo puedo sacar algunas conjeturas bíblicas respecto de cuáles eran esos valores que ella dejó en Belén.

Las cosas que realmente importan: valores

Pero puedo sacar una cuenta bien calculada sobre los valores más importantes que están desapareciendo del paisaje de nuestra sociedad hoy. Siento que estamos perdiendo terreno en:

- Familia
- Amigos
- Carácter
- Dios

Tú puedes confeccionar tu propia lista de lo que es valioso. Puede ser más larga, pero probablemente incluirá alguna variante de estas cuatro anteriores.

La familia

¿Estás bien conectado a tu familia, tus padres, hermanos y familia extendida o política? Los amigos son importantes, ya que también aparecen en la lista de deseos de los valores, pero los amigos no pueden ocupar el lugar de la familia. *Parece* como si hubiéramos creado una familia descartable: tírala y comienza otra vez. Cuando haces eso, pierdes una parte de ti cada vez. Es como cortar tus dedos de a uno a la vez. Ciertamente, puedes vivir sin ellos, pero es doloroso, muy inconveniente, y no puedes hacerlos crecer nuevamente. No secciones tu familia. Lo repito, puede ser que no me esté refiriendo a tu familia biológica. Puede ser tu familia "por elección". La figura paterna es esencial, y el amor de una madre es irremplazable. La lealtad de un hermano, siempre salpicada de un poco de competencia, es invaluable. El sentido de historia y de herencia que viene de estar conectado a los abuelos, es algo que cambia la vida.

Amigos

Los amigos no son simplemente amistades. Hay una diferencia entre ellos. Los amigos son de crucial importancia. Se *ayudan* mutuamente. Es algo tan fundamental que "aun un cavernícola lo sabe". La humanidad ha vivido en grupos desde que la historia comenzó.

Cuando yo estoy triste, tú estás alegre. Cuando estás enfermo, yo estoy sano. Las ciudades están compuestas de grupos de amigos, y no solo de amigos a corto plazo. Por supuesto que habrá algunos de esos, pero tú precisas algunos "amigos para veinte años". Si puedes ser amigo de alguien por veinte años, eso habla mucho de tu carácter. Generalmente significa que has aprendido a perdonar y a ser perdonado. Has aprendido tanto a admitir tus errores como a señalar los errores de otros de una forma tan apetecible, que hace que todos quieran estar contigo. No puedes ser amigo de alguien por tanto tiempo y no haber sido nunca ofendido ni haber ofendido tú. El hecho de que tu amistad haya sobrevivido, habla bien de tu habilidad de caminar juntos.

Carácter

Con respecto al valor que llamamos carácter, significa la integridad con la cual vives tu vida. Podría ser descrito mejor como "lo que tú harías si supieras que nunca nadie va a enterarse". *Eso* es tu carácter. Si hay personas en las cuales realmente confías, es porque ellos tienen un carácter confiable. Hay poco fingimiento en ellos. Son exactamente lo que su carácter es.

Podría hacer referencia al hecho de que el fundamento judeocristiano de los diez mandamientos de Éxodo 20 es el punto de referencia del buen carácter:

1. No tengas otros dioses además de mí.
2. No te hagas ningún ídolo, ni nada que guarde semejanza con lo que hay arriba en el cielo, ni con lo que hay abajo en la tierra, ni con lo que hay en las aguas debajo de la tierra...
3. No pronuncies el nombre del Señor tu Dios a la ligera...
4. Acuérdate del sábado, para consagrarlo...
5. Honra a tu padre y a tu madre, para que disfrutes de una larga vida en la tierra que te da el Señor tu Dios.
6. No mates.
7. No cometas adulterio.
8. No robes.
9. No des falso testimonio en contra de tu prójimo.
10. No codicies.

Esos diez mandamientos son el manual esencial sobre cómo edificar el carácter y mantener relaciones saludables con los amigos y la familia.

Dios

Es muy interesante el hecho de que estos diez mandamientos –¡no las diez *sugerencias*!– están ligadas directamente al último y más importante de "los cuatro grandes valores": Dios. Ellos son nada más ni nada menos las declaraciones de valores de Dios. Él *nunca* los quebrantará; ellos representan el Dios que es y por qué puedes sentirte seguro para con Él.

Piensa esto: un mandamiento dice: "no codiciarás". Dios no quiere nada de lo que tú tienes; por lo tanto tus "cosas" están seguras con Él. ¿Estás en buenos términos con Él? Yo sé que eso suena como una manera simplificada de decirlo, pero a mí me sirve. He estado –felizmente– casado por más de treinta años. Pero cuando no estoy en buenos términos con mi esposa, he ofendido su sistema de valores. (Y *ha* sucedido. ¡Prueba podar el rosal equivocado!)

¿Valoras las mismas cosas que Dios valora? De ser así, valoras a Dios, y no quieres ofenderlo. Esto no es simplemente porque Él es "el gran policía en el cielo", sino porque lo aprecias.

Sería algo así como: si tú amas y valoras a Dios, entonces valorarás lo que Él considera valioso, ya sea la vida humana o las relaciones familiares. Tendrás un carácter confiable, tendrás amigos fieles y apreciarás la familia. A su vez, serás amado y apreciado por aquellos que abrazan los mismos valores que tú. Y quizás no serás particularmente aceptado por los que no lo hacen.

Que Noemí se mudara de Belén nos da a entender que ella estaba cambiando valores. Así como la moneda cambia cuando uno va de un país a otro, la "moneda" de Belén para la familia, amigos, carácter y Dios, no tenía el mismo sistema de valores que ella encontró en Moab. Luego de sus dolorosas pérdidas, su camino de regreso fue una reconversión a los valores de Belén: la familia, amigos, carácter y Dios.

No siempre es verdad que cuando uno se "mueve" siempre pierde, pero lo es a menudo. No solo estoy hablando acerca de mudanzas geográficas; también me refiero a una "circulación", o a un "alejamiento", o hasta un "entrar" en el tema de las relaciones. El problema no es el movimiento, ¡es el cambio de valores que uno hace cuando se mueve!

A Moab de ida y tal vez de vuelta

Los peligros de una incursión familiar en Moab, la tierra de los valores torcidos, nunca podrían ser exagerados. Puedes aventurarte allí, pero ¿volverás?

Elimélec y Noemí, sin dudas, pensaron que estaban tomando la mejor decisión posible. De hecho, estaban intentando salvar a sus hijos.

A la vez, ellos también sabían que podría ser peligroso exponerlos a los excesos desprovistos de valores que eran parte de la vida en Moab. Pero probablemente se tranquilizaron a sí mismos y a los miembros de su familia que los cuestionaban, diciéndoles:

—Solo estaremos un tiempo allí, nada más hasta que las cosas mejoren aquí en Belén.

Moab *era* verdaderamente un lugar de plenitud: plenitud de comida, plenitud de dinero, pero también plenitud de idolatría y de sacrificios de niños.

Puedo oír la respuesta de Noemí:

—Yo *nunca* dejaré que eso le suceda a mi familia.

El triste hecho es que sí lo hizo.

Perdió un marido y dos hijos. La torcida corrupción de Moab reclamó tres víctimas más.

Si Noemí tuviera que aconsejarnos hoy, creo que usaría este sabio dicho:

Uno no puede tomarse vacaciones de los valores.

La vigilancia eterna es el precio que una generación debe pagar para garantizar la seguridad de la próxima. Moab no estaba *tan* distante. Moisés falleció allí, en el Monte Nebo, mirando a la Tierra Prometida. De modo que Moab no está tan lejos de las promesas de Dios, sino justo del otro lado de la puerta.

¿Pero por qué dejaron la seguridad de la promesa? Puedes llevar tu familia a Moab, ¡pero no hay ninguna garantía de que volverán!

Según las apariencias externas, la apuesta de Elimélec había sido cancelada. Lo que comenzó como una visita temporal al lugar, pareció estar resolviéndose. *Habían sido bien recibidos en la región, y la familia se sentía próspera otra vez.*

Pero en realidad no andaba todo bien.

El "viaje temporal" se había transformado en un establecimiento permanente a través del matrimonio. Pero después de al menos diez años de casados, ninguno de los hijos y nueras de Noemí habían podido tener hijos. Una oscura capa de terror sombrío se había instalado sobre toda la familia. La falta de herederos era intensamente preocupante, pero evidentemente permanecía como una preocupación no expresada.

De acuerdo a una antigua tradición del Cercano Oriente, Orfa y Rut –en vez de sus esposos– eran probablemente culpadas por su infertilidad en ese tiempo. Pero en la mente de Noemí, sus nueras moabitas habían sido muy buenas con sus hijos, y ella las amaba sinceramente.

Muchas personas en las sociedades occidentales modernas no entienden en profundidad esta preocupación de tener un heredero que lleve el nombre y las tradiciones de la familia. Las ideas modernas no son necesariamente "mejores".

Ser "cortado" de la familia era peor que la muerte

El término "será cortado de entre sus familiares" aparece repetidamente en el Antiguo Testamento como un castigo severo por crímenes graves que merecen la muerte.[8] ¡Esto era *peor* que la muerte misma!

> La continuidad de las generaciones es el corazón de la supervivencia de una familia, y en definitiva, de un pueblo. La noción del final de una línea familiar, o de una persona siendo cortada de su línea familiar o de su pueblo, es un anatema en el mundo judío bíblico y moderno... Un "corte" representa el peor castigo que una persona puede soportar. Una tradición medieval dice que las almas de los muertos hallan descanso en sus herederos, lo cual implica que la persona que muere sin hijos no podrá hallar reposo.[9]

Hoy sabemos que este concepto de las "almas de los muertos" hallando descanso en sus herederos, es contrario a Las Escrituras, pero esa información nos ayuda a comprender los temores que sentía la gente en los tiempos medievales.

Nuestra cultura moderna ha infligido varias heridas en la familia a través de su búsqueda a ciegas, la adoración de los derechos *individuales*, el ensimismamiento y el egoísmo, a diferencia de la vida abnegada enseñada y mostrada por Cristo Jesús. En nuestra carrera a lo largo del camino –o tal vez debiéramos decir de "la súper autopista"– que nos aleja de los valores, hemos prácticamente diezmado la estabilidad, el gozo y las fuerzas de nuestras familias, especialmente de nuestras familias extendidas.

Simplemente hemos perdido nuestro camino

Ninguna unidad familiar puede operar en un ambiente de egoísmo y desorden, ¡lo cual explica por qué algunas de las familias de la actualidad son un desastre! Nuestra delgada chapa exterior puede lucir muy bien, pero aun el más pequeño test demostrará que debajo de la superficie hay fracturas, heridas y dolor magnificado. Simplemente hemos extraviado el camino.

El dolor interior y el temor a lo desconocido pueden haber perseguido a cualquiera en esa familia fracturada de cinco miembros. Se centraba en torno a una pregunta perturbadora, sin importar lo matemáticamente improbable que podía parecer: "¿qué si todos los varones de la familia murieran? ¿Cómo sobrevivirían las tres viudas? ¿Cómo preservarían el nombre de la familia, trabajarían sus campos y guardarían la herencia familiar, incluso sus vidas mismas?"

Luego sucedió lo indecible. Vino una noticia: Majlón y Quilión habían muerto *simultáneamente*. ¿Cómo puede ser?

No conocemos detalles comprobados respecto de su muerte, pero hay muchas versiones. Rashi,[10] un rabino erudito muy destacado de la era medieval, creía que la expresión hebrea de Rut 1:5, traducida como *"y murieron también los dos"* (RVR60), significa que primero los dos hermanos fueron castigados por perder su dinero. Luego murieron sus camellos, seguidos por el resto del rebaño. Finalmente, ellos mismos murieron.

En su comentario moderno, el rabí Ruth H. Sohn dijo que Majlón y Quilión "fallecieron juntos el mismo día. ¿Y cómo murieron? Murieron como resultado de una caída, cuando el techo que estaban construyendo para su nueva casa colapsó".[11] No sabemos; algo que sin embargo sí sabemos es que, una vez que los hermanos murieron, para las viudas que quedaron todas las esperanzas desaparecieron.

Explicando por qué los dos jóvenes esposos murieron, el *Tárgum*, una traducción antigua de La Biblia hebrea, decía: "*Por causa de sus transgresiones sus días se acortaron* y ellos murieron en una tierra impura". Un estudioso explica que "para el *Tárgum*, cualquier lugar fuera de Israel, y en particular Moab, es considerado impuro, es decir, no apto para criar una familia judía".[12]

Noemí sufrió más, perdió más y quedó con menos

Esto golpeó a Noemí más que todo lo demás. Ella había sufrido más, perdido más y quedado con menos. Además de todo, también era la que se encontraba más lejos de su familia extendida, amigos y hogar.

Recordar es uno de los componentes más importantes del duelo, a pesar de lo que hayas escuchado de varias fuentes mal informadas.

Noemí había tenido que soportar tres funerales, entre lágrimas se había abierto paso a través de tres "álbumes" de recuerdos, tocando los rostros de su esposo y sus dos hijos, rememorándolos junto a sus dos nueras.

Si Noemí era un poco "judía" –y lo era–, entonces había cobijado bastante bien a sus dos nueras desde el principio y había empezado a enseñarles lo que significaba ser judío y cómo ser buenas esposas para sus maridos. En la tradición oral antigua, ella se hubiera inclinado para enseñarles a sus nueras los Diez Mandamientos y la Ley de Moisés, e instruirlas en la historia judía completa de Abraham, Isaac y Jacob.

Luego de pasar más de diez años juntas como madre e hijas unidas por el matrimonio, ante la muerte de sus hijos Noemí quizás una vez más tomó los recursos de consejera para enseñarles a sus dos nueras moabitas cómo "lamentar y recordar" como esposas judías y mujeres que sufren una pérdida. Y recordar era *vital*.

La tragedia de la situación era que las muertes de esos tres hombres dejaron a Noemí, Rut y Orfa con su estatus social, dignidad personal o futuro potencial muy acotados. Los rabíes de antaño que estudiaron estos pasajes se horrorizaron abiertamente de la migración de Elimélec a Moab, y por el consiguiente matrimonio de sus dos hijos con mujeres de la nación acusada.

> R. Hanina comenta: "Ella se convirtió en un remanente de remanentes".[13] Según la ley prescrita, el sacerdote tomaría de la *mincha* [ofrenda de harina] un puñado que incluía aceite, harina y una fragancia importada costosa, y los quemaría en el altar. Las sobras eran comidas por los sacerdotes. El *Midrash* describe ambas tragedias de acuerdo a este paradigma. Primero, Elimélec, la cabeza de familia, falleció. Él era como el puñado escogido. Luego los hijos, el remanente, fueron consumidos. Sus viudas quedaron, *el fantasmagórico remanente de los remanentes*.[14]

Shakespeare lo llama "penosa corona de penas". Es cuando la pena y el dolor tienen hijos y se multiplican.

Elimélec y sus hijos habían dejado Efrata, la tierra de "fructificación".

Algo parecía estar tan obviamente errado en el futuro de la familia, porque un período posiblemente de diez años era suficiente tiempo como para que cualquier matrimonio normal tuviera hijos.

Tal vez el problema radicaba en que Elimélec y sus hijos habían dejado Efrata, la tierra de "fructificación",[15] para hacer de Moab su hogar. Entonces Moab fue para ellos la tierra de esterilidad y muerte. Ninguno de los hijos tuvo un heredero, y ninguna de las nueras se hizo madre o le dio a Noemí un nieto.

La ironía de la situación era que Rut, la moabita, pronto saldría de su casa de lamento, dejaría todo atrás y seguiría a su suegra hacia el plan divino.

Un día sería llamada "Rut, la madre de reinos"[16] y "se uniría a las matriarcas como una de las madres del pueblo judío".[17]

Las experiencias de pérdida o unen a la gente o la separan. La prueba estaba por venir. No había quedado nada para Noemí en Moab, excepto las dos jovencitas que había llegado a amar. Recuerdo a mi abuelo, pastor, luego de que cumplió sus noventa años, en los últimos días de su vida terrenal, me dijo:

–No quedó nadie vivo que haya visto mi niñez.

Las pérdidas compartidas a menudo te unen a tu compañero en el dolor.

Las palabras de mi abuelo quedaron en mi mente como una de las oraciones más tristes acerca de la edad madura en la experiencia humana. Son especialmente tristes cuando no hay nadie a quien trasmitir esos recuerdos, creencias, logros o amor a la generación siguiente.

Cuando uno entra a los hogares cuidadosamente mantenidos de las familias sanas, cuyas relaciones están intactas, generalmente hay paredes cubiertas de fotografías. Algunas serán evidentemente nuevas, porque destellan con colores brillantes y fondos que reflejan la era moderna. También encuentras fotografías difusas, amarillentas, en blanco y negro o sepia, y el miembro de la familia más cercano te contará *la historia que hay detrás de esa sonrisa*... si muestras el mínimo interés o aprecio por lo que ves allí.

Mi abuelo tenía razón cuando pensaba que ningún ser viviente había presenciado su niñez. ¡Pero había –y hay– muchos hogares llenos de personas que con todo gusto te contarán *anécdotas* de la maravillosa niñez de mi abuelo, su personalidad, narrativa, y su ministerio ungido!

Noemí miró alrededor a su ahora vacío hogar en Moab, lleno de escuetos recuerdos de su profunda pérdida. Cada cuarto albergaba púas emocionales que solo esperaban perforar su corazón otra vez con recuerdos dolorosos... un poco más.

Era tiempo de volver a casa.

Aun si nada la esperaba allí, de cierto nada le aguardaba aquí. Al menos había oído el rumor de que había pan en Belén. Y... ese era su *hogar*.

La pérdida del pasado magnifica el dolor del presente

Noemí regresó de la tierra de Moab con sus dos nueras, porque allí se enteró de que el Señor había acudido en ayuda de su pueblo al proveerle de alimento.

Salió, pues, con sus dos nueras del lugar donde había vivido, y juntas emprendieron el camino que las llevaría hasta la tierra de Judá. Entonces Noemí les dijo a sus dos nueras: ¡Miren, vuelva cada una a la casa de su madre! Que el Señor las trate a ustedes con el mismo amor y lealtad que ustedes han mostrado con los que murieron y conmigo. Que el Señor les conceda hallar seguridad en un nuevo hogar, al lado de un nuevo esposo. Luego las besó. Pero ellas, deshechas en llanto, alzaron la voz.[18]

CAPÍTULO 5

Toparse con el camino correcto

Tu crisis personal puede provocar una
revelación en otra persona

Los últimos momentos, antes de abandonar el lugar al que has llamado hogar durante años, son los peores. Algunos de nosotros haríamos cualquier cosa por evitar los abrazos llorosos y contener los borbotones de emociones que ellos desatan.

No es lo mismo cuando uno se va por un viaje de dos semanas o un viaje de un mes a un lugar lejano, o hasta a una universidad por cuatro años. Uno sabe que volverá. De algún modo, el lugar que se deja atrás sigue siendo un hogar en el corazón.

No fue así esta vez. No para Noemí. No cuando se iba de Moab. Ella pensó por un momento cuán diferente se sentía cuando se estaba yendo de Belén hacía diez años. Todo lo que importaba en este lugar había muerto, todo, es decir, excepto las dos jóvenes mujeres que habían pasado la mayor parte de esos años dolorosos con ella y sus fallecidos hijos. Estaba lista para irse sin dudarlo un momento.

Había llegado al punto de darse cuenta de que las personas buenas pueden quedar atrapadas en lugares malos. Pero ahora ella estaba libre para volver.

Las personas buenas pueden quedar atrapadas en lugares malos.

De lo que todavía no se había dado cuenta, era de que las personas buenas pueden *provenir* de lugares malos.

Noemí sabía lo que debía hacer. Sabía adónde debía ir, pero estaba segura de que sus dos nueras no podrían y no querrían ir con ella. Era un mundo diferente, un lugar diferente y un destino diferente.

Corrían rumores en las caravanas de los mercaderes que habían llegado hasta ella, por medio de sus conocidos moabitas y por fuentes dentro del palacio de donde venían sus dos nueras. Se decía por toda la ruta comercial que el Dios invisible de los israelitas en la lejana Judá, había visitado a su pueblo otra vez. El hambre se había ido de la tierra. Parecía que había alimento una vez más en *Beit Lechem* –Belén– literalmente llamada "casa del pan".[1]

La esperanza es el "pan" del alma. Sin ella la vida parece marchitarse, y a la larga el alma corre el riesgo de morir de inanición. Todos deseamos vivir en una casa con mucha comida a disposición. Del mismo modo, todos precisamos suficientes suministros de esperanza disponibles para nuestra alma.

El deseo de Noemí de volver al hogar estuvo precedido por un "buen" apetito. Note que quise decir apetito "por lo bueno", no simplemente un hambre intenso por cualquier cosa que sea comestible. Este es el mismo proceso que con el hijo pródigo.[2] El hambre física encendió un hambre espiritual por "el hogar".

Los tipos del pan se encuentran esparcidos a lo largo de toda La Biblia. Todos ellos tienen significado profético. El pan de la proposición era un pan profético; el maná también lo era.[3] ¡Noemí estaba en busca del pan profético que era generado por un apetito profético! ¡Deja que tu apetito por lo "bueno" te guíe al lugar en donde tu destino puede ser cumplido!

Noemí regresaría a un lugar en donde un pesebre se convertiría en una panadería para el Pan de vida. Y ella tendría su parte en eso, ¡pero todavía no lo sabía!

Tu depósito de esperanza puede aumentar y disminuir según los altos y bajos de la vida, pero una época de sequía –la oscura noche del alma– puede ser aterradora. Esos lugares secos y oscuros pueden fácilmente alimentar nuestra desesperación y desesperanza con el tiempo. Pero no tienes idea de cuál puede ser tu destino. ¡Mantén viva la esperanza!

Noemí había sufrido algo así como veinte años de dolor y esperanza decreciente. En ese día, aparentemente parada al extremo final de la esperanza, tomó una decisión y rindió todo su futuro a ello.

Casi puedo escucharla susurrando para sí misma la noche después que tomaría la decisión: "Si tan solo pudiera volver a casa, entonces al menos no moriría de hambre". Ella podía esperar poco, según parecía. Como dice el viejo refrán hebreo: *"M'shaneh makom, m'shaneh mazal*: Con un cambio de lugar viene un cambio de suerte".[4]

> *Pero ellas, deshechas en llanto, alzaron la voz y exclamaron: ¡No!* **Nosotras volveremos contigo a tu pueblo. ¡Vuelvan a su casa, hijas mías!** *insistió Noemí. ¿Para qué se van a ir conmigo? ¿Acaso voy a tener más hijos que pudieran casarse con ustedes?* **¡Vuelvan a su casa, hijas mías!** *¡Váyanse! Yo soy demasiado vieja para volver a casarme. Aun si abrigara esa esperanza, y esta misma noche me casara y llegara a tener hijos, ¿los esperarían ustedes hasta que crecieran? ¿Y por ellos se quedarían sin casarse?* **¡No, hijas mías!** *Mi amargura es mayor que la de ustedes; ¡la mano del Señor se ha levantado contra mí! Una vez más alzaron la voz, deshechas en llanto. Luego Orfa se despidió de su suegra con un beso, pero Rut se aferró a ella.*[5]

¿Observaste la última oración? "Orfa se despidió con un beso" pero "Rut se aferró". Estamos a punto de descubrir la diferencia entre "besar" y "aferrarse". Son fundamentalmente tan diferentes como salir en una cita y casarse. Ambas implican pasión, pero una supone compromiso, mientras que la otra supone conveniencia. Rut y Orfa se encontraban en un punto de decisión. ¿Se quedarían o se marcharían? ¿Se unirían o se separarían?

El lugar de separación revela la verdad acerca de una relación

Es precisamente en ese lugar de separación potencial que se muestra la verdadera profundidad y la base de una relación. No puede esconderse más: ese es el punto final, la última oportunidad para dar el voto decisivo. La capacidad de poder irse es lo que confirma el poder en una decisión de quedarse.

La acción debe seguir a las palabras, en este punto de inflexión entre el dolor del pasado y las posibilidades del futuro, cualquiera sean esas palabras.

La crisis de Noemí lo había cambiado todo. Lo que sea que las tres mujeres habían llegado a aceptar como "normal", ya no lo era más. Las cosas cambiarían, y *cambiarían* desde ese momento de decisión en adelante, con efectos que durarían toda la vida y alterarían el curso de la historia.

Ninguna de las tres acongojadas mujeres se daba cuenta ese día cuántos cambios estaban a punto de experimentar. ¡Ni tampoco se habrían imaginado que naciones enteras serían transformadas y llegarían a definir parte de su identidad en las decisiones que ellas tomaron ese día en ese camino![6] Muchas decisiones tomadas "de camino" tienen consecuencias irreversibles para el futuro.

El compromiso verbal vino enseguida

Ambas hijas políticas moabitas rápidamente se comprometieron con su suegra. Eso me recuerda de otro tiempo y lugar muchas generaciones más adelante, cuando el compromiso verbal en una crisis vino enseguida. Lamentablemente, el espíritu está dispuesto, pero está demostrado que la carne es débil.

> –Esta misma noche –*les dijo Jesús*– **todos ustedes me abandonarán**, *porque está escrito: "Heriré al pastor, y se dispersarán las ovejas del rebaño".*
> *Pero después de que yo resucite, iré delante de ustedes a Galilea.*

—**Aunque todos te abandonen** –declaró Pedro–, **yo jamás lo haré.**
–*Te aseguro –le contestó Jesús– que esta misma noche, antes que cante el gallo, me negarás tres veces.*
–*Aunque tenga que morir contigo –insistió Pedro–, jamás te negaré.*
Y los demás discípulos dijeron lo mismo.[7]

Lo vemos una y otra vez. Abraham y Lot, Jesús y Judas, Jesús y Pedro, David y Jonatán, Ester y Mardoqueo.

Ahora es Noemí, Orfa y Rut. Los besos afectuosos y expresiones cariñosas se revelan por lo que son: expresiones de compromiso o señales de separación. ¡Pero nunca cometas el error de pensar que un beso significa compromiso!

Un mafioso besó a su víctima para decidir su destino. Judas besó la puerta del cielo, pero acabó en el infierno. Ese es el punto en donde las acciones verdaderamente hablan más fuerte que las palabras.

Si las palabras son seguidas por acciones que demuestran un compromiso duradero, es que fueron expresiones genuinas de un pacto. Si lo que sigue es la separación, entonces las palabras pronunciadas se reducen meramente a expresiones públicas y señales de una separación *cortés* o, lo que es peor, de amarga traición.

Las Escrituras retratan este agridulce punto de decisión en esta familia consternada, con un solo y sencillo versículo:

Orfa se despidió de su suegra con un beso, pero Rut se aferró a ella.[8]

La adversidad compartida demuestra una amistad sincera. Cuando vives tiempos adversos con otra persona, esas experiencias difíciles y las presiones que ellas generan, tienen la costumbre de separar a las amistades por conveniencia de los verdaderos amigos. ¿Eres tú un "primo que besa" o un "amigo que se aferra"?

En nuestra sociedad artificialmente amigable, los "besos al aire" –aun cuando son dados en las dos mejillas– son esencialmente desprovistos de sentido real.

Después de que te limpies el *rouge* de tus mejillas, revisa tu espalda para observa si te quedó un cuchillo. Los que apuñalan a menudo anticipan su ataque con un beso. Pregúntale a Jesús.

La deslumbrante luz de una crisis tiene un modo de poner a los lazos familiares y a los vínculos de amistad bajo una penetrante luz, que revela las verdaderas motivaciones del corazón y los valores interiores. No debería sorprendernos que las crisis separen rápidamente a nuestros parientes "descartables" de nuestros familiares "confiables".[9]

Si la muerte de un solo ser querido es suficiente como para dejarnos impactados, ¿puedes imaginarte lo que estas tres mujeres sintieron? Los funerales muchas veces sacan lo mejor de las personas... y también lo peor. El dolor aplasta nuestra susceptibilidad y a veces uno dice cosas irracionales.

Los lazos tenues de las relaciones con los familiares políticos, a menudo se rompen luego de la muerte de una persona amada por ambas partes. De hecho, con frecuencia "toleramos" a los que son familiares de los seres que amamos. No estoy seguro cómo funcionó eso con Orfa. Todo lo que sé es que ella recibió atención de Noemí, "suficiente como para besar, pero no como para aferrarse".

Aunque Noemí sufrió a solas la pérdida de los tres, mientras que Rut y Orfa solo perdieron a uno, se muestra más estable, lúcida y capaz de procesar la pérdida. Ella habla de la realidad con Rut y Orfa.

Ampliar la lúgubre situación para un examen de realidad

Los parientes y amigos *verdaderos* a veces recurren a la "terapia de *shock*" o electrochoque para ayudarnos a afrontar una situación difícil con mayor claridad. Los amigos un poco menos íntimos pueden a menudo ser menos francos también. Se precisa amor verdadero para decir la verdad aun cuando esta duela.

Noemí amaba realmente a sus nueras. Las amaba lo suficiente como para considerar con ellas la cruda realidad sobre la crisis que las tres estaban viviendo.

Tres veces Noemí amplió la lúgubre situación enfrentando a las dos jóvenes viudas moabitas. Para invocar el examen de realidad necesario ante la crisis, ella dijo:

—Si ustedes esperan que Noemí tenga dos hijos más para casarse con ellos, comprendan que por el momento no tengo bebés. Y no los tendré más adelante. ¡Y si ustedes esperan demasiado tiempo confiando en mi vientre, entonces no habrá bebés para *ustedes* tampoco!

Primero, no había niños en el vientre de Noemí que nacieran en los próximos nueve meses y que pudieran madurar a tiempo para que ellas se casaran y tuvieran hijos de parte de ellos.

Peor aún, y menos probable también, era el hecho de que incluso si Noemí se casara y se embarazara rápidamente por obra de algún milagro, el tiempo sería aun más difícil.

Y por último, Noemí les preguntó si ellas realmente querían poner sus vidas —y sus relojes biológicos aptos para quedar embarazadas— *en reposo* por décadas a la luz de tanta desilusión.

La última amarga oración de Noemí fue pronunciada para beneficio de sus nueras, pero también revelaba su condición personal en ese momento:

> *¡No, hijas mías! Mi amargura es mayor que la de ustedes;* **¡la mano del Señor se ha levantado contra mí!**[10]

¿La calamidad de Noemí dejaría a sus nueras sin hijos también?

Noemí expresaba su doloroso sometimiento a lo que creía que era la voluntad de Dios para su vida. Y temía que su calamidad dejara a sus nueras sin hijos y también destituidas.

Como si el *contenido* de sus palabras no fuera suficiente, entonces el *quiebre emocional* del alma de Noemí se convirtió en el catalizador final, o la chispa que enciende el proceso de decisión que llevará a una acción concreta. Ese fue el "golpe fatal" que finalmente reveló en qué dirección debía ir cada persona.

> *¡No insistas en que te abandone o en que me separe de ti!*
> *Porque iré adonde tú vayas, y viviré donde tú vivas. Tu pueblo*
> *será mi pueblo, y tu Dios será mi Dios. Rut 1:16.*

Luego de otra vuelta de lágrimas y llanto, Orfa besó a su suegra y la despidió, mientras que Rut "se aferró" a ella fuertemente en un compromiso de pacto. Lamentablemente, esta "gran división" parece afectar prácticamente cada tipo y clase de compromiso en la experiencia humana. Cuando el problema o la adversidad llegan, la mayoría de la gente abandona, incluyendo muchos que dicen seguir a Cristo.[11]

Orfa regresó a Moab, a sus dioses, a su cultura y a su destino. De hecho, según la literatura rabínica, Orfa se casó y tuvo cuatro hijos, ¡todos ellos *gigantes* que fueron asesinados en el reino de David![12]

Esta joven viuda realmente amaba a su suegra, pero como un escritor reciente lo expresa:

> Lo que Orfa pierde es la oportunidad de estar presente en los últimos tres mil años de la historia. Israel continúa, Moab no...
>
> ¿Le importa a Orfa que sus tataranietos se hayan caído de la historia, o que no haya libro de Orfa, o que haya desaparecido del libro de Rut en el versículo catorce?
>
> La normalidad no es visionaria. El apetito de la normalidad se detiene cuando está satisfecho.[13]

Rut vio a Dios en la vida de Noemí en medio de la adversidad.

¿Entonces qué hay de Rut? ¿Cómo respondió esta joven viuda a los intentos de Noemí de persuadirla a que saliera de una empresa arriesgada hacia un futuro incierto en un lugar extranjero tan lejos de allí?

Su respuesta apasionada a Noemí pinta un retrato de epifanía. ¿Sabes lo que es una epifanía? Es cuando tienes un momento "¡Eureka!", un *flash* de revelación, una conciencia repentina o comprensión súbita de algo.

En La Biblia, esas epifanías parecen siempre ocurrir en o cerca de los caminos. Dos discípulos de Jesús se dieron cuenta de quién era solo después de caminar con Él por el camino de Emaús.[14] Pablo tuvo una epifanía camino a Damasco.[15] Incluso los proverbiales tres reyes, con su largo viaje, están conectados a una epifanía.[16]

Rut tuvo una repentina comprensión, una conciencia de lo que era verdaderamente valioso para ella. Empujada por la circunstancia adversa y por la pérdida personal al borde de la ruina, Rut vio a Dios en la vida de Noemí en su crisis más dolorosa. E irónicamente, se *encontró* con Dios en el tiempo más triste de toda su vida.

Una vez más Noemí persuade a Rut para que se vuelva:

Mira dijo Noemí, tu cuñada se vuelve a su pueblo y a sus dioses. Vuélvete con ella.[17]

Rut entonces comenzó a verbalizar quizás el más ungido contrato de pacto que jamás se haya registrado en la historia humana. Las palabras de esta viuda moabita quebrantada a su desalentada suegra judía, establecieron esta histórica "norma de oro" para la devoción en las relaciones humanas y en la identificación espiritual:

Pero Rut respondió: ¡No insistas en que te abandone o en que me separe de ti! Porque iré adonde tú vayas, y viviré donde tú vivas. Tu pueblo será mi pueblo, y tu Dios será mi Dios. Moriré donde tú mueras, y allí seré sepultada. ¡Que me castigue el Señor con toda severidad si me separa de ti algo que no sea la muerte! Al observa Noemí que Rut estaba tan decidida a acompañarla, no le insistió más.[18]

Aparentemente Rut había visto demasiado: demasiado amor, demasiada compasión, tal vez demasiada sabiduría y demasiada fe. El momento en que Noemí experimentó su mayor crisis de fe en el camino a Belén, coincidió con uno de los mayores momentos de fe y revelación de Rut. Es en este punto en donde nos damos cuenta de que Rut *entiende* que Noemí tiene un Dios. Y ese Dios era muy distinto a los de su trasfondo moabita.

Es irónico que algunas personas encuentren fe en la misma circunstancia en que otros la pierden. Una persona puede enojarse con Dios y otra puede encontrar una gran fe, incluso mientras sortean la misma crisis.

Los siete valores del compromiso de Rut

Hay siete valores poderosos en el "pacto de identificación" de Rut:

1. No te dejaré ni te abandonaré.
2. No dejaré de seguirte.
3. Donde tú vayas, yo iré.
4. Donde tú vivas, viviré yo.
5. Tu pueblo será mi pueblo, tu familia mi familia, tus amigos mis amigos.
6. Tu Dios será mi Dios.
7. Donde tú mueras y seas enterrada, allí es donde yo quiero morir y ser enterrada también. Estamos en esto juntas hasta la muerte.

¿Es de maravillarnos, entonces, que tantas ceremonias nupciales contengan las palabras de este compromiso tan antiguo, hecho por una nuera a su suegra? El pacto matrimonial hecho entre el marido y la mujer es el acuerdo más fuerte y más solemne sobre la Tierra. ¡El compromiso de pacto de Rut con Noemí y con su Dios es así de fuerte! Ambos contienen el compromiso total de ser "carne y uña", aunque en maneras diferentes.[19]

Dios tiene una promesa conectada a este nivel de compromiso. A menudo tratamos de "guardar" nuestros compromisos, pero fallamos y no alcanzamos a cumplirlos. Por esta razón necesitamos su promesa para "cuidar lo *que se nos ha entregado*".[20] Lo único que Dios ha prometido "cuidar" es aquello que se ha "entregado" delante de Él. Deberíamos ser sabios para valorar también lo que se nos *entrega* si es Dios quien lo hace.

El compromiso de Rut alimentó y fortaleció el lazo de amor

Algunos creen que la relación de Noemí con Rut en verdad no empezó a florecer en profundidad e intensidad hasta luego de que los hijos de Noemí fallecieron.[21] Es allí, en la cima de la crisis de Noemí, que el compromiso de pacto de Rut comenzó a alimentar y fortalecer el lazo de amor entre ella y su suegra.

Rut había decidido convertirse en lo que todavía se dice "una judía por elección". Su decisión –y la profundidad de su compromiso– fueron tan importantes para el futuro del pueblo israelita, que su nombre ha sido unido en forma permanente con el *Shavuot*, la antigua festividad del *Shabbat* que marca el hecho de dar la Torá al pueblo judío "y su *aceptación* de ella".[22]

Lo que sea que Rut haya visto en la vida de Noemí, eso la cautivó de tal manera que lo deseaba tanto como para abandonar toda su vida previa y abrazar lo desconocido. La crisis de Noemí abrió la puerta a la epifanía de Rut.

Observar a otra persona luchar heroicamente con los problemas de la vida, a menudo inspira a uno a encontrar el origen de la fuerza de esa persona.

Rut estaba buscando pertenecer, *tener una relación con el Dios que ella veía en la vida de Noemí*. Y la única ruta que conocía era alinear su vida con la de Noemí. Estaba buscando adoptar los valores que nunca había conocido antes, hasta que se encontró con su suegra.

El ejemplo de Rut nos enseña tres cosas:

1. Si amas a alguien, nunca dejes de decírselo.
2. Si deseas conectarte con alguien, nunca pierdas la oportunidad.
3. Busca establecer relaciones.

Generalmente los padres que quieren sumar un hijo a su familia mediante adopción, eligen al bebé. Ya sean los ojos pardos, los simpáticos hoyuelos, la cabeza con abundante cabellera o simplemente la disponibilidad existente, *pero los padres son los que escogen*. Esa es la forma natural de hacerlo en el mundo.

En el ámbito del espíritu, muchas cosas son al revés. La manera de subir es bajando, la senda al liderazgo es el servicio... y la lista continúa. ¿Por qué no la ley de adopción?

Creo que en el plano del espíritu uno elige a quién adoptar como padre o madre espiritual. Rut hizo esta elección.

La única vez que un hijo puede elegir a un padre o madre, es a través de la ley espiritual de adopción. Rut no tuvo opción cuando Eglón, el despiadado rey moabita se convirtió en su padre físico. Pero tuvo *todas* las opciones al elegir a Noemí como su madre espiritual adoptiva. Porque podría haber seguido el camino de las otras viudas jóvenes y rechazar la relación con su suegra.

Este es el núcleo del principio espiritual y natural de los mentores. Los sabios de cada época y cultura han comprendido el valor de conectarse con gente que realce su destino. Cuando te extiendes para buscar ayuda, es mejor que alcances la sabiduría. Eso elevará tu destino.

¿Princesa de las tinieblas o seguidora del Dios de Noemí?

Rut siguió ese camino hasta el final. Comenzó como una princesa moabita, la hija de Eglón, de Moab. Si la miramos a través del lente severo de la Ley, entonces Rut era una princesa de las tinieblas, la hija de un rey obeso, abusivo, anti-Dios y el principal oponente del pueblo de Dios por un tiempo. Aun así, ella había abrazado al Dios de Noemí en un compromiso de por vida.

Obviamente, Dios no usaba esos lentes del legalismo. No los necesitaba, porque ve las cosas de manera diferente que nosotros: Él mira directamente al corazón con los lentes celestiales de la gracia.

Algunas personas se creen superiores que sus amigos que están en una baja posición, pero Rut estaba aprendiendo la lección de adoptar amigos y mentores cuyo entendimiento fuera mayor que el de ella. Su primera decisión sabia fue la adopción de Noemí como su madre espiritual y adoptiva.

Las relaciones más eficaces entre mentor y discípulo están basadas en el amor. Noemí y Rut se aproximaron tanto, que sus destinos se volvieron desesperadamente –o felizmente– entrelazados.

Un escritor trató de describir esta relación a través de un relato de ficción: "Rut está casada con la amistad de Noemí y con su sabiduría. Orfa a menudo tuvo la sensación de que *un alma misma habita los cuerpos de Rut y Noemí*".[23]

Noemí era totalmente capaz de tomar malas decisiones, porque hasta la gente buena –*todas* las buenas personas– son capaces de tomar malas decisiones. Sin embargo, los errores *deberían* ser menores a medida que avanzamos hacia el buen plan de Dios para nuestras vidas. Una de las cosas extrañas acerca de Dios, es que Él se deleita en usar gente común, con defectos, para revelar su extraordinario amor y perfección.

"Me gustas, pero en realidad me gusta más lo que tú representas"

A pesar de que Noemí perdió la batalla contra la amargura, las virtudes de su amoroso Dios se veían en su vida. También ocurre en nosotros. Todavía nos enfadamos o hacemos que otros se molesten, nos abrimos paso en la vida confiando en la sabiduría divina para cada día, y nos sorprende escuchar a alguien decir:

–Me gustas, pero lo que en realidad me gusta más es lo que tú representas. No sé como decirlo, pero es algo mayor que lo que tú representas individualmente… ¡Supongo que estoy diciendo que me gusta lo que simbolizas y lo que significas, aun cuando a veces lo eches todo a perder! Eso significa que hay esperanzas para mí.

Un pacto es un compromiso llevado a su máximo nivel.

Cuando Rut comenzó a expresar lo que había en su corazón en el camino a Belén, Noemí estaba básicamente "fuera de foco". Lo que había empezado como un compromiso personal de una mujer hacia otra, se había convertido en un pacto eterno en potencia entre Rut la moabita y el Dios de Abraham, ¡incluso si Noemí era una beneficiaria!

A veces los jóvenes pueden ayudar a los mayores a renovar la búsqueda y persecución de sus sueños. La decisión sabia de Rut de partir con Noemí fue tan poderosa, que compensó el peso de cinco o seis malas decisiones. En efecto, cerró la dolorosa puerta del pasado y abrió una nueva puerta al futuro: para *ambas*, Rut y Noemí. *El compromiso puede ser el puente de lo bueno a lo grandioso.*

El hecho de que esta separación de caminos ocurriera en el viaje, en algún punto entre el lugar que ellas habían dejado en Moab y el lugar al que se dirigían en Belén, demuestra que "un lugar a mitad de camino del hogar no es aún el hogar". Doblar en el lugar indicado no es lo mismo que la llegada a destino.

¿Pero qué hay acerca de Orfa? Ella llegó hasta una parte; ¿debería ser honrada "en parte"? Ciertamente sentía afecto por Noemí. Su vida había sido evidentemente impactada, pero la influencia del pasado era demasiado grande.

Recuerdo el "factor Colón" otra vez. Llegó un tiempo en donde este hombre quería regresar. Colón mismo pensó en volverse de los grandes océanos desconocidos. Nadie lo habría culpado. Pero si lo hubiera hecho, nadie lo recordaría tampoco.

Orfa se volvió. Su temor era mayor que su fe. Nadie la culpó, pero tampoco nadie la recuerda.

Lo único que las llevaría el resto del camino "a casa" en Belén, sería continuar caminando físicamente lo que habían decidido mentalmente. El impulso inicial era un rumor de la bondad de Dios que ellas decidieron seguir.

El deseo maduro de Noemí de regresar a su hogar ancestral nació de una profunda hambre y un deseo del corazón de volver a los valores de su padre y madre, del pueblo escogido y apartado para el Dios de Abraham, Isaac y Jacob.

La lealtad precede a la realeza.

¿Y Rut? Su lealtad precedió a su realeza. Porque fue leal luego se halló en el linaje real; una princesa pagana promovida a ser consanguínea del rey David de Israel.

> La confesión de Rut de Dios y su pueblo se originó en el hogar de su vida de casada. Surgió del amor con el que se le permitió abrazar a los israelitas... *La conducta de una mujer de los israelitas [Noemí] en una tierra extranjera, fue capaz de hacer brotar un amor y una confesión de Dios como la de Rut... Rut ama a una mujer, y por lo tanto es llevada hacia el Dios que esa mujer confiesa.*[24]

Al igual que la mujer con flujo de sangre que tocó el borde del manto de Jesús, Rut tocó algo –o a *alguien*– que estaba tocando a Dios, y fue sanada.[25]

Ella ni siquiera tocó a Jesús, solo a algo que estaba tocándolo. Y volvió a casa sanada. Dios puede usar a algunas "Noemís" más. La necesidad de una Noemí nunca será sobreestimada. La única conexión con Dios de muchas "Ruts" es cuando se rozan con nuestras vidas. Entonces tienen su "epifanía": ven a Dios a través de nosotros, incluso cuando nosotros estamos envueltos en crisis y dolor.

Rut tocó a alguien que había tocado lo santo, que provenía de la Tierra Santa. Nunca más sería la misma. Ni tampoco lo sería su historia.

CAPÍTULO 6

El viaje de regreso

Arreglárselas para salir del problema

Aun con un GPS, el camino de regreso a casa es un proceso de "arreglárselas para salir del problema", con frecuentes marchas atrás y pedidos de ayuda a los que nos proveen dirección en esta vida.

A mi abuelo le encantaba mirar las películas de Laurel y Hardy. Si eres de una generación más joven, quizás no sepas quienes eran Laurel y Hardy. Se los conoció como *El gordo y el flaco*. En los primeros tiempos de la filmación, ellos eran el equivalente a los Blues Brothers, o tal vez del dúo de comedia de Jim Carrey y Jeff Daniels que grabaron en 1994 la película *Tonto y Retonto*. No, no estoy recomendado la película, solo estoy dándote una "ayuda memoria".

Una de las frases típicas de Laurel y Hardy inevitablemente llegaba cuando el dúo se hallaba en problemas. En ese punto, el más robusto, Oliver Hardy hacía un gesto y le decía a su compañero de habla más delicada, Stan Laurel:

–Bien, este es *otro lindo lío* en el que tú nos has metido.

Y generalmente el lío era de Hardy.

¿Alguna vez te has sentido como si todos los índices te apuntaran a ti, tal vez de tu familia o de tu jefe? ¿Todavía oyes la frase "este es un lindo lío en el que tú nos has metido" resonando en tus oídos?

Yo me he sentido igual. Tengo una esposa muy paciente.

Nuestro largo y sólido matrimonio de treinta y pico de años no es un testimonio de mi gran sabiduría, extrema bondad o elegante mirada. La fuerza de nuestro matrimonio ha radicado en realidad en la paciencia de mi esposa. No importa en que "problema" yo me las arreglaba para meternos por la inmadurez de mis decisiones, ella parecía tener una clase de seguridad interior de que yo saldría de aquel embrollo.

Tuvimos nuestros altos y bajos. Hubo tiempos en los que, económicamente hablando, estuvimos tan "abajo" que nos preguntábamos literalmente cómo sobreviviríamos. Los desafíos físicos fueron igualmente difíciles. Recuerdo una vez cuando Jennie tuvo tres operaciones en dieciocho meses, y tomé un cargo temporal en una iglesia que estaba atravesando un momento difícil.

No estoy seguro de que haya tomado la decisión correcta yendo allí. Y no estoy seguro de que haya tomado las decisiones correctas *mientras* estaba allí. Pero estoy agradecido de que cuando me las arreglaba para abrirme camino, mi esposa halló la paciencia y fuerza necesarias para caminar a mi lado.

No siempre he escrito éxitos de librería, o he estado involucrado en el tema de hacer películas o he tenido una vida "bajo control". Algunas veces nos hemos sentido exhaustos. Pero simplemente *seguimos andando*. La vida no está programada o controlada. Es impredecible. Precisamente eso es lo que la hace tan emocionante, ¡y tan aterradora a veces!

Todo aquel que haya subido alguna vez a un escenario, o que incluso haya representado un papel pequeño en una comedia o un musical, sabe lo difícil que es "lograr hacer todo bien en la primera función" ¡Y ni hablar de *mantenerlo* bien por una larga serie de funciones!

Si es así de difícil para aquellos que actúan un papel escrito y controlado el pulir su actuación para una breve función de tres o cuatro actos, entonces ¿por qué nos sorprende tanto que la vida sea tan difícil de ejecutar correctamente? ¡Es que no hay ensayos en la vida!

¿Qué es lo que hace que ella sea tan impredecible? Por un lado, debemos lidiar con las variables que la vida tiene, aquellas cosas que pueden cambiar todo lo demás. Eso puede incluir hechos y circunstancias como ser enfermedades serias, una caída de la bolsa, una traición inesperada de nuestros mejores amigos, o el automóvil que viene directamente hacia ti y de repente se mete adentro de tu vehículo.

Luego debemos lidiar con los factores fijos que no controlamos: la familia en la cual nacimos, el ADN que recibimos en la concepción, el hecho de que nacimos ciegos o alérgicos a los maníes. Tal vez la variable más difícil de todas sea simplemente *lo desconocido*.

Si esas variables y la incertidumbre fueran suficientes para hacer de la vida un "problema", entonces todo lo que tenemos que hacer es planificar considerando los *errores* de los cuales tenemos conocimiento: nuestro desprecio por la autoridad u organización, nuestro temor a las alturas, nuestra compulsión a mentir, a comer de más, a mirar pornografía, o a apostar hasta el último dólar a *cualquier cosa* lo demás. Si la lista parece interminable, entonces así también será la frustración. Desde nuestras fobias hasta nuestro desagrado por los vegetales, todo tiene un impacto en nuestras vidas.

Debemos comprender que la perfección no es el objetivo, ni tampoco es requerida en nuestro camino a casa. Un viaje exitoso precisa, como primer paso, que uno se esté encaminando hacia la dirección correcta. De modo que el primer paso para salir del problema resulta ser la sencilla decisión de arreglárselas para salir hacia algo mejor.

Al observa Noemí que Rut estaba tan decidida a acompañarla, no le insistió más. Entonces las dos mujeres siguieron caminando hasta llegar a Belén.[1]

El camino de regreso a los valores es un proceso de "arreglárselas para salir del problema", con frecuentes retrocesos al mapa y a las indicaciones de la vida. Es improbable que alguno de nosotros pueda abrirse camino en medio del complicado viaje sin algo de pelea, riña, heridas, o sin algo de culpa por el fracaso. Abrirse paso en medio del lío es –discúlpame– ¡un lío!

Tan solo hacía una década o dos que Noemí había tenido todo lo que ella creía que deseaba: un buen esposo, bien respetable y exitoso en la comunidad, y dos hijos que llevarían adelante el nombre de la familia y los negocios. Y todo eso tenía lugar en la misma aldea en donde ella había crecido con amigos de toda la vida y una gran familia extendida.

Arreglárselas para salir del problema siempre es complicado.

Entonces vino el problema. Primero, el golpe del hambre. Luego, su esposo, Elimélec, decidió mudar a la familia a Moab para aguardar allí hasta que el hambre pasara, mientras que establecía una nueva empresa en otro país. Allí fue cuando la vida de Noemí comenzó su agonizante deslizamiento hacia el hoyo de la pérdida y la desesperación. Primero fue la muerte de Elimélec, seguido por la muerte de sus dos hijos, y bueno… ¡todo un problema!

Las cosas parecieron empezar a verse un poquito mejor cuando las noticias del pan en Belén encendieron la ya olvidada esperanza y deseo en los deprimentes pensamientos de Noemí. Ella rápidamente decidió a volver al hogar. Noemí debe haber pensado para sí misma: "Bueno, yo tenía una granja. Tal vez deba ir y observa… quizás pueda salir de este problema en Moab".

Cada montaña es una servidora de tu fe. Ella debe obedecer a la fe.

El regreso a casa debe haber parecido montañoso. Pero cada montaña es una servidora de tu fe.[2] Debe obedecer a la fe. Pero luego ella tuvo que "arreglárselas para salir del problema" de tener que traer las noticias a sus dos fieles nueras moabitas.

Rut "se salió del guión" y arruinó el plan de escape de Noemí

Noemí sentía que sería aceptada, bienvenida y atendida entre sus viejos amigos y familiares en Belén. También sabía que ninguna moabita sería bien recibida en Judá; no con esa maldición sobre su cabeza y luego de la opresión moabita hacía algunos pocos años.

Cuando un actor o actriz comienza a hablar sus propias palabras o reescribir su parte, eso se llama "salirse del guión". Rut, con su inesperado compromiso de seguirla hasta Belén y quedarse con ella de por vida, sin importar lo que sucediera, se salió de su guión y arruinó el plan de escape de Noemí. Eso es lo que yo llamo "fe *arriesgada* en un Dios *certero*".

Eso era una complicación, tal vez una reconfortante complicación, pero una complicación al fin. Era tiempo de arreglárselas para salir de otro problema más.

Luego de la declaración de Rut y su apego determinado, ¿qué podía hacer Noemí? Estaba contenta con su compañía y lealtad, pero preocupada por ella e insegura por su futuro. ¿Y qué otra cosa podía decir luego del discurso apasionado de Rut?

Noemí estaba genuinamente preocupada por el futuro incierto de Rut en Belén. No había nada de aprecio por los moabitas en su aldea, y Rut era una bella viuda joven sin hijos ni hombre de autoridad que la protegiera. Siendo una mujer extranjera sin compromisos, podía hasta ser considerada una "chica fácil" por los hombres menos escrupulosos de esa sociedad.

Con todo, incluso el pródigo tuvo su último día en el chiquero. Noemí intentaba prolongar su estadía en el chiquero de las actitudes rencorosas hacia la indiferencia de Jehová. Estaba convencida de que se había convertido en el blanco del "castigo" hacia ella por causa de las decisiones de su esposo.

Noemí abrazó plenamente esta amargura. Aun cuando sus pies apuntaban hacia la Tierra Prometida, su mente estaba atascada en Moab. Pero tenía la "ventaja del pródigo": cuando todo estaba perdido, *al menos conocía el camino a casa*.

Parecía obvio que el Dios de Israel la había tachado de su lista de "los más benditos y altamente favorecidos". ¡Pero qué error cometía! En otras palabras, ten cuidado cuando juzgas a la gente, porque nunca sabes cuando *este día* puede pasar a ser *el último día* en el chiquero; o en Moab.

Afortunadamente, uno de los beneficios del proceso de "arreglárselas para salir del problema" es que *ves mejoras inmediatas* o progreso positivo cuando el asunto comienza a tomar una *dirección*.

> Tan pronto como ella deja Moab, ese lugar deja de ser su hogar. Moab es ahora tan solo el sitio que ella ha dejado atrás. El recuerdo de Moab se desprende de ella como una prenda que cuelga suelta sobre los hombros debería caer prontamente al suelo. Y ahora, el lugar que es nombrado es *la tierra de Judá,* la tierra a la cual ella está regresando. Ahora Noemí puede volverse más completamente al futuro, con la imagen de Judá ardiendo más brillantemente ante sus ojos.

De Noemí aprendemos que *teshuva,* el "arrepentimiento" o "retorno", es un proceso que se aferra del rayo de esperanza presente en el reporte de que Dios ha recordado a su pueblo y está proveyéndoles pan.[3]

Tal vez Noemí sintió que su suerte estaba sujeta a "la lotería de la casualidad". Ella sentía que estaba fuera del favor de Dios, a la total merced de "lo que venga".

A veces la traición es el mejor amigo que tu destino haya tenido jamás.

Aprende a hacerte amigo de cualquier circunstancia en tu vida, y ella servirá a los propósitos de Dios. Incluso amígate con las traiciones y los traidores. ¡Recuerda que Jesús llamó a Judas "amigo"!

La traición de Judas, tan dolorosa como resultó, sirvió a un propósito supremo.[4] A veces la traición es el mejor amigo que tu destino alguna vez tuvo.

> *Apenas llegaron, hubo gran conmoción en todo el pueblo a causa de ellas. ¿No es ésta Noemí? se preguntaban las mujeres del pueblo.*[5]

Una incursión poco amistosa a un lugar vulnerable del alma

¿Alguna vez has entrado a una fiesta y te has dado cuenta que estabas penosamente mal vestido? ¿Has entrado en la fiesta de alguien cuando estaban celebrando la gran vida, mientras que todo lo que tú podías pensar era en el dolor y la tristeza de una gran pérdida en la tuya? La amargura y el resentimiento pueden fácilmente infiltrarse haciendo una incursión poco amistosa a un lugar vulnerable de tu alma.

Tal vez has notado que, de hecho, es más fácil lamentar con los que lamentan que regocijarse con los que se regocijan. Noemí acababa de dejar una tierra de duelo llena de dolor, pérdida y desplazamiento. Una vez que tomó la decisión, debe haber sentido una creciente sensación de libertad en su corazón. Ella nunca le realizó una autopsia *post mortem* a su pasado. Una vez que la decisión estuvo tomada, todo fue ir derecho hacia delante.

Noemí debe haber reemplazado esas imágenes cambiantes una y otra vez, con escenas imaginarias de risas, tibios abrazos y alegría acerca de su dramático regreso a casa. Esas eran las expectativas que alimentaban su entusiasmo de volver a observa a sus amigos luego de años de separación, pero los obsesivos pensamientos de Noemí acerca de la pérdida se reflejaron en su rostro y estallaron en medio de la reunión. Una vez más se metió en problemas.

Los obsesivos pensamientos de pérdida se reflejaron en su rostro

Al dar sus últimos pasos cuesta arriba en la colina hacia su ciudad natal de Belén, casi podemos observa que agarraba el ritmo. Cuando se detuvo ante la vista de sus amigas, llevaba consigo todos los pensamientos acumulados de esperanza y entusiasmo acerca de la reunión con sus compañeras de toda la vida.

Entonces las dos mujeres siguieron caminando hasta llegar a Belén.
Apenas llegaron, **hubo gran conmoción en todo el pueblo a**

causa de ellas. ¿No es ésta Noemí? *se preguntaban las mujeres del pueblo.* Ya no me llamen Noemí repuso ella. Llámenme Mara, porque el Todopoderoso ha colmado mi vida de amargura. Me fui con las manos llenas, pero el Señor me ha hecho volver sin nada. *¿Por qué me llaman Noemí si me ha afligido el Señor, si me ha hecho desdichada el Todopoderoso?*[6]

Vemos la desintegración de un sueño y la muerte de la esperanza, todo en solo tres breves frases. Con una oración de solamente tres palabras, el frágil sueño de Noemí y la esperanza de observa imágenes positivas se hizo pedazos con el torbellino de recuerdos de más de una década de desilusiones consecutivas.

Retén la lección, ¡pero desecha la experiencia!

Con los recuerdos dolorosos vino también una ola de amargura que destrozó el frágil corazón de Noemí. Su dolor personal halló expresión instantánea en sus palabras: "¡No me llamen Placentera! Llámenme Amarga, porque el Todopoderoso ha luchado amargamente conmigo". El rabí Ruth H. Sohn captura las emociones del momento en estas palabras:

> Donde Noemí había esperado hallar consuelo, su abrasador sentido del dolor la desgarra más fuertemente en presencia de sus memorias... "Noemí, ¿eres tú realmente?" sus amigas gritan cuando la ven. La abrazan con fuerza entre medio de risas y llanto, tocando las arrugas de su rostro con dulzura.
>
> Ella responde: "Salí de aquí llena, pero regreso vacía. No soy la misma mujer que cuando me fui..."[7]

Desearía poder haberle dicho a Noemí: "¡El camino de regreso es el camino hacia lo mejor! Quédate con la lección aprendida, pero deshecha la experiencia". No puedo volver atrás la historia y gritárselo a Noemí, pero puedo decírtelo a ti: *retén la lección y deshecha la experiencia*.

Noemí no estaba desamparada: Dios había enviado su propio "botiquín de emergencia"

Irónicamente, como el rabí Sohn también señala, Noemí ni siquiera recordó o pensó en presentar a Rut.[8] La maravillosa verdad estaba oculta debajo de sus mismas narices: ella no estaba sola. De hecho, Dios le envió su propio "botiquín de emergencia" para el camino de regreso al hogar.

En todo el tiempo que duró el pensamiento negativo y la charla amarga, Dios ya había preparado un lugar para Rut en la genealogía de Jesús. En su momento más bajo Rut ya estaba cargando la semilla más alta. Esto es una luz para todos los que estamos en la senda hacia los valores restaurados. ¡Nuestro momento más triste lleva consigo nuestro destino más supremo!

¡Las generaciones futuras darían fe de que hubo suficiente provisión en este don subestimado para preservar su línea familiar y preparar el escenario para que el rey David y el Mesías entraran al mundo a través de los descendientes de ella!

¡Nuestro momento más triste lleva consigo nuestro destino más supremo!

La vida no llega a nosotros prolijamente empacada en porciones individuales. Raramente nos damos el lujo de enfocarnos en un problema u oportunidad a la vez. Los mellizos pueden llegar la misma semana en que papá pierde su empleo. Puedes recibir dos tentadoras ofertas de empleo en tu especialidad, en la misma semana en que tomas la decisión de intentar *otra cosa* en un área diferente. Las elecciones y decisiones rara vez son fáciles o claras.

> *Así fue como Noemí volvió de la tierra de Moab acompañada por su nuera, Rut, la moabita. Cuando llegaron a Belén, comenzaba la cosecha de cebada. Noemí tenía, por parte de su esposo, un pariente que se*

llamaba Booz. Era un hombre rico e influyente de la familia de Elimélec. **Y sucedió que Rut la moabita le dijo a Noemí:**
—Permíteme ir al campo a recoger las espigas que vaya dejando alguien a quien yo le caiga bien.
—Anda, hija mía —le respondió su suegra.[9]

El propósito de la vida es encontrar a tu maestro, no tu libertad.

Observa cómo Noemí habla y Rut pregunta. Es como un maestro y un alumno. Qué sabia era Rut. Ella sabía que el propósito de la vida era encontrar a su maestro, no su libertad.

La familia y los amigos que se reunieron en torno de las recién llegadas estaban en medio de una gran celebración por la segunda cosecha en el año. Esto sucedió a casi una década o dos de una severa sequía, en donde no había habido fiestas de la cosecha.

Ellas todavía estaban *afuera* de la comunidad

Era difícil para las dos viudas ponerse a tono con la comunidad, porque todavía estaban *afuera* de ella. La comunidad te sustenta en la pérdida, y Noemí tenía lazos directos con la vida en la ciudad. Pero en su arrebato de amargura, debe habérselas arreglado para alejar a la mayoría de sus amigos, al menos por un tiempo.

No lo sabemos con seguridad, pero Noemí y Rut parecen haber tenido una necesidad inmediata de comida e ingresos. Nadie parece haberlas ayudado, lo cual es algo inusual en una comunidad agricultora con vínculos muy estrechos entre sí, como era el caso de Belén.

La vida simplemente no es alguna clase de restaurante de comidas rápidas en donde todo lo que uno quiere es servido rápido y caliente. Tampoco es un banquete cósmico, un "elige-lo-que-deseas, tanto-como-deseas" como algunos nos han hecho creer.

Es más como el mundo físico en que vivimos.

Las cosas buenas y malas por igual parecen brotar de nuestras vidas, como aguas corriendo a lo largo de una zona árida. Por momentos el favor parece llover sobre nosotros como un chaparrón de verano. La gente nos ama, obtenemos aumentos de salario y promociones en nuestros empleos, y tenemos dinero en el banco.

Entonces atravesamos tiempos que se asemejan a las sequías de verano. Todo parece resecarse más, dorarse más y ponerse más crujiente con cada implacable día en el horno de la vida. Los ánimos parecen caldearse tanto en casa como en el trabajo.

Cada conductor sin seguro que maneja por tu área parece estar apuntando a *tu* vehículo. Si no son los conductores, entonces el estacionamiento del supermercado parece una calesita de autos de plástico. Nada de lo que haces parece funcionar, y tu tiempo parece estar acabándose. Das un mal paso y te quiebras un tobillo; ingresas tu propuesta justo cinco minutos más tarde que el representante de ventas de la *otra* empresa. El doctor *no* cometió un error: es cáncer y tienes que ir a quimioterapia *ahora mismo*.

Así es la vida en "la zona complicada"

Hasta los "días buenos" pueden arruinarte de tanto en tanto. La nueva compañía por la que arriesgaste todo para lanzarla hace unos meses, casi cierra sus puertas por falta de capital, ¡hasta que los pedidos comienzan a llegar y te inundan! Cuando el inevitable atraso en responder a la demanda aleja a los nuevos clientes para siempre, tus buenas nuevas se reducen al triste, último suspiro de un excitante pero falso pronóstico de nueva vida.

Así es la vida en "la zona complicada". No puedes comprender nada con una certeza concreta. De algún modo sientes que lo bueno puede llegar a tu camino, pero luego eso se mezcla con malas noticias o viejas desilusiones que vienen a tocar tu puerta otra vez. Este proceso es tan común que los rabinos tienen un término para ello: *teshuva*.

> El camino de *teshuva* [regreso] *no siempre es un ascenso libre; hay descensos y valles.* La esperanza de Noemí se cambia en desesperanza antes de encontrar la realización en el nacimiento de un nieto. Y así es con nosotros: el proceso de *teshuva* es a menudo superar

obstáculos y sentimientos de desesperanza, mientras avanzamos hacia la esperanza de una vida renovada y de redención.[10]

Eso es lo que significa arreglárselas para salir del problema de la vida. La virtud redentora de la fase "problemática" de la vida es que al menos hay algo de avance. Puede no ser tan rápido, puede no resultar en la dirección exacta que habías planeado, pero al menos está alejándose de la pérdida y el estancamiento.

Para poner las cosas en perspectiva, si tú finalmente te encaminas a casa otra vez después de perder todo como Noemí lo hizo, ¡entonces tu punto de referencia para la vida "normal" incluirá grandes raciones de ruina, de desesperación y la experiencia humana más baja que todo el mundo trata de evitar!

Cuando provienes de ese punto en la vida, *hasta el hecho de arreglártelas para salir de los problemas se ve bien.* ¡Al menos hay señales de vida y posibilidad de esperanza en medio de ese embrollo!

Ezequiel nos advierte que habrá tiempos en que las cosas se vean bien, con pasturas verdes y aguas cristalinas, hasta que alguien –o algo– embarre el agua. ¿Alguna vez otra oveja ha ensuciado tu agua para beber?[11]

¡Paciencia amigo! Solo espera un poquito y se limpiará. Así es como te las ingenias para salir adelante en esta vida. ¡Paciencia amigo! ¡Se limpiará!

La vida real tiende a venir a nosotros en correntadas inmanejables y olas arrolladoras, rodeadas de temporadas de sequía en que la vida apenas sobrevive. Para un *sobreviviente*, eso simplemente significa que es tiempo de adaptarse.

Dios parece enviar sorpresas desde lugares inesperados

Como no puedes controlar todo lo que viene a tu camino, debes controlar el número y la calidad de las voces que escuches mientras estás tratando de pilotear el camino y manejar el descontrol. *¿Qué voces estás escuchando?*

La vida generalmente se niega a seguir el guión de nuestras ideas o planes acerca de cómo nos gustaría observa salir las cosas, pero Dios parece enviarles sorpresas desde lugares inesperados a lo largo del camino a los que le confían a Él su viaje de regreso a casa.

Todo lo que se precisa para aflojar un tronco que bloquea un río, es un súbito cambio de correntada, la intervención de otros troncos entrando en la corriente en el momento y lugar exacto, o una explosión de poder cuidadosamente posicionada al frente de donde se encuentra la obstrucción.

Si puedo encontrar un camino de regreso,
entonces habrá un camino de ingreso.

Noemí lanzó la expedición de regreso a casa con la determinación de llevar a cabo físicamente lo que ya había decidido mentalmente. Fue como si se hubiera dicho a sí misma: "si puedo encontrar un camino de regreso, entonces habrá un camino de ingreso".

Una vez que se dirigió al hogar, fue emboscada otra vez por una desilusión abrumadora. La Biblia dice que tendemos a hablar por nuestra boca lo que estamos gestando en el interior.[12] El deseo encuentra un camino; la falta de deseo encuentra una excusa.

El dolor de Noemí saltaba a la vista para todos, y casi la paraliza. Tenía una grave necesidad de alguna intervención que destrabara el atolladero de las malas noticias y el dolor en su vida.

Dios ya había suplido sus necesidades hacía años en la forma de su humilde nuera moabita. Rut parecía tener una habilidad de pasar por alto las objeciones, obstáculos y los procedimientos protocolares de la sociedad judía.

Los primeros momentos en la ciudad natal de Noemí pasaron en penumbras, pero no le tomó mucho tiempo percibir la necesidad más importante del momento, y planear una manera de suplir esa necesidad a través de tomar una *acción directa*. ¡Necesitaban comida! ¡Y la necesitaban rápido! Aparentemente, mientras Noemí todavía se estaba curando de las heridas del pasado, Rut ya estaba proveyendo para el presente. ¡Que bendición! ¡Todos necesitan una Rut!

Pero Dios estaba en los detalles...

Cuando Rut le pidió permiso a Noemí para hacer algo que era realmente riesgoso para una mujer extranjera soltera en una cultura hostil, Noemí masculló una respuesta a través de la neblina de la distracción: pero Dios estaba en los detalles.

> *Noemí tenía, por parte de su esposo, un pariente que se llamaba Booz. Era un hombre rico e influyente de la familia de Elimélec. Y sucedió que Rut la moabita le dijo a Noemí:* **"Permíteme ir al campo a recoger las espigas que vaya dejando alguien a quien yo le caiga bien".** **"Anda, hija mía"**, *le respondió su suegra.*[13]

No hay embotellamientos en la segunda milla.

Esta es la primera vez en el pasaje que Noemí llama a Rut "hija". Antes de eso había sido su "nuera". La disposición de Rut de ir pareció introducirla en el linaje. No hay embotellamientos en la segunda milla. Eso cambió su relación... el compromiso conduce a la relación.

Uno de los valores más importantes en la cultura de pacto de Noemí estaba expresado en el mandamiento: "no reduzcas el límite de la propiedad de tu prójimo".[14] Por este motivo, cuando regresaba a su tierra natal luego de entre diez y veinte años de ausencia, ya sabía que los límites de su territorio y propiedad todavía estarían intactos.

Es posible que Elimélec vendiera los campos o los arrendara antes de irse, o que ellos hubieran sido tomados en parte de pago por sus deudas. Incluso si las tierras estaban libres hasta que Noemí las vendió para pagar gastos de algún tipo, la cosecha estaba en marcha. Era demasiado tarde como para echar alguna semilla al suelo y pretender cosechar algo, suponiendo que pudieran pagar por las semillas o hacer que fueran plantadas sin haber trabajadores.

En todo caso, parece ser que Noemí y Rut por lo menos tenían un lugar propio al cual llamar hogar, luego de que arribaron a Belén, pero no tenían cosecha en los campos. Y a juzgar según el pedido de Rut, lo primero en su lista –la necesidad más urgente– era juntar granos para obtener comida y algo de ingresos.

El relato bíblico nos da indicios de que un familiar cercano, adinerado, vivía en Belén en ese tiempo. Nosotros lo sabemos, pero Rut *no tenía* la menor idea de ello. Evidentemente, Noemí se olvidó de contarle. Rut no tiene idea de que Booz existe, que posee tierras, o que ella misteriosamente elegirá esa tierra en vez de la de cualquier otro en la ciudad.

Todo lo que ella sabe es que ha echado suertes. Ha hecho su voto de confiar en el Dios de Noemí y en los valores del pueblo de Belén. Ahora era tiempo de buscar comida. El mañana se encargaría de sí mismo.

A menudo, cuando leemos un libro de ficción, se nos presenta un nuevo personaje. Si el escritor es bueno, será un personaje clave para la historia, uno que es tan crucial que sin él o ella la historia no podría contarse.

En ocasiones, cuando se trata de un libro que no es de ficción, se te presenta una "palabra". No es cualquier palabra, sino una "palabra" que es esencial para la historia. Estás a punto de toparte con una palabra así. Es un término hebreo, así que puede resultarte un poco extraño. Es la palabra *hesed*.

La pérdida y la carencia de Noemí y Rut estaban a punto de encontrar un *hesed*, y el atolladero de la pérdida estaba a punto de ser cautivado por *hesed*, la antigua virtud hebrea del *favor*. El primer favor mostrado fue el de la princesa extranjera que se negó a irse de al lado de una suegra judía a la que amaba.

Hola *hesed*. Hola favor.

¿No te da un poco de alegría el hecho de que en el camino a casa comiences a hallar favor?

CAPÍTULO 7

Volver a casa, a un lugar donde nunca has estado

"Déjà vu por primera vez"

¿Alguna vez has entrado a un lugar y sentido como si ya hubieras estado allí? Yo estaba por comprar una casa junto a mi esposa una vez, y en un punto particular del recorrido ella ingresó a un lugar donde nunca antes había estado y me anunció:

—Siento como si este fuera mi hogar. Yo podría vivir aquí tranquilamente.

Y ahora vivimos ahí.

Yo no sé cómo ella lo discernió, y no estoy seguro de que nadie pudiera expresarlo. Estoy seguro que una mujer sabia puede hacerlo. Pero sé que Noemí volvió, y luego se nos dice que Rut "volvió" con ella:

> Así volvió Noemí, y Rut la moabita su nuera con ella; volvió de los campos de Moab.[1]

¿Cómo se vuelve a un lugar al que nunca se ha ido antes?

Estoy convencido de que todos tienen una añoranza de "algo más" que lo que ven, oyen o experimentan aquí. Podemos no ser capaces de expresarlo en palabras, pero el anhelo está allí. Aunque rechazo completamente la idea freudiana de alguna "memoria primitiva" en la psiquis humana, sospecho que todos tenemos una "memoria paradisíaca" implantada por el Creador y trasmitida de generación en generación.

Una mente mayor que la mía describió esto como "el hueco que tiene la forma de Dios" en el alma humana, y que solo puede ser llenado por Dios. Y otro dijo: "Nuestros corazones están hechos para Él y no descansarán hasta que hallen reposo en Él".[2]

Es esa vaga memoria que desafía a las palabras, la fragancia que no puede ser expresada. Uno tiene un sentimiento fugaz en ese escalofrío que le corre por la espalda en el breve instante en que camina al borde del Puente Royal Gorge o el Gran Cañón del Colorado, y siente que hay una Presencia aún más majestuosa e inmensa que empequeñece nuestro mundo y todo lo que en él hay.

Implantada en lo profundo de cada uno de nosotros hay una memoria borrosa y un deseo por "el paraíso perdido", al que nuestros antepasados llamaban hogar. Pasamos la mayor parte de nuestras vidas tratando de recuperar ese lugar de paz, buscando el camino a casa, deseando "regresar" a un lugar en el que nunca hemos estado.

Ya sea que te consideres un integrante de la *Generación X*, de los *Boomers**** o de los *Últimos Boomers*, todos parecemos estar involucrados en una búsqueda incesante de "un lugar en el que nunca hemos estado".

La generación postmoderna está buscando desesperadamente "ese algo desconocido" que siente que se perdió durante la llamada Era Moderna, en donde todo podía ser obtenido a través de la ciencia, la lógica o el trabajo mecánico arduo, o simplemente podía ser creado a partir de la tecnología de la resina plástica. Ellos quieren reclamar los valores perdidos de las generaciones pasadas, pero sin la contaminación cultural de sus tradiciones rígidas.

---

* N. de la E.: *Boomers*: término utilizado para describir a una persona que nació durante el *baby boom* (explosión de natalidad) en el período posterior a la Segunda Guerra Mundial.

La palabra más importante para todo buscador genuino

La palabra *regresar* literalmente puede aplicarse bien para Noemí. Ella una vez había vivido en Belén y ahora estaba volviendo. *Regresar* es también una de las palabras más importantes en la historia de la vida de Rut, y puede ser la más importante para *todo aquel* que esté genuinamente buscando el camino a casa. El término *regresar* aparece por primera vez en el sexto versículo del primer capítulo del libro de Rut, pero no por última vez.

¿Alguna vez has estado lejos de casa por un largo tiempo? Me refiero a una separación de casa lo suficientemente larga como para desgastarte y abrumarte de tristeza. Los pensamientos acerca de regresar pueden empezar a dominar cada movimiento que haces, ¡y también invadir tus horas de sueño!

Ellos dejan atrás el hogar y parte de sus corazones también

Les sucede a las mamás y papás que son llamados al servicio militar activo, lejos de casa por seis meses o un año. Les sucede a los marineros que están fuera en el mar con viajes laborales que se prolongan. Sucede cuando las empresas se expanden a mercados lejanos y envían a sus mejores ejecutivos al lugar para establecer las operaciones. En cada uno de los casos, dejan atrás el hogar y parte de sus corazones también.

Estos padres expatriados y miembros de la familia cuentan las semanas y los meses con ansiedad, anhelando el momento de *regresar* a casa. En un corto lapso, todo está bien y la vida parece sonreír otra vez.

Los pródigos y los que se apartaron parecen llegar más lejos antes de que finalmente se choquen con el muro de sus propios corazones. Tal vez sea porque su viaje *lejos* de casa comienza con emociones explosivas, heridas profundas y un intenso hambre de ir a *cualquier lugar*, excepto al hogar.

Los adultos que crecieron sin una mamá o un papá que se

acercaran a ellos con amor paternal e intimidad, a menudo pasan sus vidas buscando "un lugar donde recostar su cabeza". Muchos de esos huérfanos espirituales pasan sus vidas en una búsqueda desesperada de la importancia de lo que generalmente brota físicamente de una relación padre-hijo saludable.

Solo unos pocos algún día encontrarán una figura paterna o una madre-por-elección que tome sus manos, los mire a los ojos y les diga:

—Estoy orgulloso de ti, hijo. Estoy orgulloso de ti, hija. Lo hiciste bien. Ahora ve con mi bendición y triunfa.

En busca de directivas para el camino a casa

Un Hombre pasó treinta y tres años lejos de su casa en una misión que no podía ser interrumpida, postergada o evitada. Vivió entre gente de toda clase; algunos lo amaban, otros lo odiaban. Algunos estaban quebrantados y lo admitían rápidamente, mientras buscaban directivas para encontrar el camino a casa.

Otros estaban tan orgullosos de los logros de su autoayuda, que no podían o no querían admitir su necesidad. Sentían que ya estaban en casa, pero en verdad estaban perdidos.

Pero en cuanto al Forastero en misión, no podía tomar el camino a casa hasta que su misión fuera completada. Él entendió la añoranza por el hogar como nadie más pudo hacerlo. Él no había dejado el hogar por causa del enojo o del aburrimiento: lo dejó por amor, fue en una misión de ayudar *al resto de nosotros* a encontrar el camino a casa.

Sabía que las personas que estaban a su alrededor extrañaban un lugar que nunca habían visto —porque *Él había estado en ese lugar*—. Por cierto, ¡ese era su propio hogar! Clamó en la multitudinaria zona del centro comercial, en el clímax de la festividad más santa de su nación:

—¡Hey, todos los sedientos! Vengan a mi, todos los que están trabajados y cargados y yo los haré descansar. Síganme.[3]

Jesús vino a mostrarnos que *es* posible. El Camino *es* conocido, pero a menudo lo equivocamos. No es el *Tao*, el *Zen*, el camino a la paz interior según muchas religiones orientales. Su camino, ellos dicen, se encuentra en la iluminación personal y la autodisciplina. No es así, *el Camino* es una Persona.[4]

Secretamente anhelamos tocar a Dios, porque está ligado a nuestra composición

Instintivamente creemos que el cielo es real, aun cuando les aseguramos a otros que no creemos en Dios. Estoy convencido de que secretamente deseamos tocar a Dios, porque está íntimamente ligado a nuestra composición.

Esta "imagen" o "semejanza" de algo que uno no puede tocar, se remonta a nuestros comienzos cuando los primeros seres creados disfrutaban de paseos por el jardín con el Creador en la brisa del día.[5]

Algo en lo profundo de nosotros no logra estar de acuerdo con la hipótesis que nos reduce a menos que lo que nuestro Creador dice que somos. No me interesa debatir los valores relativos de argumentos sobre nuestros orígenes, ya sea que ellos terminen en imágenes de monos, amebas, accidentes cósmicos o meras conglomeraciones fortuitas de agua, proteínas y minerales.

No es acerca de la ciencia, la cual es incapaz de refutar la existencia de Dios y de llenar ese "hueco que tiene la forma de Dios" dentro de nosotros; se trata del deseo ardiente que llevamos desde el nacimiento y que clama por saber que nuestras vidas "sirven para algo" más que la mera existencia.

Con la eternidad ligada a nuestras almas y la infinidad grabada en nuestro pensamiento, parecemos ser candidatos miserables a una muerte sin esperanza más allá de la tumba. Y así continúa nuestra desesperada y a menudo secreta búsqueda del paraíso perdido. Como ciudadanos nos sentimos iguales a esos modernos teléfonos celulares con llamadas que se cortan continuamente, que preguntan: "¿estás allí?".

Muchos supuestos "mapas al Paraíso" han surgido a través de los siglos llevando consigo señales y respaldo, y alegando cierto grado de precisión. Hay un Camino, pero le costó todo al Guía para preparar la senda y brindarnos la posibilidad de "regresar" al Jardín del Edén; uno de los símbolos de ese lugar en el que nunca hemos estado antes.

Rut estaba dispuesta a arriesgarlo todo si eso significaba que podría redescubrir el "hogar" y las conexiones que nunca antes había conocido. Era hija del rey de Eglón, cuya apariencia física, y tal vez incluso su comportamiento inmoral y hedonista, era renombrado por su naturaleza repulsiva y egoísta. Ella anhelaba algo –cualquier cosa– que fuera más allá de lo que había visto o experimentado en las moradas reales de Moab.

¿Pudiera ser que la primera exposición de Rut al *hesed* –esa palabra hebrea que significa amor y favor–[6] a través de su relación con su esposo y con los otros miembros de la familia desencadenaran en ella ese sentir?

El cielo puede dejarse observa, incluso a través de una vida infernal en la Tierra

Quizás a través de Noemí, Rut pudo captar el tenue aroma de la eternidad de tanto en tanto. El amor divino es tan atractivo que tendría la capacidad de cautivar el corazón de Rut, a pesar de las distracciones y el dolor que Noemí sintió a raíz de sus desilusiones, amargura y dolor en su vida personal. En otras palabras, trozos de cielo pueden asomarse en medio de una experiencia infernal en la Tierra.

El esposo y los hijos de Noemí todavía eran judíos, a pesar de que estuvieran o no en pecado por la elección de Elimélec de "dejar la Tierra Santa", o por la elección de sus hijos de tomar esposas moabitas. Y los judíos, en su mayoría, han mantenido la tradición del *hesed*, o mostrar favor hacia los "forasteros" desde su propia estadía como extranjeros y esclavos en Egipto.[7]

Un erudito judío dice:

> Todo el que no tiene una familia que le provea y cuide de él – las viudas, los huérfanos– ha de ser el centro de nuestra especial preocupación. En el libro de Rut, sin embargo, es la

extrajera-viuda-huérfana Rut que ha dejado atrás su familia y ha venido a una tierra nueva, quien es un ejemplo de bondad.[8]

A veces necesitamos un mapa de ruta para regresar a las cosas que realmente importan. La mayoría de nosotros no planeamos perdernos. Los guardabosques en los grandes parques y reservas naturales gastan una considerable cantidad de su tiempo y recursos rescatando gente que se perdió o se quedó varada lejos de su punto de partida original. Casi nadie se pierde intencionalmente, sino que más bien a menudo arribamos a ese lugar desesperado mediante una travesía ocasional.

Como un nuevo visitante del Parque Nacional Yosemite, te lanzas a una aventura provisto solo de una vianda para el día, un pequeño refrigerio, y visualizando una pequeña cima que atrapó tu vista. Agachas la cabeza y sigues la senda, pero no consultas tu brújula ni el mapa. Tal vez este *no sea* tu estilo, pero de todos modos sígueme el juego.

Si tan solo conocieras el camino...

A medida que el sol se pone, caes en la cuenta de que cada paso que has dado *para alejarte de casa* ahora debe ser reemplazado con un paso hacia el hogar. Tu aventura se ha convertido ahora en una pesadilla en la que hay kilómetros de desierto que te separan de la comida, del agua, de una cama tibia y de la seguridad. Tal vez podrías retornar de una forma segura, *si tan solo conocieras el camino.*

A veces nos metemos en problemas al tratar de abarcar muchas cosas a la vez. Lógicamente, puedes agarrar muchas cosas con tus manos. Inexorablemente perseguimos todas aquellas "cosas" y los beneficios de lo que llamamos "la buena vida", apilando una cosa sobre otra sin revaluar y reestructurar la pila para preservar lo que más importa.

Con cada enfoque en la vida que agregamos –un trabajo a tiempo completo, una carrera, un ministerio, hijos– vienen más complicaciones, conflictos de intereses, desafíos en cuanto a la administración del tiempo... y la lista sigue. Y cada paso que damos alejándonos de las cosas que importan, requiere otro paso hacia el hogar si es que queremos regresar a él.

Entonces la empresa decide "recortar" gastos justo antes de Navidad, y *tu empleo* es parte de la dieta de la empresa.

¿Conduces del trabajo a casa cada día con un corazón vacío? Alcanza una nueva perspectiva de tu casa llena, de tu cuenta bancaria llena, nuevos autos, nuevos muebles, y un matrimonio en ruinas. No hay nada malo en tener cosas materiales, ¿pero has cuidado de aquellas cosas que son las más importantes en tu vida?

Acaso sea tiempo de simplificar y preservar lo más importante en la vida. Tal vez tu vida familiar mejoraría si sacrificaras el tercer automóvil, trabajaras menos horas e invirtieras ese tiempo y las energías en la maravillosa persona que una vez buscaste con tanta insistencia.

¿Qué pasaría si el lugar al cual "regresaste" te considerara un completo extraño?

¿Qué pasaría si no hubiera una casa y un hogar y no hubiera vecinos que conozcas por su nombre? ¿Qué pasaría si el lugar al cual "regresaste" te considerara un completo extraño?

> Para Noemí, el viaje a la tierra de Judá, que una vez había sido su hogar, es claramente un regreso. ¿Pero de qué manera es un regreso para Rut? Para ella, ¿no es esta una aventura a un territorio desconocido? De aquí aprendemos que cada vez que una persona se vuelve al Santo, se experimenta como un *regreso*, como *un viaje a casa*.[9]

Noemí dejó atrás los campos de Moab y el error de vivir solo el presente, asociado con la plenitud de Moab. Ella tomó una decisión consciente de *volver* a los valores de su juventud. Rut abandonó la única vida que había conocido, ¡dejó la vida tal como la conocía! Literalmente murió a sus raíces moabitas para unir su corazón y su futuro al de Noemí, su suegra judía. Rut, la moabita, no se daba cuenta, pero había dado el principal paso para convertirse en una heroína *judía*.

> *Noemí tenía, por parte de su esposo, un pariente que se llamaba Booz. Era un hombre rico e influyente de la familia de Elimélec.*
> *Y sucedió que* **Rut la moabita le dijo a Noemí:**
> **—Permíteme ir al campo a recoger las espigas que vaya dejando alguien a quien yo le caiga bien.**
> *—Anda, hija mía —le respondió su suegra.*
> *Rut salió y comenzó* **a recoger espigas en el campo, detrás de los segadores.** *Y dio la casualidad de que el campo donde estaba trabajando pertenecía a Booz, el pariente de Elimélec.*[10]

¿Qué poseía esta joven y bella princesa moabita para rebajarse a sí misma al nivel social de una esclava o una indigente, una viuda que no tenía a dónde acudir sino a recoger en los campos las sobras que eran dejadas para los pobres? El equivalente moderno sería alguien que se sumerge en la basura, fuera de un restaurante lujoso, escarbando en los desechos de otros para poder comer. ¡Y Rut era una princesa!

Para poder comprender la terrible humildad del pedido de Rut, puede ayudarnos situarlo en un contexto moderno. Imagina a la hija del rey de Noruega o de la reina de Inglaterra yendo a los Estados Unidos con su suegra norteamericana.

Una vez que aterrizan en Nueva York, ella se ofrece ante su suegra: "Si tú me lo permites, me gustaría ir hasta la Oficina de Bienestar Social y llenar los formularios para solicitar ayuda social, comida y dinero. Y de camino, pasaré por una fundación de caridad para observa si hay algún vestido en buenas condiciones y calzado para mí, y te traeré algo de comida del Ejército de Salvación".

Por favor, entiende que no hay nada de malo con la gente que tiene que depender de la ayuda del gobierno para sobrevivir; eso es justamente para lo que está. Mi esposa y yo lo vivimos al principio de nuestro matrimonio, las veces que la llevé a una hamburguesería y actuamos como si no tuviéramos mucha hambre porque teníamos el dinero suficiente para comprar solamente una hamburguesa para los dos.

Mi objetivo aquí es mostrarte que Rut dejó su título real y sus privilegios al asociarse con una viuda de una nación extranjera, una nación que tradicionalmente odiaba y despreciaba a "la gente como ella". Para ella, caminar hacia un polvoriento campo de granos durante el tiempo de la cosecha, era tan impactante como para nosotros observa una estrella de cine o una princesa reconocida en el mundo solicitando una entrevista para un empleo con un salario mínimo, *porque tiene que hacerlo*.

Rut se ofreció y Noemí aceptó, ¡porque necesitaban comida!

Lo que no es tan obvio hasta un poco más adelante, es que Rut se estaba arriesgando a entrar a un territorio peligroso. Ella se *ofreció* para hacerlo, y Noemí aceptó dejarla ir *¡porque necesitaban comida!*

> *En eso llegó Booz desde Belén y saludó a los segadores:*
> *—¡Que el Señor esté con ustedes!*
> *—¡Que el Señor lo bendiga! —respondieron ellos.*
> *—¿De quién es esa joven? —preguntó Booz al capataz de sus segadores.*
> *—Es una joven moabita que volvió de la tierra de Moab con Noemí —le contestó el capataz—. Ella me rogó que la dejara recoger espigas de entre las gavillas, detrás de los segadores. No ha dejado de trabajar desde esta mañana que entró en el campo, hasta ahora que ha venido a descansar un rato en el cobertizo.*[11]

Según una tradición rabínica, el recientemente enviudado Booz estaba regresando a casa luego de enterrar a su esposa.[12] De cualquier forma que se lo mire, el sinnúmero de "coincidencias" superan la apariencia de un "accidente" en ese encuentro. Debemos creer o que Rut planificó y orquestó cuidadosamente cada detalle de su encuentro con Booz, o que Dios estaba organizando las cosas según su perfecta voluntad. Dados los hechos históricos que siguen a continuación de esta reunión "accidental", yo sé qué camino voy a tomar.

De algún modo Rut se las arregló para segar en el campo indicado –que pertenecía a un familiar del que ella ni siquiera sabía–, ganó el favor del capataz, aunque era evidente que era una extranjera, y pudo espigar eficazmente detrás de los labradores todo el día, finalizando y apareciendo justo cuando Booz regresaba de Belén. Las casualidades pueden ocurrir, pero este no era el escenario de una casualidad, *era el escenario de un milagro.*

El mismo Dios que orquestó las cosas en la vida de Rut todavía obra "milagros accidentales" para aquellos que lo buscan y confían en Él en las circunstancias difíciles. *¡Todavía obra desde el corazón hacia fuera!* Dios pasa por alto la montaña de excusas, reglamentos y leyes que intentan excluir a los buscadores sinceros de su amor y su gracia.

La princesa y la promesa

En cuanto a Booz, él sobresale desde el mismo momento en que abre su boca. Hasta la manera en que saludó a sus empleados lo muestra como un dirigente poderoso.[13] Literalmente, pronunció bendiciones sacerdotales sobre sus empleados, lo cual nos revela mucho acerca del carácter del hombre y su estilo de liderazgo.[14]

La siguiente pregunta que les hizo fue directa y concisa. Alguien había atrapado su vista, alguien que no armonizaba con el resto. De hecho, era alguien que nunca podría armonizar.

Booz supuso al principio que Rut era una sirvienta. Después de todo, los "espigadores" eran generalmente sirvientes, viudas ancianas o extranjeros. ¿Qué terrateniente en su sano juicio esperaría que una joven y bella viuda –mucho menos una princesa– sea una recogedora de basura en su tierra?

La respuesta que obtiene le dice el porqué: "–¿De quién es esa joven?... –Es una joven moabita que volvió de la tierra de Moab con Noemí –le contestó el capataz–".[15] Dos veces el capataz mencionó a Moab en su respuesta a Booz, junto con los importantes detalles concernientes a la relación de la mujer con Noemí.

Se hace evidente que *primero* Rut ganó el corazón del capataz, antes de conquistar el corazón del dueño del campo.[16] Él sabía que Rut era de la tierra maldecida de Moab, de modo que no estaba necesariamente protegida bajo las leyes establecidas para los israelitas pobres o los extranjeros. Él decidió arriesgarse a concederle a ella la petición, adivinando que Booz aprobaría la decisión:

> *Ella me rogó que la dejara recoger espigas de entre las gavillas, detrás de los segadores. No ha dejado de trabajar desde esta mañana que entró en el campo, hasta ahora que ha venido a descansar un rato en el cobertizo.*[17]

Esta mujer no encajaba con el estereotipo común

El capataz no pudo evitar dar información extra sobre Rut, que normalmente no hubiera mencionado. Parece como si Rut le hubiera caído en gracia y él sintiera una fuerte necesidad de dejarle saber a su amo por qué era que esta mujer no encajaba en el estereotipo común de una moabita perdida e inmoral.

Él subrayó la relación de ella con Noemí, y luego ofreció todavía más información acerca de la ética del trabajo que Rut tenía, y que era poco común. Suerte es cuando la preparación se encuentra con la oportunidad. "Cuanto *más trabajo* tengo, ¡más suerte tengo!"[18] Ella estuvo en sus tareas durante todo el día, y casi no se sentó en el cobertizo usado para que los obreros descansaran y se resguardaran del sol.[19]

Suerte es cuando la preparación se encuentra con la oportunidad. "Cuanto más trabajo tengo, ¡más suerte tengo!"

Me suena como si Dios le proveyera a Rut un abogado defensor y un "amigo íntimo", en el mismísimo primer día de siega en el campo. ¿Alguna vez has conocido a alguien que supieras de entrada que no te iba a gustar, pero no podías evitarlo? Sea lo que fuere: la belleza asombrosa de Rut,[20] sus modales recatados, el hecho de que a pesar de su estatus social anterior como princesa aceptara aprender nuevas reglas y habitar en un nuevo estilo de vida, o la información que dio el capataz, Booz había alterado dramáticamente su alocución para el momento en que le habló personalmente a Rut. Su humildad solo hacía de ella aún más una princesa... de adentro hacia fuera.

> *Entonces Booz le dijo a Rut: "Escucha,* **hija mía.** *No vayas a recoger espigas a otro campo, ni te alejes de aquí; quédate junto a mis criadas, fíjate bien en el campo donde se esté cosechando, y síguelas.* **Ya les ordené a los criados** *que no te molesten. Y cuando tengas sed, ve adonde están las vasijas y bebe del agua que los criados hayan sacado".*[21]

Booz ya no tenía más ninguna falsa impresión de que Rut era una sirvienta, porque se dirigió a ella como "hija mía". Claramente asumió una responsabilidad voluntariamente, como su protector y proveedor. Era extraordinario, y se precisaba de un gran coraje. Rut todavía era una moabita, y Booz era un líder prominente que probablemente cumplía la función de juez y anciano a las puertas de la ciudad.

Booz sacó a luz y revirtió la causa-raíz de la maldición

En el transcurso de una sencilla oración, Booz sacó a luz y revirtió la causa-raíz de una de las más temibles maldiciones que existieron en la historia bíblica. Este incidente se discutió durante cientos y miles de fogatas de generación en generación, por parte de judíos y moabitas por igual.

Los moabitas eran primos lejanos de los judíos, pero se negaron a venderles pan y agua cuando los refugiados judíos trataban de llegar a la Tierra Prometida. Finalmente accedieron y ayudaron a los judíos a regañadientes, pero la envidia y el temor hicieron su parte con el rey de los moabitas. Él contrató a un profeta falso –similar a un médico-brujo– para maldecir a Moisés y a los judíos. Cuando eso no funcionó, enviaron a sus mujeres más bonitas a inducir sexualmente a los hombres judíos a entrar en idolatría. Allí fue cuando Dios trajo la maldición sobre los moabitas.[22]

Sumémosle a eso la implacable opresión del rey Eglón, y tenemos un odio racial hecho y derecho hacia los moabitas. ¡Y Eglón era *el padre de Rut*!

En cuestión de minutos luego de conocer a Rut, la princesa moabita, Booz le dijo que no espigara en ningún otro lado más que en su campo, y luego le dijo que si tenía sed, tomara del agua que los hombres traían. Esta es una reversión del pecado original de Moab contra Moisés y los israelitas. Booz estaba diciendo básicamente: "A pesar de que tus ancestros le negaron agua a los míos, yo saciaré tu sed". ¡Qué ilustración del perdón!

Además, parece que el lenguaje usado por Booz en esta conversación enviara claras señales a sus obreros en el campo: "Esta mujer está bajo mi protección personal... ella no está disponible, así que ni siquiera lo piensen".[23]

De algún modo Rut experimentó un hondo sentido de pertenencia, viniendo a un lugar en el que nunca antes había estado. Estaba comenzando a sentir una conexión muy real con su nuevo e inesperado benefactor. Esto no es solo mi opinión. Aquí está lo que dice otro erudito:

> Rut escucha esas palabras (de parte de Booz), como palabras pronunciadas directamente *"a su corazón"* (2:13), no meramente como una aceptación social o la seguridad de que tendrá comida. En cambio, ella experimenta un hondo sentido de pertenencia, de llegar al hogar.[24]

Es increíble, ¿no es cierto? ¿Cómo uno puede "volver a casa", a un lugar que nunca ha estado? ¡Es como un *déjà vu***** por primera vez! Volver a casa no es solo a un lugar, es a las personas. Es

---

* N. de la E.: *déjà vu*: del francés "ya visto", firme sensación de haber vivido un determinado suceso con anterioridad.

solamente una casa hasta que la relación la torna en un hogar. El hijo pródigo no dijo: "Regresaré *a la casa* de mi padre". Dijo: "Iré *a mi padre*". Rut se sintió en el hogar una vez que experimentó una relación. ¡Booz también la llamó hija!

La fórmula es ninguna fórmula; es un supremo acto de amor

¿No te gustaría conocer la fórmula para revertir toda maldición, error, fracaso o falla familiar en tu largo –y probablemente torcido– árbol genealógico? Las buenas nuevas son que la fórmula es no tener ninguna fórmula en absoluto; es un supremo acto de amor de tu Creador.[25]

Tú también puedes "volver a casa", a un lugar en el que nunca has estado. Puedes ser abrazado por el confort y la seguridad; pero también debes abrazar algo: los valores de "tu nuevo vecindario". Para poder ser bendecido por Belén, Rut tuvo que aceptar su cultura, incluso cuando al principio parecía extraña.

Es recién en este punto, tan temprano en la milagrosa historia de Rut, que ella se establece como "una que regresa". Esta moabita viuda que había dejado todo atrás en nombre de una relación de pacto, y había adoptado al pueblo de su suegra, su tierra y su Dios, se atrevió a volver al hogar, a un lugar en el que nunca antes había estado. La marea estaba cambiando. En palabras de Tamar Frankiel:

> Aunque ella es moabita por nacimiento, ahora es tratada como una "repatriada", alguien que pertenece a la tierra y está bajo la severidad de no irse…
>
> Rut la repatriada está aceptando el regalo que la tierra tiene para darle: no solo su sustento físico, sino el renuevo espiritual y el regreso a casa.[26]

Esta es una bonita historia hasta aquí, pero las historias no sirven de mucho a menos que se relacionen con *nuestra situación* de alguna manera. ¿Todavía estás buscando algo o algún lugar que sea "mayor" o "mejor" de lo que tú eres? ¿Todavía estás peleando y buscando el camino que te lleve al "hogar", a ese lugar donde nunca has estado?

Experimentar un *déjà vu* por primera vez solo es posible en el caso de un lugar o estado que realmente existe. ¡Y es así!

Cuanto más cerca estés del hogar que has anhelado, tal vez el lugar que nunca has estado, más redescubrirás los "verdaderos valores". Ellos son el hogar que has estado buscando.

CAPÍTULO 8

Encuentra tu camino hacia las cosas que verdaderamente importan

¿Qué es lo realmente valioso?

A mí me encantan los relojes de muñeca. Creo que si tengo una debilidad en el área de las posesiones materiales, esa es mi afición por los buenos relojes. No los relojes de cuarzo, sino los "mecánicos, automáticos, hechos en Suiza, que vienen con fecha y hora y de precioso metal".

Yo no sé cuándo empezó, pero al menos fue hace treinta años. Algunos hombres aman los autos, otros tal vez prefieren las armas o las cañas de pescar. En mi caso son los relojes. He tenido y cambiado varios relojes a lo largo de los años. Incluso he enmarcado dibujos de relojes de 1800, en donde se muestra su funcionamiento interno, y los he colgado en las paredes de mi casa.

Para decirlo francamente: estoy fascinado con ellos. Me han regalado muchos relojes, contando el reloj de oro que mi esposa me obsequió para nuestro vigésimo quinto aniversario. Con todo, hay una marca de relojes que siempre he deseado pero nunca pude comprar. Es un Patek Philippe.

Esta marca de relojes no es muy conocida y es muy cara. El precio de los más costosos es literalmente astronómico. Hasta los modelos más simples tienen un precio ridículo por una razón: un Patek Philippe es considerado *la máxima expresión de arte de un relojero*.

Cada vez que me encuentro en una zona tan exclusiva como para albergar una joyería que tiene la línea Patek Philippe, llevo a mi familia a comernos con los ojos lo que nunca podría justificar comprar. Pienso en cuántos viajes misioneros podrían solventarse, a cuántos de nuestros estudiantes del Instituto Bíblico podría becarse, y así sucesivamente, hasta el infinito. Pero, siempre me digo a mí mismo: "¡Alguien siempre podría regalarte uno!"

Adivina qué. ¡Un día sucedió! Mi esposa y yo estábamos haciendo tiempo en una muestra de arte para pasar la tarde en una ciudad muy importante. Estábamos haciendo todo lo posible para pasar de incógnito, cuando de pronto alguien me reconoció. Yo estaba un tanto molesto por toda la atención recibida como una semi celebridad, saludos, fotos y autógrafos. Solo quería regresar y seguir pasando tiempo con mi esposa, sin las distracciones de ser reconocido.

Mientras estaba tratando de hablar solo un poco con esas personas, observé que había un Patek Philippe en la muñeca de uno de los hombres que hablaba conmigo y comenté:

–¡Que lindo reloj!

Para mi sorpresa, él inmediatamente se lo quitó y, con lágrimas en los ojos me dijo:

–Es suyo.

Yo protesté, porque sabía cuánto debía valer un reloj así. Pero él insistió, contándome la manera en que mis libros lo habían bendecido.

¿Qué podía yo hacer? Así que acepté. ¡Guau! ¡Doble guau! Casi no podía creerlo. Estaba todo el tiempo mirando la hora. ¡Era tan fantástico! Me regocijé. Le agradecí a Dios. Abracé a mi esposa. ¡Era un día sensacional!

Mientras cenábamos en un restaurante me quité el reloj nuevamente, meditando en la pregunta: "¿Cuánto valdrá esto?" Mi esposa sugirió que lo lleváramos a un joyero para observa si podíamos asegurarlo. Entramos deprisa y muy emocionados a una joyería muy exclusiva que había en la ciudad, y me dirigí al mostrador en donde estaban los Pateks. Cuando la vendedora se acercó y me preguntó en qué podía ayudarnos, orgullosamente indagué si tenía modelos como aquel, mientras me levantaba la manga de mi camisa para mostrar el Patek Philippe de mis sueños.

–Quisiera saber cuánto vale esto realmente. Es un regalo –le dije.

Me pidió que me lo sacara y así lo hice. Gentilmente lo dio vuelta una o dos veces y me anunció con una sonrisa:

–Señor, este reloj es falso...

Mi rostro se ruborizó, tartamudeé por alrededor de un minuto mientras que ella agregó:

–Vemos imitaciones todo el tiempo. ¿Quiere conocer uno real?

Para ese entonces mi emoción se había disipado, mi gozo se había evaporado y en su lugar solo había una gran vergüenza.

–No –respondí amablemente, mientras me escabullía fuera del comercio con el proverbial rabo entre las patas.

Más tarde esa misma noche, mi esposa y yo nos reímos muchísimo a expensas mías, sobre cómo pude haber estado tan emocionado por algo falso.

Todavía tengo ese reloj, y asombrosamente, aún da hora buena. De todos modos, no puedo permitirme usarlo. ¿Por qué? Porque *yo sé su verdadero valor*: solo vale cincuenta dólares. Con suerte.

A veces podemos pasar largos períodos atesorando algo, solo para descubrir que en verdad no valía lo que nosotros pensábamos. Otros, hasta pueden ser engañados por falsos valores. Creo que el hombre que me regaló el reloj pensaba que era valioso. ¡Al menos le concedo el beneficio de la duda!

Si hubiera habido un incendio en mi casa y yo hubiera tenido que abrirme paso revolviendo todo para salvar algunas pocas cosas, ese reloj no hubiera sido una de ellas. Pero justo al lado de él está un Timex tan antiguo que casi ni funciona. Y al lado de ese hay también un Hamilton que definitivamente *no funciona*.

Esos viejos relojes pertenecieron a mis abuelos. Siendo el "fanático relojero" de la familia, todos ellos me fueron entregados a mí. Esos son los *verdaderamente* valiosos para mí, y tal vez *solamente* lo sean para mí. ¿Qué los hace valiosos? Es su herencia e historia, no su oro ni su maquinaria.

A menudo en la vida sabemos el precio de todo, pero el valor de nada. Creo que es tiempo de que redescubramos el verdadero valor.

¿Por qué valoramos el "hogar"? ¿Quién puede ponerle precio a la lealtad? ¿Por qué tenemos que llegar a ser tan mayores cuando verdaderamente entendemos el valor de la comunión, o de la familia o del legado? Como estamos acostumbrados a comprar las ofertas, creemos que el precio es lo mismo que el valor de algo.

¿Cómo descubrimos la diferencia entre precio y valor? ¿Cómo encontramos nuestro camino hacia lo que verdaderamente importa? ¿Cómo encuentra Noemí su camino de regreso?

Redescubrir el valor verdadero

¿Qué hizo que Noemí volviera a Belén? ¿Era más barata la propiedad allí? ¿Cómo fue que Rut acabó segando en el campo de Booz recibiendo tales palabras de alabanza? ¿Qué quería ella de él?

Una serie de crisis en la vida de Noemí la forzaron a realinear sus valores. ¿No es así casi siempre? Ella sabía que su vida estaba descarrilada. Emprendió un viaje para redescubrir los verdaderos valores de su vida, incluso si eso significaba dejar de lado todo lo que había sido su vida por los últimos diez o veinte años.

Noemí también salió para reconectarse con sus *relaciones valiosas* y el *estilo de vida comunitario* que solía tener.

Tal como enseguida descubrió en su primera reunión con sus viejas amigas, Noemí no necesitaba en verdad "los viejos tiempos", y no eran necesarios tampoco los viejos *caminos* que estaba buscando. Lo que realmente anhelaba eran sus *viejos valores*, los que la habían anclado a la verdad. Esos son los valores fundamentales que siguen siendo válidos de generación en generación, de siglo en siglo y de una a otra cultura.

"Es verdad que no puedo traer de vuelta a mi esposo e hijos, pero sí hay *ciertas cosas* que puedo *recuperar*".

Tal vez ella no vio a Dios obrando en sus circunstancias más difíciles, pero Noemí estaba a punto de descubrir un principio muy importante en el Reino de Dios: *Tu re-conexión[1] puede crear una nueva conexión para alguien más.*

En días pasados, cuando Belén luchaba bajo el peso de la dominación moabita, una mujer de Moab como Rut podía no sentirse completamente segura en las calles de Belén.

Según las antiguas *normas*, los extranjeros en la tierra tenían cierta protección y derechos bajo la Ley de Moisés, pero Rut la *moabita* sería considerada definitivamente como una extraña y se le hubieran negado aun los privilegios más básicos por el resto de su vida. "Nada personal, Rut, pero tú eres una moabita. Así son las cosas".

Tu reconexión puede crear una nueva conexión para alguien más.

A través de la sabiduría del libro de Rut, Dios parecía mostrar una escala de valores superior en donde Él creaba un camino para revelar el secreto del pacto con el pueblo y los valores compartidos. ¿De qué otra forma una moabita podía conectarse con la línea mesiánica? Pero para que eso sucediera, no solo Dios tenía que adoptar a Rut, sino que ella tenía que adoptar a Dios *con todos los cambios de valores consecuentes.*

Cuando uno cruza la frontera hacia un país diferente, a menudo debe cambiar dinero, porque la moneda anterior no tiene valor en esa nación aledaña. Rut tuvo que hacer algunos cambios importantes. Algunas de las cosas que eran altamente valuadas en Moab harían que fuera apedreada en Belén. Por ejemplo, ¡tratar de ofrecer su hijo como un sacrificio en la plaza de Belén! Podría ser aplaudida en Moab, pero sería aborrecida en Belén.

La vida misma se vuelve más valiosa, las opiniones de la familia importan, nadie se regocija por lo que perdiste, solo tratan de ayudarte a restaurarlo. Los pobres son protegidos por los más poderosos. ¿Estás listo para avanzar?

Mira lo que Rut obtuvo por "avanzar", no solo geográfica sino literalmente con su lealtad. La historia la tiene en alta estima como la bisabuela de David. Cristo nació de su linaje, y sus palabras de sabiduría hacia Noemí en el momento de la decisión, son usadas como la prueba de fuego para la conversión y el pacto hasta este día.

¿Qué sucedería si yo pudiera prometerte un futuro mejor y una ocasión de hacer historia *si tan solo* tú te mudaras y cambiaras tu ciudadanía? Pero es más que eso. Su impacto no solo vino por causa de que ella se mudó de Nueva York a Florida, o de Ohio a Arizona.

¡Su influencia vino porque algo se movió dentro de ella! Ya no sentía más lealtad hacia su familia natural, incluyendo su padre, el rey Eglón. Con sinceridad vio las fallas e hizo un cambio interior de corazón, antes de que sus pies tocaran el suelo de Belén.

Se demuestra en esta oración: "Tu Dios será mi Dios".[2]

En otras palabras: "Olvido los edictos, mandamientos y valores que previamente sostuve. Rechazo a Moab y todo lo que significa. Valoro a tu Dios y sus exigencias, más que al mío".

Hubo un cambio hacia adentro que indicaba un cambio de apetitos.

No estoy seguro acerca de cuándo ocurrió, pero la mayoría de los niños cuando se acercan a la adolescencia comienzan a desear variar sus hábitos alimenticios. Prueban un poco de esto, una verdura por aquí o una ensalada por allá. La madurez cambia el valor de lo que eligen para comer.

Para muchos de nosotros ese tiempo ha llegado. Los clubes nocturnos ya no van con nosotros. Las fiestas solo nos dejan más vacíos en la mañana siguiente, a pesar de que lo neguemos. Llámalo "el reloj biológico" o "el reloj teológico", el incesante tictac interior mueve nuestra insatisfacción. Anhelamos un lugar de estabilidad, amigos confiables, confianza completa, una familia amorosa y no sentir temor.

¿Cuánto tiempo ha pasado desde que "bajaste la guardia" por última vez? ¿Cuándo fue la última vez que sentiste como si estuvieras en un lugar o con personas lo suficientemente confiables como para saber tus secretos y amarte de todos modos? ¿Cuánto ha pasado desde que estuviste "en el hogar"?

Para poder llegar a ese lugar uno debe abrazar al lugar, ¡y a sus valores! ¿Puedes ser confiable? ¿Puedes guardar un secreto? ¿Eres leal? ¿Otros tienen algo que temer acerca de ti?

Hasta que no jures fidelidad a los valores de Belén, nunca te convertirás en un ciudadano. No es un viaje físico o geográfico del cuerpo lo que te llevará a casa: ¡es un viaje espiritual del corazón!

Escucha cómo Rut comienza esta travesía:

Pero Rut respondió: "¡No insistas en que te abandone o en que me separe de ti! Porque iré adonde tú vayas, y viviré donde tú vivas. Tu pueblo será mi pueblo, y tu Dios será mi Dios. Moriré donde tú mueras, y allí seré sepultada. ¡Que me castigue el Señor con toda severidad si me separa de ti algo que no sea la muerte!".[3]

Rut se conectó con lo que Noemí realmente era.

Rut se conectó de una manera en que nunca antes lo había hecho.

Rut cambió sus valores.

Lo que todos realmente deseamos para nuestra alma es un retorno a los verdaderos valores.

Alrededor de todo el globo terráqueo, las cafeterías *Starbucks* se han convertido en "las plazas de la ciudad" de los siglos XX y XXI, en donde personas provenientes de todas las condiciones sociales se encuentran y se mezclan. A pesar de que muchos pueden encontrarse en el mismo lugar esperando conectarse, algunos nunca hablan y se sientan solos a una mesa.

A menudo envían mensajes de texto o "mensajes instantáneos" a otros que están en ciudades distantes, personas que pueden, a su vez, estar cautivadas con las palabras en sus computadores portátiles, agendas electrónicas o "teléfonos inteligentes" en otra cafetería.

Una comunidad cada vez mayor ha emergido en Internet en la forma de redes de *blogs* y foros virtuales de comunicación, pero con resultados cuestionables. Incluso esta extraña anónima "anti-comunidad" basada en Internet todavía proclama a viva voz una de las mayores necesidades del alma humana: el deseo de conectarse con otros. El problema es que esa "conexión" *sin valores* puede ser muy solitaria y hasta mortal.

Por ejemplo, tú y yo vivimos en lo que los Amish[4] denominan "el patio de juegos del diablo" o "el mundo inglés exterior". Los adolescentes Amish tienen permitido "conectarse" con nuestro mundo prohibido de tentaciones a la edad de los dieciséis años, para "tirar una cana al aire". Los Amish lo llaman por su nombre holandés de Pensilvania, *rumschpringe*, o literalmente, "correrías".

El pensamiento subyacente detrás de este aflojamiento de las reglas es que esos adolescentes deben tomar una decisión de por vida, de entrar en la estricta vida comunal de los Amish. El sentimiento es que antes de que tomen esa decisión, deben tener la oportunidad de explorar cómo es la vida afuera de su agrupación aislada.

¿Deberías tomarte vacaciones de los valores?

Una nueva serie de problemas está plagando a los Amish en la actualidad. Son estas "vacaciones de los valores". Los jóvenes Amish promedio entran a nuestro mundo de los siglos XX y XXI con los atavíos culturales del siglo XVII, y la colisión de culturas y de valores –o la falta de ellos– se ha vuelto más mortal que lo normal. Tal vez sea porque las tentaciones –incluyendo alcohol, promiscuidad sexual y exposición a drogas más nuevas y más volátiles tales como el *crack* o las *metanfetaminas*– se están poniendo más adictivas y excesivas también.

El ambiente sereno de la amigable comunidad Amish en Lancaster, Pensilvania, cambió completamente en 1998 cuando dos jóvenes Amish recibieron cargos que podrían haberles costado hasta cuarenta años de prisión. Los veinteañeros fueron capturados vendiendo cocaína a los jóvenes Amish para las fiestas, juergas y correrías en reuniones informales realizadas en establos o en los nuevos lugares en los que ellos solían divertirse. Estas son unas "vacaciones de los valores" que se pusieron bien, bien complicadas.

Los dos varones cooperaron con los oficiales federales, se arrepintieron, y regresaron a sus raíces Amish. En el momento de su sentencia, uno de los muchachos dijo:

—Vivimos una vida terrible por un tiempo. Ahora queremos tratar de ser mejores.[5]

Un periodista del *New York Times* observó en su artículo sobre el caso: "En muchas formas, ellos [los Amish] han sido un ejemplo de lo que Estados Unidos aprecia: fuertes valores familiares, responsabilidad, transparencia y una profunda fe en Dios".[6]

Nosotros ciertamente celebramos esas cualidades en las comunidades Amish y menonitas, posiblemente porque hemos perdido esos valores en nuestras propias vidas. En gran medida el deseo de observa esos valores preservados creó una atracción turística. Más de cinco millones de turistas por año viajaban al Distrito de Lancaster, en Pensilvania, para mirar a través de la ventana del turismo y observar los valores en acción en esas comunidades Amish como Lancaster y otros distritos extrañamente denominados como Pájaro-en-Mano y Paraíso.[7]

¿Qué sucede si usted tiene un departamento en "Amishlandia"? Sus vecinos probablemente lo ayuden, aun si ellos no poseen un automóvil o neumáticos para salir en el vehículo que no tienen.

¿Qué si usted verdaderamente necesita comida? Sus vecinos compartirán con usted lo que ellos tienen.

¿Alojamiento? Sus vecinos pueden hospedarlo por una noche o más.

¿Consuelo? Sus vecinos llorarán a su lado, o se quedarán despiertos toda la noche con usted.

¿Qué ocurre si su establo se incendia? Sus vecinos aparecerán temprano en la mañana con todas las provisiones, y la gente necesaria para edificar un nuevo establo para usted en el día.

¿Tiene un sentido innato de que debería ser ayudado? ¿Cuál es la fuente de ese sentir?

Millones de ciudadanos estresados, con familias desintegradas, anhelan la simplicidad de la vida apartada de los Amish y de las comunidades menonitas del viejo orden. A la vez, ellos consideran prácticamente impensable poder alguna vez abandonar las comodidades modernas y las libertades de la vida de alta tecnología en "el patio de juegos del diablo".

Tiempo de escoger

Esta lucha por escoger, a la larga hace efecto entre los jóvenes Amish que prueban las tentaciones de la sociedad moderna y los valores reducidos, y más tarde contemplan un compromiso perdurable con los valores de la comunidad honrados por sus padres.

Un documental titulado *The Devil's Playground* [El patio de juegos del diablo] se enfocaba en esta lucha entre la tentación y la necesidad de elegir. Sus productores se concentraron en Faron Yoder, un adolescente Amish que dijo que sintió el llamado a ministrar como su padre; aunque, irónicamente, batallaba con una fuerte adicción a la *metanfetamina*.

Otra adolescente Amish describió al equipo de filmación cómo se sintió dividida entre las tentaciones del mundo y los valores de sus padres:

> Dios me habla en un oído, Satanás en el otro. Una parte de mí quiere ser como mis padres, pero la otra parte quiere usar jeans, cortarse el cabello, hacer lo que quiero hacer.[8]

Entre el 85% y el 95% de esos adolescentes Amish finalmente regresan a sus familias y comunidades estrechas, dentro de los dos a cuatro años de haber salido en su *rumschpringe*. Los que lo hacen, escogen abrazar la vida comunitaria en vez de la vida fuera de los valores y estilo de vida apartados que los Amish han alimentado desde 1693.

¡Los únicos límites para la realización de un mañana prometedor, son nuestras dudas de hoy!

No es mi propósito promover el estilo de vida Amish ni las virtudes de una vida vivida en extremo aislamiento del mundo exterior, aunque respeto profundamente su compromiso con una vida santa en comunidad. Es solo que el trasfondo de su extremo apego a los valores tradicionales, junto con los atavíos tradicionales, pinta un cuadro vívido para una observación cercana y sencilla.

Creo en un mañana promisorio liderado por una generación que valora la vida, a Dios y al prójimo. ¡Los únicos límites para la realización de un mañana prometedor son nuestras dudas de hoy!

¿Cómo uno escoge preservar los valores?

Tengo la convicción personal de que los *valores* que atesoramos y honramos son más grandes que todo atavío externo temporal que ellos pueden producir. Esos indicativos externos pueden incluir cosas tales como preferencias de vestimenta, principios de vida o relaciones limitadas con otros que no las comparten. Con frecuencia, al igual que con los Amish, la necesidad de preservar los valores genera su propio problema: ¡el legalismo!

Mientras que muchos aceptarían los valores de vida, bondad y hospitalidad que los Amish poseen, no querrían abandonar el transporte moderno ni adaptarse a una vida sin electricidad, y mucho menos el estilo de la vestimenta. Pensar que uno tiene que tener el atavío de la tradición con el objeto de retener el valor, es legalismo. Yo amo los valores, pero desecho la definición legalista que a veces tendemos a darles.

La pregunta clave para todos los que evalúan los valores de la historia debería ser: "¿Cómo puedo aprender lecciones de los viejos valores sin vivir en el viejo legalismo?".

Tal vez ayude a entender que el *legalismo* que se aprecia en muchas sociedades centradas en la fe y los valores, tales como en la sociedad israelita de los días de Moisés, es meramente "la caja fuerte" usada para preservar los valores atesorados dentro de ellas.

¿Por qué veneramos "la caja fuerte" que retiene el tesoro, cuando *sabemos* que deberíamos buscar el tesoro que ella contiene y esperar que su belleza interior sea revelada al mundo exterior? Nos convertimos en adoradores de la "caja" en vez de lo que contiene.

Nos inclinamos en reverencia ante el recipiente, mientras que despreciamos su contenido.

Creo que probablemente sea bueno que nadie haya encontrado el arca del pacto como Indiana Jones lo hizo. Millones de personas estarían adorando la caja más que al testimonio de quien la hizo y el milagro de sus contenidos. No importa el envoltorio celeste pastel de *Tiffani & Co.* alrededor de la caja que te ha sido obsequiada. El valor del contenedor es insignificante, comparado con lo que hay adentro. Belén es grandiosa, la iglesia es buena. Pero lo que la iglesia contiene es donde radica el verdadero valor... en Dios y en la comunidad de pacto.

Nuestro deseo profundo de conectarnos a alguien o a algo mayor que nosotros es, tal vez, una de las fuerzas interiores que mueven nuestro interés por los Amish y las comunidades menonitas del viejo orden.

Uno de los símbolos más duraderos de sus fuertes valores comunitarios, es la tradición de edificar los establos como familia, en donde las distintas familias aparecen con maderas, herramientas y suficiente comida para todos. Esto generalmente ocurre luego de que un trágico incendio destruye el establo de alguien. Cuando cada uno se va a su casa, un nuevo establo ha sido levantado y los lazos afectivos de la comunidad se han fortalecido.

El valor no está en el establo, está en el tiempo que pasan juntos.

Algo dentro de nosotros anhela esos tiempos simples con pocas distracciones y complicaciones. Desafortunadamente, la vida puede ser complicada, no importa quién seas tú. Es en tiempos de crisis –en esos momentos de necesidad urgente o pérdidas demoledoras– que los valores son más importantes. Siempre recuerda que el *valor no está en el establo, está en el tiempo que pasan juntos*.

¿A qué me refiero con *valores*? Una definición del diccionario *Merriam-Webster* dice que un valor es "algo –como un principio o cualidad– intrínsecamente valioso o deseable".[9]

Parece que Rut aprendió muchísimo de su suegra, pero también debe haber traído algo de sus propios valores personales a la mesa. Por ejemplo, la credibilidad es el equivalente humano de un cheque en blanco.

Ya me han contado –le respondió Booz– todo lo que has hecho por tu suegra desde que murió tu esposo; cómo dejaste padre y madre, y la tierra donde naciste, y viniste a vivir con un pueblo que antes no conocías.[10]

El amoroso trato de su suegra y las memorias de su esposo fallecido, se convirtieron en el depósito inicial de su "cuenta de favor" con Booz, y también con toda la comunidad judía de Belén.

Su bondad, *hesed*, creó el puente que cruzaría la brecha entre las reglas blanco-y-negro de la Ley Judaica y el corazón de Dios hacia aquellos que lo buscan y comparten, y demuestran sus valores eternos. ¿Podría suceder lo impensable? ¿Sería aceptada por la comunidad de Belén? Solamente si algún destacado ciudadano respondiera por ella.

La credibilidad es el equivalente humano de un cheque en blanco.

No importa lo que pensemos que deseamos; podemos pensar que nuestro dolor es por nuestro hogar o por la pertenencia, pero en el fondo se trata de nuestro deseo de regresar a la relación íntima con Dios que una vez tuvimos.

Los rabinos judíos modernos claramente entendieron la virtud en el pacto de Rut hacia su suegra, y más tarde hacia Booz. Y en la raíz de todo había un profundo anhelo de conectarse con el Creador que la había formado. Y el único sendero disponible para ella era hallarlo a través de Noemí, y luego a través de la comunidad de Belén y la Torá judía. Un rabí de Jerusalén apunta al sacrificio obvio de Rut y se enfoca en su deseo de "apego":

Rut era una princesa moabita, según la tradición. Ella estaba acostumbrada a las mejores cosas de la vida. También era una hermosa joven en lo mejor de su edad. El paso que estaba dando la llevaría a una vida de pobreza; su suegra había perdido en sus infortunios todo lo que tenía, y regresaba a casa como una desposeída. De modo que, al ir con Noemí, Rut dejaba una historia de un alto estatus social para transformarse en una humilde convertida de estatus cuestionable. No estaba claro todavía si a un judío se le permitiría casarse con ella...

Rut estaba destrozada. Pero lo que ella quería era cercanía con Dios, quería pertenencia... Entonces decidió ir con Noemí para unirse al pueblo judío sin importar lo que ocurriera... Noemí entendió a Rut y vio que ella buscaba un acercamiento a Dios. Rut había absorbido el verdadero mensaje del judaísmo.[11]

"Dime cómo se ve Él... casi lo he olvidado"

Uno de mis mejores amigos, un pastor llamado Jentzen Franklin, cuenta la historia de una madre y un padre que estaban a punto de tener otro hijo. Mientras trataban de explicarle la inminente llegada de su hermanito de una manera adecuada a la pequeña niña de cuatro años, ella dijo bruscamente en un modo verdaderamente infantil:

−¿Y de dónde vienen los bebés?

Atrapados con la guardia baja y desesperados por hallar una respuesta, ellos dijeron:

−Bueno... los bebés vienen de Dios que está en el cielo.

Al poco tiempo luego de nacer su bebé, la hija mayor del matrimonio experimentó la adaptación normal de los tiempos, acomodándose al nuevo miembro de la familia. Como suele ser el caso, había un poco de celos en la hermanita.

Finalmente ella dijo:

−Mamá y papá, tengo que hablar con él [con su hermano] cuando nadie esté en los alrededores.

Al principio los padres dudaban de permitir tal "reunión en

privado", pero finalmente decidieron acceder con cierta escucha discreta.

Dejaron la puerta levemente entreabierta y escucharon silenciosamente para descubrir qué pasaría luego. Su hijita caminó hasta la cuna de su hermano y dijo:

—Yo sé que vienes de Dios en el cielo, pero ¿me recordarías cómo se ve Él? Casi lo he olvidado.

¡Qué cuadro de "regresar a un lugar en el que nunca antes has estado"! Varios escritores y pensadores que intentaron describir lo intangible e imposible tuvieron frases e ideas que vienen simplemente enmarcadas con la frase: "Hay un hueco con forma de Dios en todos nosotros".[12] Una pieza del rompecabezas de la vida está faltando y solo Él puede llenarla. Cuando una "pieza" falta, todo el cuadro está incompleto.

Ese deseo profundo de conectarse, de regresar, de reunirse con nuestro Creador eterno, es inherente en todos nosotros. Todos estos valores de los que hablamos nos llevan de regreso a Dios. Son señales que confirman la existencia y continua influencia de Aquel a quien todos buscamos, dirigiéndonos nuevamente a Él, quien es la Respuesta eterna.

Separar lo urgente de lo importante

A veces la única manera de dejar el "estado de caos" e "ir a casa" es rebobinar porciones de tu propia vida, aprender a lo largo de los pasos desandados del viaje qué era urgente y qué realmente importante.

Cuando era niño a menudo íbamos a un centro vacacional en el Lago del Ozarks, en Missouri, con otros miembros de la familia y amigos. Lo recuerdo como una de las mejores etapas de mi vida. Puedo cerrar mis ojos y todavía observa a mi familia y otros familiares mientras nos reuníamos a disfrutar de la compañía del otro. Los niños corrían en todas las direcciones, y la risa llenaba el aire, mientras que se construían los recuerdos.

Esas imágenes, sonidos, olores y emociones están literalmente grabados en mi memoria. Cuando mi esposa y yo nos casamos, le conté sobre "el más hermoso lugar de vacaciones en el mundo entero" que yo había visitado cada verano cuando era niño.

Finalmente la convencí de que nosotros también podíamos tener las vacaciones de nuestras vidas allí mismo. Para hacer esta larga historia más corta, fuimos a ese "lugar maravilloso" para nuestra luna de miel ¡solo para descubrir que era una gran desilusión para ambos!

Cuando llegamos, todo lo que vimos fue un motel venido a menos. Había pocas atracciones y casi nada que hacer... *en kilómetros*.

¿Qué salió mal? Aprendí que el lugar no tenía prácticamente nada que lo hiciera especial. La cualidad "especial" estaba en mis relaciones valiosas, en la fraternidad y en la gente. ¡Pero la "gente" no estaba allí! ¡No había sentido de comunidad!

El tesoro no está en lo geográfico, está en las conexiones

Mi hermoso recuerdo infantil perdió su atractivo cuando traté de volver y recrearlo. El gozo y el tesoro no estaban en lo geográfico, estaba en las conexiones.

Fueron las relaciones lo que extrañaba y estaba buscando. Aunque volví a recorrer las pisadas de mis recuerdos, todavía me sentía desconectado, porque la *gente* que amaba no estaba allí.

La ciudad de Belén en el libro de Rut no es meramente una ubicación geográfica. Belén también representa el conectar un punto con otro, un cruce de caminos, un lugar de nacimiento, una puerta o matriz espiritual entre la vida humana y el plan eterno de Dios para el hombre.

Tal vez esa sea la razón por la que el profeta Miqueas señalara a la modesta Belén como el lugar de nacimiento del Mesías, y por la que los magos o sabios del oriente creyeron sus predicciones y siguieron una estrella hasta Belén, más de setecientos años más tarde buscando al rey de los judíos que habría de nacer allí.[13]

Quizás sea la razón por la que Herodes estuviera siempre tratando de matar a los niños de Belén.[14]

Aun hasta María y José tuvieron que emprender el camino a casa en Belén una vez que Herodes y su hijo hubieron muerto.[15]

Incluso David deseó beber el agua del pozo de Belén.[16]

¿Qué es lo que hacía tan especial a Belén? ¿Noemí fue atraída a volver a Belén solo por un rumor de que las cosas habían mejorado? Todo desemboca en Dios. ¡Y en lo que Él valora! Cada familia tiene su sistema peculiar de reglas. En algunos hogares, todos se quitan los zapatos al costado de la puerta; en otros, hay otras costumbres particulares. Esas costumbres preservan los valores, ¡incluso si es tan solo una alfombra!

En la casa de la fe en donde Jehová es el Padre, hay reglas. Las llamamos los Diez Mandamientos. En realidad son declaraciones sobre lo que el Padre valora. Honestidad, respeto, perdón, pureza, manos limpias, no matarás. Son las reglas de nuestra casa. Ellas hacen a nuestra comunidad y crean la atmósfera para que podamos vivir y tolerarnos unos a otros.

Anhelamos ese lugar en donde el amor incondicional nos hace sentir valorados y únicos. Clamamos por un sentido estable de pertenencia en un mundo inestable. Tenemos hambre de trascendencia, de algo digno por lo cual morir. En realidad es un anticipo de la eternidad, porque ese es nuestro verdadero hogar y destino. Ansiamos a "Belén" y sus valores.

A veces nuestros hijos o nietos deben volver a cavar los pozos antiguos de nuestros valores, averiguando conscientemente, ahondando profundo en nuestros recuerdos para descubrir lo que es verdaderamente importante. De este modo, ellos "redescubren las memorias a través de nosotros".

Lo vemos ocurrir en las vidas de Noemí y Rut. A través de Noemí vemos a Rut "redescubriendo" los valores que ella instintivamente sabía que estaban allí, pero que nunca había conocido personalmente. Y Noemí comenzó a redescubrir sus valores centrales, al observa a su nuera levantarse bajo la influencia de los principios del Reino de Dios y de su propia influencia. Para Noemí era un viaje de regreso; pero para Rut, hija del rey Eglón de Moab, era un viaje a un lugar de valor.

La realidad de la mortalidad obliga a muchos a tomar decisiones difíciles

Millones de personas tropiezan en los años de la mitad de sus vidas, a pesar de sus mejores esfuerzos por evitarlo, demorarlo o negarlo. (¡Uno solo puede sacarse unos años con *botox!*)

La realidad de la mortalidad obliga a muchos a pensar más cuidadosamente y tomar decisiones difíciles acerca de "lo que quieren ser cuando crezcan", porque la edad cronológica del cuerpo ya está en marcha. Ahora es tiempo de que el alma se ponga al día antes que sea demasiado tarde. Uno solo puede descubrir lo que es verdadero "creciendo hacia adentro". Es peligroso "crecer hacia arriba" antes de "crecer hacia adentro".

Es peligroso "crecer hacia arriba" antes de "crecer hacia adentro".

Como si nuestra confusión y deseo de regresar a los valores no fuera suficiente, aun nuestros hijos parecen estar volviendo al lugar de donde nosotros o nuestros padres vinimos. Quieren entender por qué creemos y vivimos como lo hacemos... y por qué no lo hicimos *mejor*.

De hecho, estamos haciendo *más* que solo regresar a los valores. Estamos *redefiniéndolos*.

Los valores son revertidos y empañados por el dolor de las circunstancias

En propias palabras de Noemí, ella volvía a casa con sus valores revertidos y empañados por el dolor de sus circunstancias. Lloró ante sus amigos más íntimos, en angustia y amargura:

–Ya no me llamen Noemí –repuso ella–. Llámenme Mara, porque el Todopoderoso ha colmado mi vida de amargura.

Me fui con las manos llenas, pero el Señor me ha hecho volver sin nada. ¿Por qué me llaman Noemí si me ha afligido el Señor, si me ha hecho desdichada el Todopoderoso?[17]

Noemí estaba en lo cierto al decir que ella estaba *llena* cuando dejó Belén, pero *vacía* cuando abandonó Moab. Esto, obviamente, no era una referencia a la llenura del vientre. Ella abandonó Belén hambrienta y con un estómago vacío; ahora estaba dejando Moab con un estómago lleno de comida ¡pero diciendo que estaba vacía! Noemí decidió que "lleno" significa familia. Pero estaba confundida cuando dijo que Dios había testificado contra ella y la había afligido.

Fue la misericordia de Dios la que la puso en el camino a casa con una hija de pacto a su lado, y fue su gracia la que la restauró a sus verdaderos valores una vez más. Sus emociones le habían mentido; el dolor puede mentirte.

En una ocasión a un padre llamado Jacob le dieron una túnica rota y sangrienta que había pertenecido a su amado hijo José. Los hostiles hermanos no le dijeron: "José está muerto"; fue el dolor de Jacob el que le mintió y le dijo eso.[18]

Dios no fue el autor de las pérdidas de Noemí ni de las desazones en Moab: ellas vinieron a través de decisiones humanas basadas en valores centrados en el hombre. Pero Dios sí *fue* el autor del plan divino de elevar a Noemí y a Rut la moabita al nivel de matriarcas de Israel.

Es completamente posible tener una *cuenta bancaria llena* y aun así vivir una *vida totalmente vacía*. También es muy posible tener una *cuenta bancaria vacía* y con todo vivir una *vida plena*, signada por el gozo, la felicidad y el propósito divinos.

Es completamente posible tener una cuenta bancaria llena y aun así vivir una vida totalmente vacía.

La verdadera riqueza tiene poco que observa con las riquezas financieras; pero la verdadera pobreza de espíritu *a menudo* incluye confusiones y una percepción errónea sobre la adquisición del *amor* al dinero. Todos conocemos la realidad de la frase: "He vivido con dinero y he vivido sin dinero: es mucho mejor vivir con él que sin él". Pero si hemos aprendido algo en esta vida, es que la falta de alimento espiritual para el alma anula toda riqueza terrenal que hayamos podido obtener.

Si pierdo todo pero retengo mi relación con Dios, no estoy arruinado. Si retengo todo y pierdo mi relación con Dios, ¡estoy en bancarrota! *"Porque ¿qué aprovechará al hombre si ganare todo el mundo, y perdiere su alma?"*[19]

Contentamiento en ausencia de cosas

Si alguna vez has visitado una granja Amish o hablado con un menonita del viejo orden, tu primera impresión puede ser que ellos viven vidas satisfechas aun delante de la ausencia evidente de cosas materiales que nosotros podemos considerar como "el estándar mínimo de vida" para tener la felicidad. ¿Cómo se puede vivir sin computadoras, teléfonos celulares, agua caliente al instante, hornos microondas o automóviles para cada miembro de la familia en edad de conducir?

Tendemos a confundir las "cosas" con los "valores" y posesiones materiales para la felicidad personal genuina. Si has tenido el privilegio de viajar y ministrar en otras naciones –especialmente aquellas donde no tienen el estándar de vida común a las naciones industrializadas del occidente– habrás notado la riqueza de las relaciones familiares y la identidad comunitaria que poseen.

Aunque es cierto que la pobreza genuina –la cual es rara de encontrar entre los Amish– en países empobrecidos trae su propia cuota de tristeza, también observas que su dependencia uno del otro trae su *peculiar* forma de felicidad.

La curiosa verdad es que cuando todo lo demás es arrancado, la pobreza a menudo nos deja sin otra cosa que valorar, excepto lo que es *verdaderamente* valioso. Y parte de ese valor se halla en *el otro*.[20] A veces, cuando nos sentimos abrumados por la presión de escapar de la pobreza, accidentalmente podemos dejar atrás aquellas cosas que nunca debiéramos.

La pobreza que nos deja sin nada de valor, excepto lo que es realmente valioso, no es en verdad pobreza. Es simplemente la "ausencia de cosas". Si todavía tienes buenas relaciones con tu familia, buena salud, suficiente para comer y amigos fieles, ¿eres pobre?

La pobreza que nos deja sin nada de valor excepto lo que es realmente valioso no es en verdad pobreza.

¿Qué provoca esta lenta erosión de los valores? ¿Qué catalizador destructivo haría que una joven feliz y realizada se casara con un desconocido y se divorciara de su familia cercana y de sus valores?

No importa si uno está huyendo del hambre –como Elimélec– o escapando de su ciudad para obtener un "empleo mejor" en Chicago... ¡el precio de abandonar los valores centrales es un alto precio a pagar! Antes de dejar el "hogar" asegúrate que Dios te está moviendo, y no tan solo IBM.

Hay estafadores que frecuentan las estaciones de buses de Nueva York y Hollywood, esperando la corriente regular de jóvenes con sueños frescos que bajan de esos autobuses provenientes de Des Moines, Iowa; Topeka, Kansas; Bristol, West Virginia, y cientos de otros lugares a los que la gente llama hogar. Esos depredadores esperan a la presa con sus falsas ilusiones para poder atraparlos con drogas o un "préstamo sin intereses", y los obligan a meterse en adicción, prostitución o cosas peores.

También les sucede a los "mayores". A veces tenemos que mudarnos para encontrar trabajo o mejorar las condiciones de vida para nuestra familia, pero solo asegúrate que no estás siendo seducido por las luces brillantes y las falsas promesas de "una vida mejor" que desfilan ante tus ojos. No te alteres por las circunstancias si tus elecciones te pusieron en un lugar aun peor.

Millones huyen del "hambre de la tierra" solo para crear un "hambre del alma".

Es algo terrible perder el contacto con la familia y no reconectarse nunca más. Lamentablemente, hay personas que se las arreglan para hacer exactamente las mismas cosas mientras que viven en la misma casa. Un antiguo profeta llamado Amós habló de un hambre de *"oír las palabras del Señor"*.[21] No un hambre por La Palabra, sino de *"oír"* las palabras de Dios. Uno puede estar en presencia de La Palabra y no "escuchar" La Palabra.

¡Tener sabiduría y no ser perfeccionado es trágico!

Sospecho que hay millones de padres adictos al trabajo que en sus propias mentes "huyen del hambre de la tierra" y de la pobreza de su juventud, solo para "crear un hambre del alma" a través de su búsqueda ciega de dinero al costo de sus relaciones familiares, matrimonios rotos y bancarrota espiritual.

Si estás viviendo un hambre del alma, entonces te animo a que dejes todo y pongas atención al rumor: hay pan en Belén otra vez. ¡Hay esperanza para ti si das el primer paso en el camino hacia los verdaderos valores de la vida! Pero ¡debes dar el primer paso! Tal vez sientas que no puedes hacerlo solo, pero Dios te enviará ayuda a lo largo del camino…

CAPÍTULO 9

La familia no es un proyecto "hazlo-tú-mismo"

Pero ¿implica un pueblo?

Una escritora moderna dijo: "Se necesita un pueblo para criar un hijo". Creo que estaba en lo correcto. ¡Pero no dejes que la voz del pueblo hable más fuerte que la voz de la familia! Yo tengo una familia extendida numerosa a pesar de que solo tengo un hermano.

De hecho, tengo personas a las que llamo tíos, pero que no son tíos míos; y les hemos enseñado a nuestros hijos a llamarlos así aun cuando no lo son. Mi familia extendida, en gran parte, está formada por gente que no son siquiera familiares biológicos, pero ciertamente los sentimos de ese modo.

Nunca olvidaré la joven pareja que me cuidaba cuando era niño. Todavía los llamo tío y tía, aunque ellos no son familiares míos. Nunca los he llamado de otro modo y nunca los olvidaré.

Me pregunto si la pérdida de la familia es la causa raíz que subyace debajo de mucha de la soledad que existe en nuestra sociedad moderna. ¿Sabes? Cuando abrazas los valores de una familia extendida aceptas los lugares, las cosas y la historia y herencia de esa familia.

Por eso cada vez que paso por un pequeño puesto de venta de

hamburguesas en Lake Charles, Louisiana, recuerdo a quienes me cuidaron de pequeño, el tío Murrell y la tía Joan. Así es como conecto ciertos lugares con ciertas personas. Esas voces a menudo hablan fuerte en nuestras vidas.

Estoy tratando de hacer lo mismo hoy con mis hijos. Los rodeo no solo de una gran familia biológica, sino también de una inmensa familia extendida de gente en quien confío. Me resisto a dejar que CNN, MTV o FOX TV hable más fuerte a sus vidas que su familia extendida.

Eso es lo que Belén era para Noemí, y eso es en lo que se convirtió para Rut. ¡Comunidad! Yo todavía vivo en una pequeña comunidad donde conozco al alcalde y a los policías. Vivir en una ciudad pequeña tiene sus ventajas. En una ocasión mi esposa estaba conduciendo con exceso de velocidad. No se percató en absoluto de las luces parpadeantes detrás de ella hasta que estacionó en nuestro camino de entrada. Cuando el oficial estacionó detrás de ella, estaba totalmente asombrada. Le hicieron una multa pidiéndole disculpas. Porque ella era *conocida* y *respetada*, por causa de las relaciones, se le extendió misericordia en la municipalidad (junto con una advertencia de estar más atenta sobre la velocidad en las calles de la ciudad).

Aunque tú puedes no vivir en una ciudad pequeña como la nuestra, situaciones como esta pueden sucederte si aprecias los beneficios de la comunidad. Ya sea en el contexto de una iglesia, o alguna otra forma de relacionarte, un grupo de apoyo de alguna clase debe crearse para cosechar los beneficios de la vida con una familia extendida.

Tengo un salón en mi casa que llamo "la sala del café". Los muebles y la decoración son variados, pero es especial porque no tiene televisión ni computadora dentro de sus paredes. El propósito principal de ese lugar es promover la conversación. Y desde que vivo en Louisiana, cuando pienso en charla, pienso automáticamente en café. De modo que nuestra sala de café contiene una cafetera, abundantes tazas y una disposición específicamente diseñada para alentar y favorecer la conversación.

En la pared trasera de la sala de café hay una versión acortada de un banco de iglesia. Provino de la iglesia en donde mi abuelo era pastor, y la iglesia en donde yo crecí. Supe que el templo era remodelado y los bancos serían quitados, y aunque apreciaba el progreso que se hacía, me las arreglé para rescatar uno de esos bancos cargados de recuerdos.

Una vez que el banco fue acortado para adaptarse a nuestro uso en la casa, le pusimos una placa conmemorativa en honor a mi abuelo. Todavía está ubicado en un lugar de mando en la sala de café de los Tenney. ¿Por qué me metí en todo ese inconveniente? Para poder siempre *recordar* los bancos de roble claro en la iglesia de donde provengo, y de la gente que me ayudó impartiéndome los *valores* que la hicieron tan especial. Yo no estoy diciéndote que pongas bancos en tu casa, pero estoy abogando para que ubiques en lugar de importancia los valores en tu vida. Los valores como la lealtad y una buena ética del trabajo ayudan a crear comunidad. Rut, obviamente, tenía esos valores en su vida.

> *Su suegra le preguntó:*
> *—¿Dónde recogiste espigas hoy? ¿Dónde trabajaste? ¡Bendito sea el hombre que se fijó en ti!*
> *Entonces Rut le contó a su suegra acerca del hombre con quién había estado trabajando. Le dijo:*
> *—El hombre con quien hoy trabajé se llama Booz.*
> *—¡Que el Señor lo bendiga! —exclamó Noemí delante de su nuera—. El Señor no ha dejado de mostrar su fiel amor hacia los vivos y los muertos. Ese hombre es nuestro pariente cercano; es uno de los parientes que nos pueden redimir.*[1]

Noemí probablemente empezó a entrenar a Rut, su nuera moabita, en los pormenores del mundo judío desde el mismísimo comienzo de su matrimonio con Majlón. Este rol de entrenadora de la suegra era parte de la estructura antigua de los hogares judíos y la sociedad de entonces, y todavía sigue siendo el caso en muchas familias judías de la actualidad.[2]

Pero una vez que las dos mujeres hicieron el pacto y emprendieron juntas el camino a casa, el proceso de entrenamiento tuvo que acelerarse y se volvió aún más vital. Sus vidas y destinos podían literalmente depender de la habilidad de Rut para aprender los caminos antiguos de los descendientes de Abraham y de abrazar a su Dios invisible. Tenía que aprender a adecuarse a la cultura de Belén mientras estaba en camino.

Noemí también enfrentó otro desafío inmediato: es mucho más difícil planificar, apoyar y administrar las necesidades de dos personas que de una sola.

Parece como si Noemí en verdad esperara hacer el viaje a casa sola. Probablemente supo que podía contar con la generosidad de amigos cercanos y familiares por las necesidades que pudiera ocasionar como una viuda sola. También sabía que la generosidad probablemente sería inimaginable una vez que la "joven moabita" entrara en el cuadro.

Así que tal vez Noemí tuvo que forjar un nuevo plan. Tendría que unir los antiguos elementos de la tradición religiosa judía, y el protocolo social con los nuevos elementos de la decisión de Rut. Como una nueva convertida a la cultura del judaísmo, cometería errores.

Noemí podía haber caminado en un camino conocido hacia una ciudad conocida, pero ella y Rut andaban *un nuevo camino con resultados inciertos* cuando dejaron Moab y se dirigieron a Belén. Ella no podría hacerlo todo sola: Rut tendría que poner su parte.

No hay vuelta atrás para los viajeros pusilánimes

Cuando Rut y Orfa al principio tomaron su compromiso de permanecer al lado de Noemí, la dolida suegra obró desanimándolas. Su trabajo era relativamente sencillo, porque el panorama por delante era oscuro y desalentador. Su camino de regreso era permanente: no había vuelta atrás para los viajeros pusilánimes, y no habría servicio de niñera para las que se desanimaran fácilmente.

En nuestra era moderna, miles de personas judías que viven en tierras distantes de Israel enfrentan la toma de decisiones similares cada año. Algunos la llaman la *diáspora* –el término griego para "dispersar o sembrar semillas"–, y hoy el término se refiere a toda persona judía que vive fuera de Israel.

¿Harán su *aliyah* o "el regreso" a su tierra ancestral y a todos los valores judaicos y la herencia espiritual que ello representa? ¿O seguirán clavados entre las naciones adoptivas a las que han llamado hogar durante tantos años?

La misma pregunta de si regresar o no a "la Tierra Prometida" incluye un regreso a la promesa y tal vez "al Prometedor".

Una cosa que cualquiera de estos peregrinos podrá decirte, es que emprender el camino a casa demanda una decisión definitiva. Como el Más Sabio de todos ha dicho respecto de un viaje similar a casa: *"Nadie que mire atrás después de poner la mano en el arado es apto para el reino de Dios"*.[3]

No hay lugar para mirar atrás. El costo es demasiado grande; la separación de la vieja vida es muy permanente para permitir indecisiones.

El peregrinaje a un reino interior implica que hay un rey. Si hay un rey, debe haber protocolos y regulaciones. Algunos querrán la protección de la vida en el reino sin adoptar los valores del rey. Una vez que uno "jura lealtad" al rey, acepta sus valores.

Y el reino lo abraza a él. Está protegido por su poder y su política. El rey hace ciertas promesas a los ciudadanos del reino.

Él prometió no poner sobre ti más de lo que puedes cargar. En otras palabras, no serás muy exigido.

Él se convertirá en un padre para los que no tienen padre; los huérfanos y viudas recibirán cuidados especiales.

Él desea *"sobre toda cosa, que prosperes"*.[4] Demanda que la injusticia sea desterrada.

¿Cómo no te gustaría que un reino como este sea tu hogar?

Noemí hizo todo lo posible para desanimar a sus nueras a quienes había llegado a amar tanto. Sabía que estaba demasiado vieja como para darles otro hijo como potencial marido para ellas. Además de eso, la antigua maldición sobre los descendientes de Moab era bien real.

Estaba escrito en los rollos de la Ley y grabado en las memorias del pueblo judío: *"No podrán entrar en la asamblea del Señor los amonitas ni los moabitas, ni ninguno de sus descendientes, hasta la décima generación".*[5]

Y los rollos incluso explicaban *por qué* eran maldecidos:

Porque no te ofrecieron pan y agua cuando cruzaste por su territorio, después de haber salido de Egipto. Además, emplearon a Balán hijo de Beor, originario de Petor en Aram Najarayin, para que te maldijera. Sin embargo, por el amor que el Señor tu Dios siente por ti, no quiso el Señor escuchar a Balán, y cambió la maldición en bendición. Por eso, a lo largo de toda tu existencia no procurarás ni la paz ni el bienestar de ellos.[6]

¡Otros que no eran judíos no iban a ser aborrecidos como los moabitas!

No aborrecerás al edomita, pues es tu hermano. Tampoco aborrecerás al egipcio, porque viviste en su país como extranjero. La tercera generación de sus descendientes sí podrá estar en la asamblea del Señor.[7]

Mucho tiempo y distancia más tarde, Noemí y Rut entraron a la ciudad de Belén, y casi parece por un momento como si Noemí se olvidara de que Rut estaba allí. Esto es comprensible en un punto. El regreso a casa de Noemí desató incontrolables olas de dolor y desánimo sobre lo que había perdido y lo que había dejado atrás en Moab. El dolor puede ser consumidor cuando los recuerdos sacan las emociones a la superficie.

Rut parecía estar prácticamente entre las sombras, ¿o lo estaba?

Mi familia y yo todavía vivimos felices en una ciudad relativamente pequeña, y yo he tenido muchas experiencias en ciudades *realmente* pequeñas. Con muy poco para hacer, excepto mantenerse al día con el chisme sobre la familia, el trabajo y los amigos, no tengo dudas que esas astutas señoras de Belén habían evaluado, calculado, clasificado y formado opiniones inamovibles sobre cada aspecto de la apariencia de Rut.

Cualquiera de ellas podría dar un completo y detallado informe sobre el color de piel, el corte de cabello, la edad aproximada de esta joven viuda, si tendría hijos o no, y el peligro aproximado que representaría a su dicha conyugal *personal...* como una medida de su habilidad potencial de atraer la atención de sus esposos. *¿Quién es esta "fresca" sobre maquillada que vino a la aldea con Noemí? ¡Su pollera está demasiado corta! ¡Su cabello está muy salvaje! Y es moabita. ¡Tú sabes cómo son ellos!*

Noemí y Rut causaron un revuelo y agitaron la ciudad en gran medida

El relato histórico bíblico dice que cuando Noemí y Rut vinieron a Belén, *"hubo gran conmoción en todo el pueblo a causa de ellas"*.[8] Muchas traducciones modernas dicen que la ciudad fue "agitada" por su llegada. La raíz original del término hebreo literalmente significa *"hacer un alboroto o agitar grandemente"*.[9] Así que es muy posible que ese revuelo haya sido causado –al menos en parte– por el estilo de vestimenta de Rut la moabita, o por algún atributo físico de su trasfondo étnico.[10]

Cualquiera que haya sido la razón, sabemos que Noemí y Rut *¡causaron un revuelo y agitaron la ciudad grandemente!*

Tal vez la vestimenta de Rut y su apariencia no debieran siquiera haber entrado en la escena, pero probablemente lo hicieron. Así como lo es para nosotros muchas veces. Por eso la mayoría de las veces toda pregunta sobre cómo nos vestimos, qué bebemos o comemos, o qué decimos en presencia de otros en verdad no debiera incluir discusiones de nuestros "derechos". Generalmente tiene más que observa con *quiénes* representamos ser, y *cómo* esa persona o entidad desea ser representada en ese momento.

El presidente de los Estados Unidos y el primer ministro de Gran Bretaña ciertamente tienen las mismas libertades que tú y yo; tienen el "derecho" a vestirse un poco desprolijos los sábados a la mañana, o pasearse por afuera de sus residencias oficiales todos despeinados y con una barba de cuatro días, o con su maquillaje corrido o gastado –dependiendo del sexo, por supuesto–; pero eso no lo hace correcto. Sucede que ellos representan a sus naciones, y las representan las veinticuatro horas, los siete días de la semana.

Como ya me he referido antes a los Amish, veamos este escenario otra vez a través de sus ojos. Recuerda que sus mujeres no usan pantalones, su cabello es largo, y a menudo está todo cubierto debajo de una cofia o un pañuelo; no usan maquillaje, y en general su vestido es muy modesto y sencillo. Algunas sectas hasta prohíben el uso de botones y colores vivos.

Noemí regresa a sus raíces "Amish". Sin duda, ha olvidado muchas de sus "formas del viejo orden", pero probablemente no ha abrazado completamente el estilo de vestimenta moabita. Les lleva un tiempo reconocerla. "¡Esa es Noemí!" (Pero *al menos* ella parece un poco arrepentida de la situación.)

"¿Pero, quién es esa que está con ella? ¡Vestida como una moabita! Cabello corto, vestido corto, mostrando el escote. ¡Muy maquillada!". ¿Puedes oír las lenguas moviéndose? *"¡Demasiado poco vestido para cubrir tanta mujer!"*

Es posible que una escena así ocurriera el día en que Noemí y Rut entraron a la ciudad de Belén, recién llegadas de los campos de Moab.

Me pregunto si Noemí había llegado tan lejos como para no reconocer el alboroto que estaban causando.

A veces tu libertad puede darle una bofetada al rostro de otras personas que no entienden o no están de acuerdo con tus creencias. ¡Debes ser cuidadoso, porque *no puedes antagonizar e influenciar al mismo tiempo*! No hagas alarde de tu libertad.

A pesar del modo en que Rut estaba vestida, lucía o hablaba, lo primero que hizo al entrar a Belén habla mucho sobre los valores internos que ella ahora abrazaba:

Y sucedió que Rut la moabita le dijo a Noemí:

–*Permíteme* ir al campo *a recoger las espigas que vaya dejando* alguien a quien yo le caiga bien.

–Anda, hija mía –le respondió su suegra.[11]

La ética del trabajo esforzado muestra un valor que Rut había abrazado. ¡Eso tuvo que haber impresionado a los de Belén, sin importar cómo estuviera vestida! Además, asoma un reconocimiento de bondad: "¡Esto no suena como el pensamiento de una princesa moabita consentida! Debe haber habido algunos cambios internos en Rut".

Una vez que Noemí y Rut dieron unos pasos en las calles de Belén, ahora se volvía la tarea de Noemí el proveer "una guía informada" para la vida en Belén y entre los judíos. Sin embargo, parece que Noemí todavía estaba aturdida luego de la decepcionante reunión con sus viejas amigas.

¡No puedes antagonizar e influenciar al mismo tiempo!

Cuando Rut extendió su propuesta de segar en los campos en busca de alimento, todo lo que Noemí pudo hacer fue simplemente decir que sí. Según las fuentes rabínicas y la historia, Rut asumió un riesgo considerable siendo una mujer tan hermosa y segando en los campos sola; aun así Noemí no le dio ni una palabra de advertencia o consejo en este punto.[12]

Aunque la Ley de Moisés bajo la cual Belén vivía proveía alguna protección para los extranjeros y las mujeres, todavía había ciertos vacíos legales allí, y evidentemente había algunos lapsos en la conciencia social de muchos. Parece que Rut estaba en peligro de "que se aprovecharan de ella". Tomamos este indicio de los comentarios que Booz mismo le hizo a Rut.[13]

> *Entonces Booz le dijo a Rut: "Escucha, hija mía. No vayas a recoger espigas a otro campo, ni te alejes de aquí;* **quédate junto a mis criadas***, fíjate bien en el campo donde se esté cosechando, y síguelas. Ya les ordené a los criados que no te molesten. Y cuando tengas sed,*

ve adonde están las vasijas y bebe del agua que los criados hayan sacado".*14*

Booz fue el primero en tomar un rol activo como protector y guía de Rut, que había sido una total extraña y forastera tan solo unos minutos antes. En la mente de Rut, ¡esto debe haber sido un cambio de valores refrescante de la Moab aparentemente misógina! Me pregunto cómo se habría sentido si viera los videos modernos de música. ¿Segura? ¿Protegida?

A quién pedirle directivas en una parte hostil de la aldea

Vivimos en una sociedad moderna en la que la mayoría de las ciudades, distritos y provincias han establecido departamentos de policía y leyes en los libros, que nos protegen de daños en la mayoría de los casos. Pero cualquiera que haya rondado por las principales vías públicas, e incursionado en zonas potencialmente peligrosas, entiende el alivio que se siente al encontrar un aliado o un amigo en un lugar así.

Las áreas que son seguras para un local, pueden ser aterradoras o hasta fatales *para un forastero* que no está familiarizado con los pormenores de un barrio. Tal vez sepas lo que se siente encontrar a un empleado amigable de una tienda en un vecindario desconocido y un poco hostil, que te muestra cómo salir en forma segura hacia la carretera principal o la autopista a casa.

¿Te has encontrado alguna vez en el extremo receptor de una bondad inmerecida? Tal vez recibiste un aumento inesperado, o disfrutaste una comida de cinco estrellas con el jefe en un restaurante de elite, pasando por al lado en la elegante entrada el letrero de "Miembros solamente".

Así debe haberse sentido Rut cuando Booz públicamente le ofreció su protección personal y trato especial. De hecho ella lo dijo: *"¿Cómo es que le he caído tan bien a usted, hasta el punto de fijarse en mí, siendo sólo una extranjera?"*15

Hubo una conexión con Booz. El destino espontáneo había intervenido. Rut captó la mirada de Booz. Y él le dio la bienvenida a su sistema de valores. Ella se sintió inmerecidamente protegida y valorada.

¿Cuántos de nosotros anhelamos un Booz que extienda el paraguas de la protección alrededor de nosotros? Booz a menudo se encuentra en Belén, el lugar que *valora* los valores.

Sabemos, por el uso de la retrospectiva y el detallado relato bíblico e histórico, que Rut finalmente dio a luz un hijo de Booz. Ese hijo se convertiría en el abuelo del rey David, y un antecesor directo en el linaje del Mesías.

Estos acontecimientos que tuvieron lugar en un campo parcialmente segado entre dos extraños de culturas muy opuestas, estaban literalmente creando el marco propicio para un milagro. Este milagro preservaría la línea familiar de Elimélec, Majlón y Booz. Haría posible el cumplimiento de la promesa de Dios de enviar a un Salvador a la Tierra.

En algún lugar del latente ADN de Rut estaba el eslabón genético con Abraham, el padre de los judíos. Su ancestro, Lot, era el sobrino de Abraham. Ese eslabón tenue es debilitado por su parentesco incestuoso. Pero en esta mujer estaba el ADN del padre de la fe. Cuando fue expuesta al suelo de la Tierra Prometida, algo comenzó a germinar.

A veces lo que está en ti solo comienza a crecer cuando es expuesto al medio ambiente apropiado.

Los moabitas no debían entrar a la congregación del Señor *"hasta la décima generación"*.[16] Pero algo en Rut –algo en la tutela de Noemí y su conexión con un baluarte de la sociedad, Booz– quebró el yugo del legalismo, que dio vida a David, "un hombre conforme al corazón de Dios", que nació tres generaciones más tarde.

¿Estás consciente de que tú también puedes ser una Rut? ¿O una Noemí? Puedes cambiar el futuro de tus amigos y de tu familia solo por adoptar los valores de Belén.

Pero la creación de una familia con un gran futuro –especialmente una familia imposible de fusionar, como esta– no es un "proyecto-hazlo-tú-mismo".

Nuestra cultura occidental, con su estilo de vida móvil y su mentalidad de una moderna empresa de transporte, ha jugado su parte en rasgar el mismo tejido de la estabilidad y estructura de la familia extendida. Hemos adquirido elecciones, oportunidades, libertades y aumento financiero, ¿pero a qué costo? A fin de cuentas, todo esto parece habernos dejado más aislados que nunca. A veces, por mudarnos más cerca del trabajo, nos hemos alejado de la familia. Sé cuidadoso con tus "conexiones": son más fáciles de romper que de crear.

A veces la sociedad parece valorar el aislamiento más que la relación. Somos capaces de educarnos, entretenernos, trabajar, pagar nuestras cuentas y hasta comprar todos nuestros regalos y arreglar a través de medios electrónicos para que nos los entreguen a domicilio, sin siquiera salir de nuestras casas si así lo deseamos.

La devoción determinada de Rut al bienestar y cuidado de su suegra se erige en completa oposición a las tendencias modernas. Sabemos con certeza lo siguiente: que Booz quedó impresionado con Rut, pero no solo porque observó su belleza. También notó su respeto y cuidado hacia su suegra.

Tengo un amigo que tiene un ministerio muy grande; está entre los seres humanos más inteligentes y productivos que conozco.

Cuando estoy en necesidad de sabiduría en ciertas áreas, su número telefónico es al que recurro. Pero lo más impresionante acerca de este hombre es cómo trata a su padre de más de noventa años.

Lleva a su padre con él muy seguido, lo presenta, lo cuida, y ni siquiera se avergüenza por los actos de senilidad más frecuentes que yo he notado.

¡Así es su padre! ¡Y él lo ama! ¿Cuánto más carácter se precisa para sostener a la suegra en tan alta estima que la ciudad entera lo note? Es una señal de la sabiduría de Booz que lo haya notado.

Cómo tratamos a nuestra familia "pasada" es un indicador de cómo trataremos a nuestra familia "futura". Observa cómo otros honran su herencia, incluso cuando es difícil. Recuerda: otros miran cómo honras tu pasado. Booz te observa. ¿Verá como valoras a los demás?

Hay esperanza para el "extranjero"

Los héroes anteriores de Israel incluían hombres o mujeres judías que se elevaron a posiciones prominentes en naciones extranjeras. Moisés se convirtió en el "príncipe de Egipto", y José siguió su ejemplo generaciones más tarde; Daniel subió al más alto lugar de Babilonia; Ester como reina salvó al pueblo judío en Persia.

Esta vez los roles se cambiarían. Sería Rut, la moabita, la *principal "extranjera"*, a quien Dios levantaría a la prominencia en Israel con la ayuda de Booz y Noemí. *Hay* esperanza para el *extranjero* en todo lugar y tiempo en el que Dios es parte. Mientras que los juicios y limitaciones de los hombres expulsan a otros, el amor y la misericordia de Dios continuamente atraen al que está afuera. No tienes que tener un *pedigree* o sangre azul para destacarte en el Reino de los cielos.

Rut ya ha experimentado el sentimiento de ser una "extranjera" durante los primeros minutos, expuesta al "frío" de la indiferencia social. Noemí derramaba su corazón ante sus viejas amigas, mientras que Rut practicaba sus habilidades como si fuera un mueble invisible, inmaterial y no importante colocado al lado o detrás de su suegra en ese momento.

Evidentemente, Rut sintió el frío vacío de Belén aun más cuando se apartó de las calles de Belén para dirigirse a los campos al día siguiente. Algunos expertos creen que hay suficiente evidencia para decir que los segadores en el campo de Booz ese primer día estaban "nerviosos ante la presencia de una moabita en medio de ellos, que es, según el estereotipo, una mujer de baja moral".[17]

Tal vez hayas sentido el escalofriante frío de la vida como "esa persona invisible" parada en medio de un grupo de viejos amigos, todos los cuales silenciosa pero sostenidamente ignoraron tu existencia.

Pero en tan solo un párrafo, Booz revirtió generaciones de maldiciones, animosidad y sentimiento anti moabita. De acuerdo a la "regla", los moabitas eran despreciados y evitados por parte de los judíos. El curso normal de las cosas era que las mujeres trajeran agua para los hombres, y que las princesas cenaran con abundante comida cosechada y preparada por los sirvientes.

Hay, por cierto, una doble reversión en que un judío [Booz] sirviera a una moabita y en que una mujer tomara agua traída por hombres. [El escritor de] Eclesiastés no estaría nada feliz. Para él era escandaloso observa esclavos en lomos de caballo y princesas caminando... Desde ahora, ni Rut ni Booz serían los mismos desde su encuentro.[18]

Noemí no le había brindado a Rut ninguna advertencia o consejo sobre los peligros locales o las expectativas sociales, cuando ella había pedido ir a los campos a buscar comida. Noemí sencillamente había mostrado su aprobación con pocas palabras, quizás porque todavía estaba profundamente desanimada acerca de su pérdida personal.

Rut, en efecto, fue a los campos, y regresó con buenas noticias que impartieron nueva vida al corazón de Noemí. Envió una descarga al centro de su desesperanza, como un resucitador espiritual, una nueva vida parecía estallar dentro de ella por primera vez desde que había sufrido la pérdida de sus dos hijos.

Es significativo que el regreso de la vida en el corazón de Noemí se encendió luego de que Rut retornó de los campos de Booz con su asombroso reporte del favor divino:

Entonces Rut le contó a su suegra acerca del hombre con quién había estado trabajando. Le dijo: **"El hombre con quien hoy trabajé se llama Booz".**[19]

¡Tan solo imagina el impacto que corrió por el cuerpo de Noemí a la sola mención de ese nombre! De repente una nueva luz entró en los debilitados ojos de Noemí, que todavía estaban inflamados de llorar incesantemente.

Algo encendió un fuego en el corazón de Noemí porque La Biblia nos dice que ella comenzó a hablarle a Rut acerca de la bondad de Dios. Esta era la misma mujer que hace no mucho tiempo les estaba diciendo a sus amigas en la calle principal de la ciudad:

> *No me llamen Noemí ... Llámenme Mara, porque el Todopoderoso ha colmado mi vida de amargura. Me fui con las manos llenas, pero el Señor me ha hecho volver sin nada. ¿Por qué me llaman Noemí si me ha afligido el Señor, si me ha hecho desdichada el Todopoderoso?*[20]

Fíjate que Noemí había dejado que las circunstancias presentes le pusieran nombre a su futuro. Ahora era una "mara" o *amarga*. No anuncies una maldición sobre tu futuro, cuando pronuncias "amargura" sobre tu presente.

La única vez que Dios dijo que sería una "ayuda presente" era en "tiempo de pruebas".[21] Es la única vez en donde Dios se pone de pie y dice: "Presente".

Llama a tu futuro de acuerdo a tu fe, ¡no a tus temores!

Debes resistir el impulso de permitir que las circunstancias en que te encuentras dicten tu futuro. En una ocasión, cuando la gloria de Dios se retiró de su pueblo, la esposa de un sacerdote en un momento depresivo llamó a su recién nacido "Icabod", que quiere decir "la gloria se ha marchado".[22] ¡Pero esta era solo una verdad parcial! Vino un tiempo en que la gloria regresó. ¡Y el niño todavía estaba anclado a ese nombre!

Nunca perpetúes tus malos momentos poniéndoles nombre. ¡Mantén el nombre que la fe te ha dado! Llama a tu futuro de acuerdo a tu fe, ¡no a tus temores!

Algo en el reporte de Rut revelaba la intervención sobrenatural y la provisión de Dios a esta viuda desesperada. La decisión de Noemí de emprender el camino de regreso a casa estaba empezando a mostrar sus primeras señales de un cambio sobrenatural.

Llena de gozo y abrumada, Noemí se secó las lágrimas y le dijo a su sorprendida nuera moabita:

—¡Que el Señor lo bendiga! ... El Señor no ha dejado de mostrar su fiel amor hacia los vivos y los muertos. Ese hombre es nuestro pariente cercano; es uno de los parientes *que nos pueden redimir.*²³

De repente algo cambió en la vida de Noemí. Ella sintió un nuevo propósito brotar a través de su alma cuando Rut le contó lo que había sucedido en los campos ese día. Noemí sabía que su consejo sería vital desde este punto en adelante, porque Rut la moabita estaba necesitada de *un consejo real de parte de su mentora judía.*

Todo esto porque Rut trajo a casa grandes cantidades de comida. La gente generalmente no se emociona tanto con las provisiones. Algo mucho mayor estaba en marcha. ¡Nada menos que su destino eterno estaba en juego!

¿Has notado alguna vez cómo Dios te da un vistazo de tu futuro sin que lo sepas? Es un test de "valores".

Rebeca le dio de beber a los diez camellos de Isaac antes de convertirse en su esposa.²⁴ ¿Era tan difícil eso? ¿Cuánto tiempo llevaba? Los camellos sedientos de Arabia pueden beber hasta aproximadamente ochenta litros de agua en diez minutos.²⁵ *¡Eso significa que esos diez camellos sedientos bebieron unos ochocientos litros de agua ese día!*

Cada litro de agua pesa aproximadamente un kilogramo, de modo que es posible que la joven Rebeca haya acarreado sin recibir ayuda unos casi 800 kilogramos para esos camellos.²⁶ Si su recipiente contenía cerca de treinta y ocho litros de agua (a treinta y ocho kilogramos por cada viaje), ¡entonces ella debe haber hecho al menos veintiún viajes de ida y vuelta!

Rut trabajó como segadora en los campos de Booz antes de casarse con él y convertirse en la dueña de los campos. Dios muchas veces te da la oportunidad de darle de beber y trabajar para tu propio futuro, sin que tú lo sepas. Rebeca condujo a esos camellos a su propio destino. ¡Ese es el valor del trabajo duro!

Desde el día en que Rut regresó de los campos de Booz hasta el día en que se adueñó de esos campos mediante el matrimonio, su relación con Noemí adquirió una nueva profundidad e intimidad.

Lo que comenzó siendo un pacto de amor de soportar las dificultades juntas en un futuro muy incierto, ahora se transformaba en una aventura de destino y esperanza. Una nueva "familia mixta" estaba en proceso, aunque las partes involucradas casi no entendían lo que pronto podría ocurrir, y *ninguno de ellos* comprendió su importancia para el futuro del pueblo judío o del mundo.

Noemí ya conocía las fortalezas y las debilidades de la comunidad de Belén, pero Rut necesitaba un "defensor colectivo", un protector local que pudiera abrirle camino a través de los peligros potenciales. Ella había "tropezado" con este protector en un campo en la afueras de Belén.

Como descendiente de Moab, una línea familiar signada por la violencia, incesto, traición y sacrificios de niños, Rut sabía de primera mano el costo de los pactos quebrantados. Sabía que aunque la comunión existe en muchos niveles, no todos son amigos de pacto.

La mayoría no son dignos de ese nivel de compromiso, porque no comprenden las demandas. Ella había hecho su pacto con Noemí, y a medida que comenzó a cumplirlo, el Dios de pactos comenzó a crear un milagro que afectaría al mundo entero y las generaciones que vendrían. El pacto es, obviamente, uno de los valores de Belén.

En cuanto a Noemí, cuando ella abandonó Belén para ir a Moab, pensó que su vida estaba vacía. No había comida en Belén. Cuando regresó a Belén, como derramó sus penas a sus amigas de toda la vida y se puso de nombre "Amargura", no se dio cuenta de que la provisión de Dios la había seguido de cerca. Volvió a Belén desde Moab con la respuesta a su lado. ¡Rut significa "*satisfacción*"!

¡A veces puedes tener la *satisfacción contigo*, y no ser consciente de ello!

> No solo Noemí acepta a Rut –la mujer que era *extranjera*– sino que Rut es quien ayuda a Noemí a sentirse entera de a poco. La forastera, la que ha venido de largas distancias, se convierte en la más íntima, la que es capaz de producir el mayor impacto en la

vida de Noemí, una vez que ella se abre a todo lo que Rut tiene para ofrecerle.[27]

El milagro que comenzaba a desplegarse en el libro de Rut habla de dependencia mutua y asistencia conjunta *por elección*, entre estas dos destacables mujeres. Pero había Otro que estaba obrando a favor de ellas, el que es descrito como *"Padre de los huérfanos y defensor de las viudas (...) Dios en su morada santa"*.[28]

Dos mujeres atrapadas en lo desechado de la sociedad parecían tener poco que ofrecer, y pocas posibilidad de impactar la historia de manera significativa. Incluso su habilidad de tocar las generaciones futuras a través de sus esposos o hijos les había sido quitada. La grandeza a menudo viene camuflada en los corazones desgarrados y los vestidos harapientos de hombres y mujeres comunes.

CAPÍTULO 10

"Finalmente lo hallé"

¿De quién es este campo?

No puedo decirte lo aliviado que me sentí al virar a la derecha y observa ese hotel que se erigía a la distancia. Supe que finalmente lo habíamos encontrado.
—Gracias a Dios lo logramos. Estoy exhausto.

Cuando arribamos al hotel a las 02:00, nos enteramos que le habían dado nuestro cuarto reservado a otra persona. Así que allí estábamos nosotros, en medio de la noche en Indianápolis, con una temperatura de nueve grados en el exterior. Cuando nuestros corazones desfallecieron, el empleado nos dijo:

—Ah, señor, tenemos habitaciones reservadas para usted en otro hotel.

Como no reconocí el nombre del hotel, supuse que lo encontraríamos en algún callejón oscuro, que tendría un servicio de bajo nivel y locaciones por debajo de lo aceptable. Para nuestra sorpresa, las habitaciones no estaban tan mal. De hecho, eran bastante buenas. Eran *vagones de tren* que habían sido convertidos en habitaciones de hotel.

No puedo decir que esa fue una de las noches más cómodas que haya pasado en un hotel, pero mi hija, que viajaba con nosotros, estaba tan emocionada que llamó a casa la mañana siguiente y dijo:

—Mami, no adivinarás qué… ¡dormimos en un vagón de ferrocarril!

Esa diversión a las 02:00 sirvió como un bello recuerdo.

Acuérdate del sentido de alivio que experimentaste cuando pudiste decir: "¡finalmente llegamos!" o cuando al fin y al cabo encontraste algo que habías buscado con denuedo, tal vez la esposa de tus sueños. En el caso de esta historia, Rut finalmente halló un lugar de gracia.

La Biblia declara: *"Noé halló gracia"*. Yo no sé si alguna vez has buscado gracia, pero el camino a menudo te conduce a través de curvas y contracurvas en el viaje.

Cuando Rut se fue de Moab, no estaba segura de lo que buscaba. Pero cuando Noemí dejó Moab, regresaba *a casa*, a los valores que había perdido.

> *¿Por qué he **hallado** gracia en tus ojos para que me reconozcas, siendo yo extranjera?*[1]

Dos matrimonios, tres muertes precipitadas y una fortuna familiar derrochada dejaron a estos dos remanentes vivos de la "experiencia Moab" sintiéndose moribundos y desesperanzados.

La inflexible mirada de dolor y el sufrimiento de la pérdida permanente, con el tiempo pueden debilitar aun al alma más fuerte. Ellas dejaron el lugar de su dolor y afirmaron sus ojos y esperanzas en los campos de Belén: tal vez allí encontraran suficiente provisión para vivir y comenzar de nuevo.

Pero había algo acerca de Belén... algo más de lo que sus campos y colinas podrían jamás decir. Porque Noemí recordaba los tiempos en que no eran tan productivos. Por cierto, su decisión de volver estaba basada en un rumor. Parece como si hubiera regresado de todos modos, incluso si la abundancia no hubiera vuelto. ¿Qué hay en Belén que atrae a la gente a volver? ¿Es el agua? ¿Qué hay en el agua del pozo de Belén? Debe haber algo muy especial en el agua. Repito, pareciera como si todo acerca de Belén –incluyendo su pozo– tuviera más significado e importancia que el que podría mencionar por lógica.

"Finalmente lo hallé"

El pozo de Belén junto a la puerta del milagro

Generaciones más tarde, un joven pastor de Belén cambiaría su báculo de pastor por la espada capturada del gigante. Entonces, en un oscuro momento de separación de su tierra, saldría de una cueva en el desierto y hablaría como quien desea en secreto beber de ese amado pozo: *"¡Ojalá pudiera yo beber agua del pozo que está a la entrada de Belén!"*[2]

Una victoria crucial pronto ocurriría en la vida de Rut en la misma puerta cerca del mismo pozo. Ese suceso importante en la "puerta del milagro" haría posible el nacimiento del rey David, el joven pastor de Belén, el que mató al gigante, y luego todos los hechos de su vida. Generaciones más tarde, otro ser nacería en un humilde establo de Belén, alguien que sería llamado "el Hijo de David" y el Pan y el Dador del Agua de Vida.[3]

Lamentablemente, la realidad de la vida para Noemí y para Rut no rimaba con el gozo profético esa mañana en la que Rut se levantó temprano para encontrar un campo de Belén que segar. Vivir con "el problema actual" mientras que uno tiene una palabra profética sobre el futuro, es la mayor prueba de fe.

¿Cuántas veces has sentido como si estuvieras "en la cima del mundo" cuando algo o alguien llegaron para demostrarte que ya no eras más "el rey de la montaña"? Una muchacha más bonita, un muchacho más apuesto, el oficial del préstamo con un gesto, o el doctor con un mal reporte llegan para aguarte la fiesta.

La dependencia de Rut sobre el campo de Dios era real. Había sido criada como una princesa en una cultura de dominación, donde inclinarse ante el gobernante humano y llamarlo "señor" eran la norma. Booz era un juez en una sociedad fundada sobre la Torá, en donde solo Dios debía ser llamado Señor.

Los judíos históricamente no se inclinaban ante ningún rey, a menos que fueran obligados a hacerlo. Generaciones más tarde, tres jóvenes hebreos en la capital de Babilonia serían obligados a arrodillarse ante la imagen de un rey humano, y enfrentarían el terror de un horno ardiente por causa de sus convicciones. Mardoqueo el judío escapó apenas de la ejecución –y su gente con él– después de rehusarse a inclinarse delante del principal confidente del rey de Persia.

Ellos se sentían *del mismo modo* con la gente que se inclinaba delante de ellos: esa práctica podría llevarlos al punto de recibir el honor que solo Dios merece. Muchas generaciones después, dos hombres transformados por encuentros con Dios se horrorizaron cuando una multitud excitada por las señales y maravillas que hacían, querían ofrecerles sacrificios y arrodillarse delante de ellos, llamándolos con los nombres de dos deidades griegas, Júpiter y Mercurio.[4]

En síntesis, ¡los judíos históricamente no se arrodillaban o no permitían que nadie se inclinara ante ellos!

Su ignorancia de las costumbres fue cubierta por su pureza de corazón

Que esta princesa moabita indocta se inclinara en humildad delante de Booz, nos dice mucho. Su ignorancia de las costumbres fue cubierta por su pureza de corazón y su devoción a la bondad y fidelidad.

Booz puede haberse sentido avergonzado por la exagerada demostración de humildad y gratitud, pero tengo el sentir de que él estaba también haciendo una actuación exagerada.

Según los eruditos y rabinos hebreos, Booz usó un lenguaje muy pomposo y recargado en su respuesta a la pregunta sincera de Rut.[5] Tal vez estemos viendo la respuesta de un "macho alfa" normalmente seguro de sí mismo ante una joven asombrosamente hermosa.

> –*¿Cómo es que le he caído tan bien a usted, hasta el punto de fijarse en mí, siendo sólo una extranjera?*
> –**Ya me han contado** –*le respondió Booz*–, *todo lo que has hecho por tu suegra desde que murió tu esposo; cómo dejaste padre y madre, y la tierra donde naciste, y viniste a vivir con un pueblo que antes no conocías. ¡Que el Señor te recompense por lo que has hecho!* **Que el Señor, Dios de Israel,** *bajo cuyas alas has venido a refugiarte, te lo pague con creces.*[6]

"Finalmente lo hallé"

Ya sea un presidente moderno, un rey antiguo o un adolescente, todos son conocidos porque tambalean o se les traba la lengua en presencia de una joven bonita; ciertamente es posible que un funcionario maduro de la aldea haya sido afectado por la hermosa joven moabita, Rut. Ella ahora tenía un benefactor.

Para ser alguien que entraba indefensa y aparentemente sin conexiones en un campo extranjero, Rut lo hacía bastante bien. Ella –y también Noemí– habían inconscientemente contratado los servicios de otro defensor celestial. Como vemos más adelante: *"¡Su nombre es el Señor! Padre de los huérfanos y defensor de las viudas es Dios en su morada santa. Dios da un hogar a los desamparados"*.[7]

Tal vez lo que estamos observando es cómo Dios "da un hogar" o una familia. A pesar de su respuesta rígida, formal e incómoda, el mensaje había sido dado a través de Booz. Alguien le había "mostrado" o le había contado el verdadero carácter de Rut, que revelaba su cuidado por su suegra y su abandono de los valores de Moab, con su consiguiente adopción de los valores judaicos.

Booz luego declaró: *"el Señor te recompense por lo que has hecho"*. Él estaba a punto de ser la mano de Dios.

Los benefactores pueden hacer que las cosas buenas te ocurran

Muchas personas han visto sus perspectivas crecer y su movimiento ascendente en una empresa, acelerarse de manera significativa por la amistad de un "benefactor". Cuando una persona que está bien posicionada y es muy influyente en una organización ve tu potencial o "te toma cariño", él o ella tienen la capacidad de hacer que cosas buenas te ocurran, de "patrocinar" tu causa.

Aunque no estoy alentándote necesariamente a buscar o cultivar la relación con un "benefactor", diría que Dios es en definitiva ese patrocinador. ¡Es sabio recibir el favor de Dios cuando viene a tu vida!

Un joven evangelista cristiano organizó una cruzada en Los Ángeles en 1949, y una figura local del mundo del hampa y también un *disc-jockey* reconocido pasaron adelante para recibir a Cristo junto con muchos otros. El ministerio del evangelista despegó luego de que el magnate del periódico local William Randolph Hearst ("por razones desconocidas") ordenó que sus publicaciones "le dieran una mano a Graham" y otros periódicos levantaron la historia. Después, Henry Luces solicitó por "alguna razón", que aparecieron artículos en las revistas *Time* y *Life* favoreciendo su ministerio.[8] Sabemos la "razón": era el Abogado Celestial que trabajaba en beneficio de Billy Graham.

Rut tuvo el mismo "benefactor", el promotor que supera a todos los demás. Tal vez la joven no se daba cuenta, pero su "buena suerte" o "favor inexplicable" no venía a su vida tan solo porque sus genes le habían otorgado una belleza fenomenal. Ni siquiera había recibido tal favor porque había viajado a los campos de Belén. Su provisión vino del *campo de Dios*. El hombre puede ser el recurso, pero Dios es "*la Fuente*".

¡Toma nota! ¡Ella no desfiló delante de la pasarela del campo! Ella trabajó en él. Hurgueteó por comida, sin importar cuán agotador y humillante era ese trabajo. No hay arrogancia aquí, no hay una actitud de "no sabes quién soy yo". No hay "pucheros" de princesa. Rut, con toda su belleza exterior bien documentada, abrazó la ética del trabajo de Belén y brilló poniendo de relieve su belleza interior.

No había una Paris Hilton trabajando en el área de relaciones públicas del éxito de TV *The Simple Life* en una granja. No había "sesión de fotos": esto era la realidad.

Un trabajo de Dios en el campo de Dios

Tal vez Noemí todavía luchaba con la depresión en su casa vacía cuando todo esto tuvo lugar. Sus "pensamientos como local" y toda la acumulación innata de tradiciones judías, no entraron en acción en el milagro en el campo. La asombrosa belleza de Rut jugó una parte en el plan de Dios, pero ya hemos visto cómo su apariencia podía fácilmente volverse en su contra. Esta era una obra de Dios en los campos de Dios.

"Finalmente lo hallé"

Insisto, si Booz no hubiera ido más allá de su cautela natural e instintos legales para ofrecerle a una extraña su protección personal, entonces Rut habría estado en un peligro muy real. Estaba en una situación particular como mujer *moabita*. Podía ser vista como técnicamente exenta de las protecciones ofrecidas a los extranjeros, y trabajaba en un campo abierto sin una protección visible o claramente establecida en la comunidad judía.

Según las pautas de ese tiempo, ella podría haber sido forzada por los hombres del campo a tener relaciones sexuales sin ningún temor de ser acusados de adulterio o seducción.[9] El estereotipo de las mujeres moabitas que prevalecía parece haber sido el de "todas ellas son promiscuas" y el de "son un poco mejor que las prostitutas del templo".[10]

Rut, obviamente, no se sabía de memoria todas las "reglas de tránsito judías", pero simplemente no encajaba con el estereotipo normal. Era una princesa de Moab, y evidentemente era fuerte y segura de sí misma como para desafiar las remilgadas pero *no comprometidas* declaraciones de Booz sobre bendecirla. Rut se había sometido a Dios, pero habilidosamente depositó la responsabilidad de la acción otra vez en Booz, que era exactamente a donde pertenecía:

–¡*Ojalá siga yo siendo de su agrado, mi señor!* –contestó ella–. *Usted me ha consolado y me ha hablado con cariño, aunque ni siquiera soy como una de sus servidoras.*[11]

Ya sea que a Booz le gustara o no, él representaba las manos, el corazón y los recursos de Dios enviados a Rut y a Noemí. Parece que nuestro Dios invisible *siempre* usa instrumentos humanos para hacer los negocios del cielo en la Tierra.

Solo la transparencia puede mostrar la belleza interior.

Al mismo tiempo, Rut evidentemente no había escuchado el consejo que dice que uno no llega lejos señalando sus propias diferencias o los defectos de los demás. La mayoría de los extranjeros moabitas tratarían de suavizar sus diferencias con los judíos "locales". En cambio, esta mujer se propuso resaltarlas. Si Rut quería causar impresión, ciertamente lo hizo de un modo extraño. *Se volvió transparentemente sincera, pues señaló: "Ni siquiera soy como una de sus servidoras. No soy una judía. No soy una de sus empleadas".*

Un estudioso lo expresó bien, observando que Rut "sabe que *las palabras piadosas no reemplazan un compromiso personal*".[12] Ella le agradeció por sus palabras amables, pero dejó una pregunta pendiendo en el aire. Si la pregunta hubiera sido formulada, probablemente hubiera sonado algo así como:

> Dices que sabes todo acerca de mí y cómo he cuidado a Noemí. Bien, entonces sabes cuán desesperada es nuestra situación. Dijiste que "el Señor" iba a cuidarme. ¿Es esta tu forma de relegar la responsabilidad? Tú conoces mis necesidades. ¿Qué vas a hacer al respecto?

La sabiduría de Rut para dejar implícita esta pregunta sin verbalizarla es todavía el manual para las mujeres sabias de hoy.

¿Cuántas veces has tenido que esperar algo que realmente necesitabas, habías ganado o te habían prometido porque alguien más ni siquiera "había tenido tiempo de dártelo"?

¿Podría ser que Dios esté esperando en ti?

Permíteme hacer la pregunta de una forma distinta: ¿cuántas veces decimos cada semana: "Desearía que *alguien* hiciera *algo* con este problema"? O "¿por qué nadie ministra a esa gente en apuros?" ¿Podría ser que Dios esté esperando en ti?

Por ley, Booz podría haber despedido a Rut. Después de todo, ella era una moabita. Pero en cambio, aceptó el desafío e inmediatamente le puso acción a sus palabras.

A la hora de comer, Booz le dijo:
—Ven acá. Sírvete pan y moja tu bocado en el vinagre.
Cuando Rut se sentó con los segadores, Booz le ofreció grano tostado. Ella comió, quedó satisfecha, y hasta le sobró. Después, cuando ella se levantó a recoger espigas, él dio estas órdenes a sus criados:

> *–Aun cuando saque espigas de las gavillas mismas, no la hagan pasar vergüenza. Más bien, dejen caer algunas espigas de los manojos para que ella las recoja [esos puñados a propósito][13], ¡y no la reprendan![14]*

Solo cuando el grano sobrante pasaba por –¡y no quedaba en!– las manos de los hombres era dejado a propósito; de otro modo era solamente un accidente.

Booz tenía "valores de campo". Las cosas que le importaban y regían su vida eran tan visibles y efectivas en el mercado laboral, como lo eran en un contexto religioso. Él era conservador, pero también tenía carácter como para asumir el riesgo.

Este hombre tenía mucho que perder, y aparentemente muy poco que ganar al involucrarse con la joven viuda de la nación prohibida de Moab. Su primer paso hacia la aventura de Dios fue *bendecir a Rut en el campo*, le dio protección. Ahora había tomado el segundo paso de bendecir a Rut la moabita en su mesa, y lo hizo justo enfrente de sus trabajadores. Las chismosas de Belén tenían noticias frescas que masticar y procesar.

Booz invitó a Rut a salir del campo y a entrar en su mesa. En una escena que me recuerda a las muchas comidas que Cristo vivió con sus discípulos, Rut fue invitada a comer el pan y a mojarlo en el vinagre, un condimento altamente valioso para esos días. Más aún, Booz daría otro paso que hablaría del futuro. Rut tomó asiento junto a los otros segadores, pero fue Booz quien personalmente le sirvió.

Rut estaba rodeada por sus compañeros, y cualquiera de ellos podría haberle alcanzado las cosas que ella necesitaba de la mesa. Pero fue el dueño del campo el mayor líder y juez de la comunidad, quien personalmente "le alcanzó su cebada tostada". Una traducción dice que Booz le sirvió a Rut "más de lo que ella podía comer".[15] Todos los demás deben haberse dado cuenta, ¡pero a veces los que están entusiasmados por el bichito del amor son los últimos en observa esas cosas!

Órdenes del jefe: Déjenle "manojos *a propósito*"

Una vez que hubo dado esos pasos, Booz dio otro más. Era casi como si no pudiera detenerse. Tan pronto como Rut se excusó de la mesa para regresar a su trabajo en el campo, Booz convocó a sus trabajadores varones para una conferencia privada de administración. Es seguro decir que ellos *nunca* habían tenido una conferencia como esta. Las órdenes del jefe eran simples:

"Déjenle 'manojos a propósito'. Cualquier cosa que tengamos que hacer, asegurémonos que ella tenga suficiente". ¿Dónde dejaron caer los segadores todas esas bendiciones? No en el estacionamiento y no en el centro comercial. Tu provisión está siempre conectada al campo de Dios. Rut tenía que estar en su puesto para ser bendecida.

Booz también advirtió a los hombres directa y personalmente: *"–Y no la reprendan"*. La traducción *Berkeley* lo dice de este modo: *"No sean duros con ella, no la avergüencen"*.[16]

Tu provisión está siempre conectada al campo de Dios.

Tú y yo podemos ser acosados en el campo de la cosecha, aunque estemos trabajando en los campos del cielo. De hecho, es muy posible que seas acosado o lastimado por parte de otros trabajadores que están celosos o que no te entienden. Ese es el valor de Belén para ser resaltado.

Mucho tiempo antes de que ningún gobernante de la Tierra definiera la palabra "acoso" como un crimen, o "acoso sexual" como inaceptable, el gobierno celestial había adoptado esa posición.

Booz lo verbalizó en otra traducción cuando les dijo a sus obreros que no *molestaran* a Rut. ¡Otro valor de Belén es puesto de manifiesto! ¿Qué jovencita o qué niño no querría vivir en un lugar en donde las órdenes fueran: "No molestar"?

Una de las definiciones de *molestar* en mi pensamiento es "quitar la inocencia". Parece como si hubiera un esfuerzo concentrado en "quitar la inocencia" en la sociedad moderna. Necesitamos más hombres como Booz que emitan fuertes edictos para proteger a los inocentes.

La protección del inocente debe ser restaurada.

Como la cultura secular implacablemente invade los *valores* sagrados sobre los cuales fue edificada nuestra cultura, a menudo pagamos un precio terrible. Las primeras víctimas de la pérdida de valores en una sociedad, son los inocentes y los puros.

Los que participan de tales cosas harían bien en prestar atención a las advertencias de Jesús:

Por tanto, el que se humilla como este niño será el más grande en el reino de los cielos. Y el que recibe en mi nombre a un niño como este, me recibe a mí. Pero si alguien hace pecar a uno de estos pequeños que creen en mí, **más le valdría que le colgaran al cuello una gran piedra de molino y lo hundieran en lo profundo del mar.**[17]

Con la pedofilia como una aparente epidemia, no es de extrañarse que haya un sentido de migración de Moab. Recuerda, Moab practicaba el sacrificio de niños a Moloc.

Desafortunadamente, el "hogar" para algunos niños no es el lugar de seguridad del que hemos hablado. De todos los lugares en los que un bebé podría estar más a salvo, el vientre de su madre debería ser *el más seguro* de todos. Pero en una sociedad semejante a Moab, ese es el lugar más peligroso para un bebé.

Con casi cuatro de cada diez niños nacidos en los Estados Unidos fuera del matrimonio,[18] y millones de niños no nacidos que se pierden debido al aborto legalizado, parece haber un gran número de hombres y mujeres que tratan de disfrutar los beneficios del matrimonio sin el compromiso y las responsabilidades asignadas por una sociedad *de valores*.

Al final, son los niños –los inocentes– que pagan el precio por los placeres disfrutados del ayer y las responsabilidades olvidadas por sus padres sin compromiso. Luego de que un bebé nace, el lugar en donde debería sentirse seguro y no molestado, es el hogar y la familia extendida. Sin embargo, el mayor porcentaje de abusos son ocasionadas en ese mismo entorno. Que los valores de la niñez como algo sagrado sean restaurados. Que haya más "Boozes" en Belén.

Es irónico que los otros segadores en el campo sean los mismos a los que Booz les advirtió de no robarle la inocencia a Rut. Esto debería avisarse a cada "trabajador cansado en el campo": no arruinar la inocencia de un trabajador nuevo. No dejes que tus dificultades y desilusiones roben su gozo de estar en el campo.

Todo padre y adulto que tiene la oportunidad de influenciar a los jóvenes, debería preguntarse: "¿Estamos robándoles a nuestros niños la inocencia por lo que decimos, hacemos o a lo que los exponemos?". También deberíamos preguntarnos: "¿Estamos contribuyendo a la pérdida de su inocencia por *lo que no* decimos, por *lo que no* hacemos y a *lo que no* los exponemos?".

Noemí no solo "revivió" cuando oyó el informe de Rut sobre lo que había sucedido en los campos de la cosecha, sino que, además, comenzó a corregirla levemente y a guiarla.

> –¡Que el Señor lo bendiga! –exclamó Noemí delante de su nuera–. *El Señor no ha dejado de mostrar su fiel amor hacia los vivos y los muertos. Ese hombre es nuestro pariente cercano; es uno de los parientes que nos pueden redimir.*
>
> Rut la moabita añadió:
>
> *–Incluso me dijo que me quede allí con sus criados [varones] hasta que terminen de recogerle toda la cosecha.*
>
> *–Hija mía, te conviene seguir con sus criadas* –le dijo Noemí–, *para que no se aprovechen de ti en otro campo.*
>
> *Así que Rut se quedó junto con las criadas de Booz para recoger espigas hasta que terminó la cosecha de la cebada y del trigo. Mientras tanto, vivía con su suegra.*[19]

Noemí se reanima y recuerda los protocolos del campo. Está renovándose con el sistema de valores de Belén y la sintonía fina de Rut ante este nuevo conocimiento.

Rut no fue completamente precisa en su reporte

Rut no fue completamente precisa en su reporte de lo que Booz le dijo, y las pequeñas diferencias pueden producir grandes malos entendidos o calamidades. Rut dijo que Booz le había dicho que ella permaneciera cerca de los criados hasta el fin de la cosecha.

El hecho es que Booz específicamente le dijo: *"Escucha, hija mía. No vayas a recoger espigas a otro campo, ni te alejes de aquí;* **quédate junto a mis criadas***, fíjate bien en el campo donde se esté cosechando, y* **síguelas***. Ya les ordené* **a los criados** *que no te molesten"*.[20]

Tomando en cuenta el trasfondo de Rut la moabita, ella probablemente no se haya dado cuenta de que en la sociedad israelita educada, hombres y mujeres no se mezclaban libremente fuera de las relaciones del matrimonio o de la familia cercana. Esto todavía es así en muchas culturas del Medio Oriente.

Noemí no estaba en el campo cuando Booz le dio instrucciones a Rut, pero conocía su cultura y sabía los principios judaicos que honraban y elevaban los valores de la modestia y de la pureza. Sabía exactamente qué valores Booz mostraría en esa situación, porque *tenía los mismos valores que él.*

Para mérito de Rut, ella escuchó el consejo de Noemí y pasó el resto de la temporada de siega trabajando codo a codo con las mujeres en los campos de Booz. Otro valor de Belén que es resaltado. *¡Quédate en el campo!* Hasta que no esté todo cosechado y recogido no hemos terminado. ¡Qué testimonio de fidelidad!

Hubo un tiempo en la historia de Israel que hemos llamado *Icabod*, literalmente, "la gloria se ha marchado". Los enemigos habían robado el arca del pacto. Cuando fue devuelto, Las Escrituras dicen que los hombres de Bet-Semes estaban "en el campo" trabajando, cuando levantaron la vista y vieron la gloria –el arca del pacto– volviendo sobre una carreta nueva.[21]

¿Qué haces cuando se va la gloria? Solo sigue haciendo lo que sabes hacer. Quédate en el campo, sigue trabajando y estarás entre los primeros en verla cuando vuelva.

En cuanto a Rut y a Noemí, esto pareció poner sus vidas en

"piloto automático" hasta el final de la doble estación de cosecha, marcada por las dos grandes fiestas judías. Pon tu vida en piloto automático, predetermina tu fidelidad. *¡No abandonaré!* Comprométete con el campo.

Primero, los locales cosecharon los cultivos de cebada, señalados por la celebración de la gran fiesta de la Pascua. Siete semanas más tarde, completaban su labor para la cosecha de trigo del invierno, la que termina en s*havuot*, o la "entrega de la Torá" a Israel.[22]

El fin del tiempo de la cosecha también marcaba el "cierre" del "banco comunitario de comida", porque ya no habría más granos que recoger en los campos abiertos. Aunque el final de un capítulo parece hablar de un final feliz, en verdad prefigura un tope de tiempo para la acción. Como dice un experto: "El fin de los actos de la cosecha como un "contrapunto de mal agüero".[23]

¿Qué hacemos después?

CAPÍTULO 11

El camino a la redención

¿Qué le vio ella a él?

¿Alguna vez has visto una pareja tan obviamente despareja que la frase: "¿qué le vio a él?" parecía estar escrita en tu frente? Evidentemente, algo la llevó a elegirlo, o a él a elegirla. Siempre resulta interesante cuando un "hermoso" termina casándose con una "no tan hermosa". Ellos parecen no estar obsesionados con la celebridad y el *glamour*.

Hay veces que deseo haber asistido a la reunión de egresados de la secundaria.

Primero que nada, porque quiero saber qué hace cada uno. Y en segundo lugar porque quiero mostrar mi bella esposa a todas esas chicas que no querían tener nada que observa conmigo en ese entonces. Me siento realmente bien sabiendo que *ella* me eligió a pesar de todas aquellas tontas que no lo hicieron.

Por eso la letra de la canción de *La bella y la bestia* –una fábula vieja como el tiempo– ha llegado a significar tanto para mí.[1]

Siempre me ha fascinado el cuento de *La bella y la bestia*. A menudo les leía la versión de Disney a mis hijas, vimos el video incontables veces, e incluso vimos la obra de teatro.

Supongo que lo que me fascina es que me identifico con él. Nunca me consideré apuesto. Como dije antes, nunca salí con "las chicas lindas" mientras iba al secundario. ¡Por eso estaba tan sorprendido de que la que sería mi esposa luego, se enamorara de mí! Ella era hermosa, y podría haber elegido a otro, ¡yo era la bestia!

Ella es la persona más buena que jamás he conocido, y nunca la he visto hacer nada malo a propósito. Solo estar con ella me hace una mejor persona. Ha domesticado la bestia que tengo adentro. Pero nunca confundan su mansedumbre con debilidad.

El poder de la bondad

El poder de la bondad radica en su elección. Uno elige ser bueno. Aun cuando las circunstancias justificarían que actuara de otro modo. ¿Qué cambió a la bestia del cuento? ¿Qué valor la hizo elegir ser buena? Fue el conocimiento de que la Bella la había elegido.

En nuestra historia, Booz es obviamente la Bestia –algunos dicen que era de aproximadamente ochenta años de edad– y Rut es su Bella. Mucho tiempo antes de mi propia reacción de quedar atónito por la elección de "mi Bella", Booz expresó su sorpresa y deleite sobre la elección de la amorosa Rut:

> *Que el Señor te bendiga, hija mía. Esta nueva muestra de lealtad [bondad[2]] de tu parte supera la anterior, ya que no has ido en busca de hombres jóvenes, sean* **ricos o pobres**.[3]

¿Notaste esa palabra, "bondad"? La bondad puede ser una buena candidata para la lista de virtudes en peligro de extinción.

Este producto de la sociedad humana civilizada ha sido ampliamente reemplazado por los "antivalores" modernos, tales como una mentalidad altamente competitiva unida a un estilo de vida que utiliza tácticas para salir adelante a cualquier costo, y una ética del tipo "todo sirve mientras que no te pesquen". Rematemos el brebaje con dosis liberales del antiguo y conocido egoísmo y estaremos listos para el "éxito" en el famoso plan estadounidense.

Las obras dramáticas de televisión en el horario principal, las comedias y estrenos en la pantalla grande, así como también el estilo de vida que caracteriza a las estrellas y músicos más famosos, parecen anunciar que esos antivalores son la nueva norma para la sociedad occidental. Si esto fuera una campaña, podríamos decir que está andando bien.

Se ha dicho: *"Mas la sabiduría es justificada por todos sus hijos"*.[4] En el mismo sentido, la abundante proliferación de los desagradables antivalores que comúnmente generan las noticias de la tarde, tituladas como violencia en la calle, violencia conyugal, violencia infantil, violencia laboral, ¡y hasta la brutal paliza de personas compitiendo por una posición en las mesas de liquidaciones al comienzo de las ventas anuales navideñas!

Incluso los voluntarios del Ejército de Salvación que tocan campanas afuera de los mayores centros comerciales buscando donaciones de caridad, han sido víctimas de nuestra sociedad viciosa.

Tal vez eso explica por qué Rut es como una bocanada de aire fresco al corazón. Su historia podría ser llamada la parábola de la superabundancia, la fábula del "más que suficiente". Ha venido a representar los valores eternos del mismo Dios que eligió abrazar, el mismo Dios que es representado por la bondad. La actitud de Dios precede a toda acción generadora de vida.

La bondad motiva la elección de Rut. No la juventud, ni la riqueza, sino la bondad. Todos quedamos sorprendidos cuando vemos a una joven bella y llena de vida siendo atraída a un hombre de un físico menos que inspirador o de mentón cuadrado. Pero probablemente, si se le pregunta, la jovencita responderá:

–Es bueno y amable.

La bondad a menudo se recompensa con bondad.

Dios nunca habla abiertamente en el libro de Rut, y nadie le ora directamente a Él en la narrativa bíblica, pero sus *valores* dominan cada página de la historia de Rut. Lo vemos revelado a través de toda la narrativa porque Él es el Dios que da, que ama y que bendice abundantemente a todos.

Noemí habló de esta rara bondad "extraordinaria", cuando miró todo lo que Rut había traído a casa y supo que había venido de Booz, entonces dijo:

–¡Que el Señor lo bendiga! ... *El Señor no ha dejado de mostrar su fiel amor hacia los vivos y los muertos.*[5]

¡Bondad es mucho más que eso!

La palabra hebrea que ella usó, traducida como "bondad", es *hesed* (que se pronuncia *jased*), y fue mencionada antes al final del capítulo 6. Pero significa mucho más que "bondad". También significa fidelidad a las obligaciones naturales, belleza, favor, buenas obras, benignidad, misericordia y piedad.[6] Hay un montón de otros valores adheridos a esa palabra tan corta. Es un término hebreo, para el cual no tenemos equivalente. Se necesita un párrafo para explicar el concepto de *hesed*. Esto hace que uno se pregunte: "¿Hemos perdido parte de nuestro vocabulario social?".

El mandamiento del Señor de *"ama a tu prójimo como a ti mismo"*[7] bien podría ser el equivalente del Nuevo Testamento de la palabra *hesed* del Antiguo Testamento. Jesús citó los dos grandes mandamientos de la Torá en ese pasaje, y luego dijo que *"toda la Ley y los Profetas"* dependían de ellos. Imagine un clavo en un cierto lugar desde el cual penda la totalidad de La Biblia. Ese clavo es la bondad.

Un erudito describe el libro de Rut y su mensaje central de este modo:

> Este es un documento para las minorías de todo tiempo y lugar. Su mensaje es revolucionario porque orienta hacia las soluciones marcadas por *hesed*; es decir, generosidad, compasión, amor. De acuerdo al libro de Rut, el centro de la Torá es *hesed*, amor. El amor lo redime todo.[8]

En otro lugar, este mismo escritor dice: "*Hesed* es la *virtud del exceso*",[9] no el exceso de la iglesia materialista de Laodicea, la cual es conocida por ser rica y estar enriquecida en bienes, pero a la vez ser pobre, ciega y desnuda, y no saberlo.[10] Laodicea nos demuestra que puede tenerse casi todo y todavía no tener lo suficiente.

Hesed es la viuda de Sarepta que no tenía casi nada, excepto un puñado de harina y algo de aceite.[11] Pero en su bondad ella alimentó al profeta, y La Biblia dice que fue recompensada con abundancia en tiempo de hambre. El aceite y la harina nunca escasearon. Esa es la "virtud del exceso".

Rut no tenía credenciales en el mundo israelita. Era simplemente una moabita, una nuera no judía por el casamiento con un hombre que había fallecido, pero que había desatado lo que sería una avalancha de "extraordinaria bondad", comenzando con su compromiso extraordinario de *hesed* hacia su afligida suegra.

La bondad fue la llave que abrió su destino

Pero Rut respondió: "¡No insistas en que te abandone o en que me separe de ti! Porque iré adonde tú vayas, y viviré donde tú vivas. Tu pueblo será mi pueblo, y tu Dios será mi Dios. Moriré donde tú mueras, y allí seré sepultada. ¡Que me castigue el Señor con toda severidad si me separa de ti algo que no sea la muerte!"[12]

La bondad fue la llave que abrió el corazón de Booz. Él era un experto en la Ley, pero la Ley no daba la llave de aprobación para una extranjera moabita. Las primeras palabras que este poderoso propietario emitió acerca de Rut, no fueron de persuasión amigable. Le preguntó a su capataz: *"¿De quién es esa joven?"*.[13]

Yo no digo ser un experto en los idiomas bíblicos del cercano oriente, pero a mí me parece que él estaba un poco molesto. Casi suena como si estuviera diciendo: "¿qué está haciendo *ella* aquí? ¿No es obvio que es una *extranjera*? Deberían haberme informado".

Una vez que Booz escuchó lo que decía su empleado: *"Es una joven moabita que volvió de la tierra de Moab con Noemí"*[14], instantáneamente actualizó el estatus de Rut en su mente, de "mujer" a "hija".

Supo de su bondad antes de conocer su nombre. La conoció más por su reputación que por otra cosa.

¿Qué transformó la actitud y las acciones de este hombre tan dramáticamente en el espacio de una oración? No fue el poder de la Ley; fue la fuerza de *hesed*; fue la historia de la bondad de Rut demostrada hacia Noemí.

Booz le explicó a Rut que él había sido completamente informado acerca de todo lo que ella había hecho por Noemí. Él respetaba la extraordinaria virtud de la bondad de Rut al escoger a Noemí por encima de su tierra, cultura y lazos familiares en Moab. Sabía que luego del fallecimiento de su esposo, todas las obligaciones de Rut para con su suegra habían finalizado. Todo lo hecho después fue hecho por puro *hesed,* o bondad.[15]

Rut también reforzó su bondad con la virtud de la diligencia, y la diligencia puede crear un destino. Rut iba a trabajar temprano en la mañana y terminaba bien tarde. En el transcurso de un solo día de trabajo su ética laboral ya había sido notada. Para el momento en que Booz apareció él ya había oído las noticias. En esencia le dijo a Rut: "¡Todo el mundo hace alarde de ti y de tu increíble trabajo!"

¿Observas que la adopción de los valores de Belén por parte de Rut está comenzando a hacer una diferencia? En pocas palabras, la bondad, el trabajo arduo y el priorizar la familia comenzó a obrar en el destino de Rut.

Si echamos un vistazo hacia la palabra *hesed* en acción, la vemos crecer en importancia, desplazando las barreras legales y haciendo posible lo imposible. Recuerda: la bondad engendra bondad. La pasión puede encender al matrimonio, pero la bondad puede mantenerlo ardiendo.

Booz ordenó a sus hombres a entrar en el acto *hesed*

Booz mismo demostró la "virtud del exceso" cuando la invitó a cenar en su propia mesa, le sirvió personalmente porciones de su comida, extendió hacia ella privilegios selectos y le dio *hasta que le sobrara*.¹⁶ De hecho, Rut tuvo suficiente "extra" para llevar alimento a casa para Noemí al final del día.

Luego Booz ordenó a sus hombres entrar en el acto *hesed* de tres formas:

1. Que la dejaran moverse entre las espigas de las gavillas no cosechadas.
2. Que arrancaran algo de la cebada para ella. En otras palabras, Booz estaba diciendo: "Les pagaré lo que cosechen para Rut hoy".
3. Que dejaran caer algo del grano que cosecharan a propósito para facilitarle a ella el recogerlo, pero que lo hicieran secretamente de modo que ella no se diera cuenta de que la estaban ayudando.¹⁷

¿Recuerdas que dije: "La bondad a menudo es recompensada con bondad"? Puede llevar algo de tiempo pero tu bondad te alcanzará. Imagina, ¡tener alguien pago para recoger tu cosecha! Todo porque "viniste a casa", a un lugar en el que nunca habías estado. Abrazaste los valores que Dios abraza. ¿Belén está comenzando a sentirse como el hogar?

Cuando la bondad de Dios comienza a inundar tu vida, su influencia hasta empieza a movilizar a los que te rodean; te darán aumentos inesperados, bendiciones y provisión para ti. Este es el valor de las relaciones en el trabajo.

Todo esto ocurrió en la vida de Rut cuando Booz se dio cuenta de que ella estaba *conectada* a Noemí, y que había mostrado fielmente una extravagante bondad durante años. Tus conexiones de bondad pueden abrir puertas para ti que todas las habilidades acumuladas en tu vida nunca podrían abrir.

Cuando Noemí escuchó acerca del *excesivo* favor mostrado hacia Rut por parte de su familiar cercano, sus esperanzas resurgieron. Quizás ella pudiera animar a Booz a mostrar bondad –*heded*– hacia su nuera, y de algún modo arreglar un matrimonio. Irónicamente el mayor acto de bondad sobrenatural en su mente para el fin de esta historia, vendría de parte de Rut, y no de Booz.

> *Las relaciones pueden abrir puertas que el conocimiento nunca podrá abrir.*

Es durante las siete semanas que dura el período entre la cosecha de trigo y la de cebada que Noemí "la suegra" se convierte en Noemí "la casamentera" y la consejera de Rut en asuntos del corazón.

Noemí brinda el más extraño "consejo maternal" jamás dado

En la noche final de la última festividad de la cosecha del año, Noemí descubrió su plan. Rut, su joven nuera moabita, estaba a punto de recibir el más extraño "consejo maternal" jamás dado.

Un día su suegra Noemí le dijo:
—Hija mía, ¿no debiera yo buscarte un hogar seguro donde no te falte nada? Además, ¿acaso Booz, con cuyas criadas has estado, no es nuestro pariente? Pues bien, él va esta noche a la era para aventar la cebada. Báñate y perfúmate, y ponte tu mejor ropa. Baja luego a la era, pero no dejes que él se dé cuenta de que estás allí hasta que haya terminado de comer y beber. Cuando se vaya a dormir, te fijas dónde se acuesta. Luego vas, le destapas los pies, y te acuestas allí. Verás que él mismo te dice lo que tienes que hacer.
—Haré todo lo que me has dicho —respondió Rut.[18]

Cuando tu suegra es tu celestina

Noemí evidentemente sentía el dolor de la soledad de Rut. Es casi como que estuviera diciéndole a su nuera: "Siento tu dolor. Quizás yo no vuelva a casarme, pero quiero verte a ti cumplir ese sueño".

Puedo decir una cosa acerca de Noemí: ella entendió la importancia del tiempo. Y de alguna manera le estaba enseñando en realidad el arte de atraer a un hombre.

Algunos se han preguntado por qué una moabita anteriormente casada necesitaría entrenamiento en el arte de atraer a un hombre y seducirlo, pero Rut no estaba tras un hombre moabita; ella estaba cortejando a un hombre recto, un judío que seguía el código de valores de Belén. La atracción natural de su cuerpo no era su bien primario, porque ella quería más que *una noche bajo las estrellas*.

Rut busca conexión, consuelo, protección. Desea un hogar, no una aventura sexual. Rut piensa en un legado y en un redentor para Noemí. Quería un esposo como padre de un hijo que rescataría y llevaría la herencia familiar de su amada familia adoptiva.

Encuéntralo detrás del vallado

Para que el plan de Noemí se diera en una posibilidad remota, tendría que enviar a su amada nuera moabita a *la valla de la frontera de la Ley*, al campo minado cultural y religiosamente del noviazgo israelita.

Yo no sé sobre los almacenes de chatarra en donde tú vives, pero los desarmaderos en Louisiana tienen los perros de presa más hambrientos, austeros y fieros en el mundo. Esos perros son mantenidos dentro de recintos cercados por una razón: para cuidar las autopartes adentro y los ladrones afuera. Una vez que uno cruza la valla del límite, es presa fácil de esos pares de dentaduras chasqueantes montadas en esos cuerpos musculosos que están equipados con cerebros muy similares.

Rut estaba a punto de cruzar la línea y entrar en la zona de "hombres no", custodiada por perros vigilantes religiosos famosos por su fanatismo y devoción con cada pequeña sección del vallado de la Torá.[19] Su trabajo puede enunciarse sencillamente de este modo: solo los guardadores de la letra de la Torá pueden entrar en el redil del pacto de Dios. Todos los otros deben ser mantenidos fuera de la familia compuesta de la congregación de Abraham, Isaac y Jacob.

Cuando Noemí le contó su plan a su nuera, ella sabía que todo dependería de dos cosas:

1. El poder de la bondad –*heded*– de Rut.
2. El carácter virtuoso de Booz.

¿El aprecio del amor leal de Rut sería capaz de hacer que el hombre pasara la valla de alambre de púas del legalismo para observa el plan mayor de Dios de traer a los "extranjeros" nuevamente "adentro" de su casa mediante el amor? La Bella había hecho su elección ya; ¿podría La Bestia observa más allá de los problemas y abrazar el potencial divino que yacía a sus pies?

Noemí no tenía el pensamiento de salvar a su nación; no tenía el beneficio de poder mirar hacia atrás miles de años de historia como nosotros podemos. Pero a ella le importaba el futuro de su leal nuera, y todavía tenía una tenue esperanza de observa el nombre de su familia perpetuado en el futuro de Israel.

> *Y [Rut] bajó a la era e hizo todo lo que su suegra le había mandado.*
> *Booz comió y bebió, y se puso alegre. Luego se fue a dormir detrás del montón de grano. Más tarde Rut se acercó sigilosamente, le destapó los pies y se acostó allí.*
> *A medianoche Booz se despertó sobresaltado y, al darse vuelta, descubrió que había una mujer acostada a sus pies.*[20]

El *primer* problema que Rut enfrentó era uno muy importante. Su violación de esta regulación inmediatamente la puso en un serio riesgo. Antes de poder siquiera poner un pie en la era, ¡estaba tomando una decisión permanente de la cual no había vuelta atrás!

Rut se arriesgaba a entrar a la era prohibida

Rut se decidió en el momento en que Noemí terminó de contarle el plan. Anunció que haría todo lo que Noemí le sugeriría, y luego siguió adelante con su compromiso. Se arriesgaba a entrar en la era prohibida en lo oscuro de la noche, *vestida para una boda en vez de para una cosecha*, ¡en una misión diferente!

¿Qué era la era? Un lugar al aire libre, tal vez con una carpa erigida como para ofrecer algo de protección al grano del rocío de la mañana.[21] El acceso abierto a la brisa era necesario para "aventar" el grano, y el proceso se realizaba en horas de la noche. Esta parte de la cosecha era tan importante, que era común que el dueño mismo supervisara la operación.[22]

Ninguna mujer decente era admitida en una era por aquellos días. Las que lo hacían eran consideradas prostitutas, que siempre venían en las penumbras de la noche y desaparecían antes del amanecer.

> *Y bajó a la era e hizo todo lo que su suegra le había mandado. Booz comió y bebió, y se puso alegre. Luego se fue a dormir detrás del montón de grano. Más tarde Rut se* **acercó sigilosamente, le destapó los pies y se acostó allí.**[23]

Este es uno de los pasajes más reñidos del Antiguo Testamento para los estudiosos judíos y cristianos. Se refiere al misterio de "la forma en que un hombre ama a una mujer", mencionado en Proverbios.[24] Este pasaje ha sido "leído rápidamente" y pasado de largo silenciosamente por parte de los maestros de Las Escrituras de generación en generación, por causa de sus difíciles implicancias.

Liberaciones "desprolijas" y testimonios "complicados"

La interpretación más sencilla es decir que Rut levantó una punta de la sábana de Booz y de algún modo discreto se ovilló a sus pies como una obediente mascota. Pero el original en hebreo no nos deja hacerlo tan fácil, porque a menudo las realidades de la vida nos confrontan con liberaciones "desprolijas" y testimonios "complicados" de cómo Dios bendice a pesar de nuestros desórdenes.

Una escritora resumió las opiniones de muchos eruditos diferentes al examinar el doble significado de las frases en el original hebreo y explica:

> Rut va a "destapar" ¿qué?... entonces Rut destaparía sus piernas, y de modo eufemístico, incluso hasta sus [partes privadas]...
>
> Hay solamente dos posibilidades: ella está destapándolo a él, o a sí misma...

Pero queda claro que Noemí está enviando a Rut a hacer algo que es un comportamiento totalmente inadecuado para una mujer, y que puede llevarla al escándalo y hasta el abuso.[25]

Las Escrituras aseveran que Rut "se acercó sigilosamente" a Booz. Si los rumores y los estereotipos acerca de las moabitas eran ciertos, entonces esta mujer transformada era muy diferente de las princesas de Moab que adoraban a los dioses falsos de la fertilidad mediante ritos promiscuos en cada fiesta de la cosecha.

Bien al final parece más claro el original en hebreo –cuando este está libre de "retoques religiosos" y de reinterpretación religiosamente correcta– que Rut "destaparía las partes inferiores del cuerpo de Booz, y se acostaría su lado... La escena es escandalosa".[26]

Llamarlo riesgoso es subestimarlo

Rut literalmente se puso en el camino del peligro armada solo de "la virtud de *hesed*". Si hubiera sido vista, o rechazada, o abusada y desechada, entonces toda acusación de adulterio elevada en contra de *Rut la moabita* ciertamente resultaría en un veredicto de culpable, e incluso una pronta ejecución de la sentencia: muerte por apedreamiento.

Llamarlo "riesgoso" es subestimarlo.

> Hay una apuesta total, un peligroso doble o nada. *Uno puede perder su reputación o su vida.* En cualquiera de los casos, el corazón pusilánime nunca entenderá tales riesgos...
> *Noemí estaba posiblemente enviando a su nuera a su destrucción.*[27]

¿Puedes imaginarte la escena en la sombría oscuridad de la noche? Ya era bastante difícil escurrirse subrepticiamente entre los obreros dormidos, y entrar en la carpa improvisada que cubría la era con su enorme pila de granos aventados en un extremo. ¿Y luego puedes imaginarte el corazón de Rut latiendo enloquecido al momento de levantar las frazadas que cubrían el contorno del cuerpo de Booz y arrastrarse hasta quedar a sus pies?

Noemí tuvo un valor inusual al tramar un plan tan corajudo para "ayudar" a Booz, su pariente cercano, a cruzar la gran barrera del interés a la acción. Pero ella no tenía idea de que Rut tenía su propia dosis de coraje.

De algún modo, de alguna manera, tenía que anunciarle su elección a Booz: que no había elegido a un joven, sea rico o pobre; que la Bella había elegido a la vieja Bestia. En los cuentos de hadas o las fábulas infantiles, esto se da a entender generalmente a través de un beso en público en el momento más oportuno.

La discreción de Rut quería que Booz conociera sus sentimientos, pero *en privado*, de modo que si quisiera pudiera rechazarla.

No sabemos cuándo fue exactamente que Booz fue a acostarse junto al grano aventado, ¡pero sí sabemos cuándo se despertó!

> *A medianoche Booz se despertó sobresaltado y, al darse vuelta, descubrió que había una mujer acostada a sus pies. "¿Quién eres?", le preguntó. "Soy Rut, su sierva.* **Extienda sobre mí el borde de su manto, ya que usted es un pariente que me puede redimir".**[28]

Rut tomó la situación en sus propias manos y puso su reputación, su futuro, y su vida misma en la línea de riesgo, al proponérsele a Booz.

Rut arriesgó todo durante una noche con el *juez*

Otra heroína bíblica, Ester, sin saberlo, llevó el futuro de su nación con ella al arriesgar todo para aparecer sin ser llamada y caminar por ese piso hacia el trono prohibido en presencia de muchos testigos, para suplicar por la continuidad de su raza delante del rey de Persia.

Ahora esta princesa moabita de una raza condenada, inconscientemente llevaba el futuro de Israel y de la línea mesiánica consigo al arriesgarlo todo para entrar al granero prohibido sin otros testigos presentes más que Booz y Dios. Rut arriesgó todo durante una noche con el *juez*, para hacerle una petición de salvar el nombre de la familia de su suegra y sus propiedades. Este era un hombre preparado en la Ley y confiable para interpretarla, defenderla y hacerla cumplir.

Ten en cuenta que esta era una sociedad patriarcal centrada en torno al líder varón. Una mujer simplemente no le proponía o le prometía matrimonio a un hombre. Simplemente no se hacía, aun si ella tuviera todas las credenciales necesarias más un montón de dinero o prestigio familiar que la respaldara en el proceso. Rut no poseía nada de aquello. Su suegra tenía una propiedad que evidentemente había empeñado para poder sobrevivir. Rut solo tenía su ascendencia moabita, junto con pobreza y un matrimonio previo por si fuera poco.

Eso no era nada menos que una petición nada seductora y de alto riesgo, a un hombre justo a través de medios aparentemente injustos.

La letra la condenaría o el espíritu la restauraría

Para citar el ejemplo dado por Pablo, el ex fariseo, a las generaciones venideras, o la letra de la Ley, condenaría a Rut o el espíritu de la Ley la absolvería, restaurando el legado familiar en esta maniobra riesgosa en la era de Booz.

> *Que el Señor te bendiga, hija mía.* **Esta nueva muestra de lealtad** [hesed] *de tu parte supera la anterior,* **ya que no has ido en busca de hombres jóvenes**, *sean ricos o pobres. Y ahora, hija mía, no tengas miedo. Haré por ti todo lo que me pidas. Todo mi pueblo sabe que eres una mujer ejemplar.*[29]

Podemos imaginarnos cómo se sintió Booz cuando Rut hizo su inesperada y poco ortodoxa proposición. Este justo había pasado la mayor parte de su vida como soltero, intentando resolver la tensión dinámica entre el poder de *hesed* –bondad– y la letra de la Ley de Moisés.

Y luego uno agrega la tensión emocional de quién era la madre de Booz. Tal vez tú todavía no sepas por qué este era un campo tan minado para él.

Booz a menudo había oído y tal vez relatado la legendaria historia de su madre, la cananea de Jericó originalmente llamada "Rahab, la ramera". Ella y su familia fueron preservadas cuando Jericó cayó, y al final ella se casó con Salmón, un príncipe de Israel.[30] Salmón engendró a Booz.

Quizás Booz sabía como ningún otro pudo saberlo que "uno no puede juzgar a un libro por su tapa". Su propia madre había sido catalogada de prostituta, pero todo lo que él sabía de ella era que fue una fiel esposa y una madre amorosa. Booz sabía mejor que muchos que no había que juzgar a una mujer por su pasado. Tal vez por eso Noemí y Rut confiaron tanto en su bondad.

Por la letra de la Ley, la herencia de Rahab la descalificaba, pero su *hesed* –el *amor* que Rahab extendió a los dos espías que envió Josué a Jericó– la hicieron una heroína para todos los israelitas.

En cuanto a Booz, presionado a tomar una decisión en las horas del amanecer en una era de Belén, su determinación era crucial y casi instantánea. Rut prefirió la sabiduría antes que la belleza, y prefirió el *amor* al legalismo. A él no le importó que enfrentaría posibles persecuciones, pérdida de reputación y batallas legales por su decisión de casarse y redimir a esta mujer moabita: era lo correcto. Era *hesed*, el concepto compuesto por solo una palabra, pero que llevaría páginas explicar.

El acto de Rut y la reacción de Booz liberaron la gracia de Dios para *remplazar las rígidas barreras religiosas y crear las nuevas realidades* en sintonía con los propósitos de Dios. Su elección, combinada con el acuerdo y la participación de Booz, abrieron la puerta de la posibilidad para el futuro nacimiento de David y del "hijo de David" que nos haría libres a todos nosotros.

Este es el valor primordial de Dios, que *"amó tanto al mundo que dio"*.[31] Esta es la razón por la que *vas al hogar*, y esta es la forma en que *llegas a él*.

¡El amor es el valor principal!

Booz le dijo a Rut: *"Esta nueva muestra de lealtad de tu parte supera la anterior"*.[32]

Si amas a alguien, nunca dejes de decírselo. Si deseas conectarte con alguien, nunca dejes pasar la oportunidad. Busca cultivar relaciones. En el plano de lo natural, hijos e hijas no tienen autoridad respecto a la identidad de sus padres y madres. Sin embargo, según la ley de adopción en el plano espiritual, podemos "escoger" o reconocer a nuestros padres espirituales. Los sabios observan instintivamente el principio de buscar mentores, pues buscan conectarse con gente que mejore su destino.

El poder del amor –*heded*– parece ser capaz de abrir un camino donde no lo hay. A menudo parece traspasar los límites de la ley a través del corazón y los valores de Dios. Hace salir de la gente la grandeza, mientras que rechaza toda forma de prejuicio. Como el apóstol Pablo diría muchas generaciones más tarde: el amor *"todo lo disculpa, todo lo cree, todo lo espera, todo lo soporta"*.[33]

Solo la mano oculta de Dios podría orquestar el nacimiento de algo tan santo, puro y sagrado en medio de una situación que parecía ser tan profana, impura y deshonesta. Una de las cosas más notables acerca de este intercambio verbal entre Booz y Rut, fue su sumisión mutua en el granero cuando lo comparamos con "uniones cuestionables anteriores" en la historia de los israelitas. [34]

Un erudito, comparando las dos breves reuniones entre Rut y Booz, escribe:

> La primera reunión fue por casualidad; la segunda fue por elección. La primera fue en los campos; la segunda en la era. La primera fue pública; la segunda, privada. La primera fue trabajo; la segunda, juego. La primera fue durante el día; la segunda a la noche. Pero ambas tenían el potencial para la vida y la muerte.[35]

Lo que sucede luego los pone a los dos en el "camino sin retorno" que conduce a un nuevo comienzo, una restauración del legado perdido y a una puerta de destino que sacudiría la eternidad. Pero primero Rut y Booz deberán perdurar en la noche más larga de sus vidas, esperando el cumplimiento de su deseo en el doloroso vacío de la incertidumbre y la impotencia.

CAPÍTULO 12

A veces hay que esperar por dirección

Viajar en la oscuridad

¿Has visto alguna vez a alguien al costado del camino justo antes de una intersección, quien pareciera estar estudiando un mapa o quizás llamando a alguien por su celular mientras gesticula en forma nerviosa? Probablemente ese era yo con uno de mis asistentes de viaje.

A veces uno simplemente tiene que estacionar al costado del camino y esperar hasta obtener dirección, en vez de acelerar sin saber dónde está yendo. Es difícil sentarse tranquilo y esperar esas instrucciones, pero es mejor que andar vagando en la dirección equivocada.

La dirección es más importante que la velocidad.

A menudo sentimos como si estuviéramos viajando en la oscuridad y las señales fueran difíciles de observa. Si el camino de la vida tuviera señales claramente iluminadas que dijeran "doble aquí, haga esto, diga aquello, vaya allí", todo sería mucho más fácil. Pero no es así.

Difícilmente puedo encontrar mi camino a través de los oscuros pasillos de mi casa sin golpearme los dedos de los pies con algún mueble que sobresale... y mucho menos cuando ando trastabillando por la vida. Hay un pasillo en mi casa en el que hay que andar hasta la mitad de camino antes de poder encender el interruptor. Siempre se siente raro tener que pasar por ese pasillo, porque uno tiene que ir palpando el corredor a medida que avanza, asegurándose de que el terreno no haya cambiado desde la última vez que lo hemos transitado.

Un pasillo fácil en la luz del día, puede convertirse en todo un desafío en la oscuridad. El objetivo del corredor oscuro es avanzar con cautela hasta hallar el interruptor que traiga luz para el resto del viaje. La impaciencia en ese corredor puede resultar dolorosa.

Si "la caminata a Belén" en *nuestras* vidas es abrazar los valores maduros, entonces uno de los valores más difíciles de dominar tiene que ser la *paciencia*.

Especialmente en nuestra sociedad de gratificación instantánea.

Donde los problemas se presentan, son examinados y resueltos, todo en un tiempo televisivo de veintiocho minutos.

¿Qué si tuvieras que esperar por dirección para que tu promesa se haga realidad?

¿Toda la noche?

Hay una frase literaria muy en boga: "la oscura noche del alma". ¡Tal vez es muy usada porque es muy cierta!

Todos hemos estado allí. Aferrándonos de la esperanza, esperando en la oscuridad de no saber. Allí donde la paciencia y la fe se combinan para ayudarnos a atravesar la noche.

Es tiempo de agregar otro valor a nuestra colección de valores de Belén. *Paciencia*. Rut abrazó la espera. La espera en incertidumbre.

La espera en la sala de emergencias de la vida, aguardando a que el doctor aparezca y nos dé alguna información sobre cómo marchan las cosas.

La espera es peor cuando el problema está fuera de nuestras manos o de nuestra vista.

Entonces, juntamente con la paciencia la confianza es depositada en la bolsa de los valores de Belén.

Si confiamos, entonces podemos ser pacientes.

—*Ahora bien, aunque es cierto que soy un pariente que puede redimirte, hay otro más cercano que yo.* **Quédate aquí esta noche.** *Mañana (...) si él no está dispuesto a hacerlo, ¡tan cierto como que el Señor vive, te juro que yo te redimiré!* **Ahora acuéstate aquí hasta que amanezca.**[1]

¿Qué podría ser más difícil que "acuéstate y espera hasta la mañana", cuando todo en ti quiere saber *ahora* en el corazón de tu noche más oscura? ¡Especialmente cuando estás tendido junto a tu promesa!

Esa era la oscura noche del alma para Rut, cuando su estado emocional debe haberse alternado entre olas de emoción y un temor fascinante teñido por un recuerdo vívido del pasado. Con fe y juntamente con resignación a la voluntad de Dios.

La búsqueda del hogar y de lo que realmente importa no sería tan desafiante si Dios "sacaba la tarjeta de crédito" en la "registradora milagrosa". Pero parece que la fe es la única moneda válida en su casa.[2]

La mayoría de nosotros parecemos decididos a vivir "del plástico"; en este caso, me estoy refiriendo a la mezcla sintética de religión, buenas obras basadas en el poder personal y agendas personales que con frecuencia se hacen pasar por "la vida cristiana".

¿Has notado que las demoras difíciles, luchas personales y sacrificios que aumentan la fe parecen ser requeridos luego que se da una de las grandes promesas bíblicas? Esto no puede ser nada bueno para las encuestas de popularidad, porque esta clase de cosas nunca ha funcionado muy bien con las masas impacientes. Aun así, cada buscador dedicado de Dios te dirá que esta *es* la manera en que Él hace las cosas. Para procurar la *promesa*, uno debe poseer paciencia.

La línea de las personas que "esperaron" por su promesa parece dominar las páginas de la historia y de La Biblia.

Dios hace un cambio de dirección a través de la vida de Rut

La promesa de Dios a Abraham y Sara no vino hasta que ellos tuvieron noventa años. Y la promesa decía que sus descendientes serían tan abundantes como las estrellas y como la arena.

La promesa del Señor del trono de Israel al joven David, el joven pastor, llevó casi veintidós años en cumplirse. Aunque él esperó, tuvo que evitar ser apresado como traidor por el rey Saúl, su suegro, y los ejércitos de Israel y sus aliados. Una vez que fue coronado, el rey David reinó sobre Israel por treinta y tres años. Y su influencia continúa hasta el día de hoy.[3]

La moraleja de toda esta historia es la siguiente: *¡Solo porque Dios aparentemente ha frenado su provisión, eso no significa que Él ha extraviado tu dirección!*

A uno de los mayores profetas de la antigüedad, el Señor lo envió a esconderse después de pronunciar una sentencia de hambre sobre la tierra. Fue enviado a una zona desértica, lejos de toda comida y de las necesidades básicas de la vida. Dios le dijo que se ocultara en un arroyo con abundantes aguas que fluían, y le suplió sobrenaturalmente de pan y carne traídos por los cuervos. Luego el arroyo se secó debido a la sequía, y los cuervos –con el pan y la carne– cesaron.[4]

El profeta probablemente se estaba preguntando: "¿Y ahora qué sigue?", cuando el Señor le anunció que era tiempo de cambiar de dirección y de metodología. Repito: ¡solo porque Dios ha aparentemente detenido su provisión, eso *no significa* que ha extraviado tu dirección!

A veces Dios usa el descontento de la situación actual para movernos hacia las premisas de nuestra promesa.

¡Dios sabe dónde estás, aun cuando tú mismo no lo sepas!

Rut acababa de recibir una promesa de pacto por parte de Booz: *"¡Tan cierto como que el Señor vive, te juro que yo te redimiré! Ahora acuéstate aquí hasta que amanezca".*[5] Este voto, basado en la vida de

Dios mismo, era una promesa en la que Booz estaba arriesgando su vida para cumplirla.

Ahora la noche más larga en la vida de Rut estaba por comenzar, y el pico de estrés vino de la mano de un anuncio que era probablemente una *sorpresa* para Rut y se *transformaría* en una sorpresa también para Noemí.

Comienza con un gran "ahora bien": *"Ahora bien, aunque es cierto que soy un pariente que puede redimirte, hay otro más cercano que yo"*.[6]

> Booz reconoce que el acercamiento de Rut proviene de la lealtad de ella hacia la familia de Elimélec, la cual va más allá de toda expectativa posible. Es un verdadero *hesed* y él la bendice por ello.[7]

Este es el "discurso teológico": Booz se da cuenta que parte del interés de Rut en él es preservar el legado de Noemí, pero él la ama más por eso.

Tan valiosa era la vida de una familia, que la *emergencia extrema* de una línea familiar borrándose de la historia por falta de herederos varones, garantizaba *medidas extremas*. El uso de una madre sustituta y bancos de donantes para el padre se han vuelto una práctica aceptada en el siglo XXI. El mundo antiguo tenía su propio plan de sustitución.

No sé exactamente lo que debe costarle a una pareja pasar por un tratamiento de fertilidad, intentar un embarazo *in vitro*, o tener un hijo a través de un vientre alquilado, pero los costos deben estar alrededor de al menos diez mil dólares. Reitero, las personas de antes no tenían acceso a la tecnología moderna.

Cuando Booz habló de "hacer la parte del pariente", se refería específicamente a lo que llamo "la cláusula del hermano", más conocida en la historia judía como "la ley del levirato".[8] Este concepto suena totalmente extraño a los oídos modernos.[9]

El mundo antiguo no tenía el conocimiento médico o la tecnología que nosotros tenemos hoy, así que muchas sociedades –incluyendo la sociedad judía de Noemí– confiaban en "la cláusula del hermano", en la cual el hermano del hombre fallecido se convertiría en marido "sustituto" para ayudar a que la viuda conciba un hijo, y así prolongar la descendencia de la línea familiar del hermano. Parece ser que podía darse mediante un matrimonio o simplemente a través de "un romance legal de una noche", lo suficientemente larga como para preservar la descendencia de la familia.

Booz estaba dispuesto a convertirse en algo *más* que en un sustituto temporal. Pero él reveló lo que ni Rut ni Noemí sabían: desafortunadamente, él no era el único sustituto posible en la línea familiar. Las legalidades de "la cláusula del hermano" estipulaban que el pariente más cercano debía convertirse en el sustituto del marido de la viuda.

Había "pros y contras" en este arreglo. En cuanto a los incentivos para el hermano, estaba el hecho de que toda propiedad perteneciente al hermano muerto sería transferida con la viuda hacia él. El perjuicio era que toda propiedad ahora sería compartida con todos los hijos. Incluso con los hijos previos. Su herencia podría diluirse.

Hay un inconveniente importante en el plan de Noemí: hay otro pariente...

Booz debía eliminarlo del cuadro antes de poder unirse él mismo y su tierra con Rut y Noemí. Pero mientras tanto, él le pide que ella se quede toda la noche. ¿Durmió con ella? El texto no lo dice, pero indica que la respuesta es importante.[10]

Cuando sea de día

Noemí nunca mencionó el problema de *otro pariente más cercano* cuando le contó su plan. Parece que ella no sabía acerca de él y de los aspectos técnicos que su existencia planteaba. ¡Pero Booz el juez sí sabía! Era un *gran* detalle técnico. Lo próximo que Booz dice presenta otro problema más... para nosotros:

> **Pasa aquí la noche, y cuando sea de día**, *si él te redimiere, bien, redímate; mas si él no te quisiere redimir, yo te redimiré, vive Jehová. Descansa, pues,* **hasta la mañana.**[11]

A veces hay que esperar por dirección

Cuando dice "pasa aquí la noche", Booz instantáneamente se compromete como "parte del plan". El *sabía* que Noemí le había enviado a Rut como la *única* "promesa de matrimonio permitida" que una viuda podía hacer legalmente.[12] Él podía haber saltado, alertado a los guardias y desentrañado el plan para restaurar a Noemí y conectar a Rut. Si él hubiera gritado en señal de alarma, Rut podía haber sido apedreada. ¡En cambio dijo: *"Pasa aquí la noche"*!

Tal vez Booz sintió que enviar a Rut de vuelta a su suegra en la medianoche sería visto como un rechazo de plano de la oferta generosa de Rut, y como un insulto a las dos mujeres, especialmente dadas sus circunstancias particulares como viudas sin tierra, sin dinero y sin una posición.

Para estas alturas en el libro de Rut, nuestras sensibilidades modernas tan "delicadas" están tambaleando por la posibilidad de que el plan de Dios pudiera incluir a un hombre soltero diciéndole a una joven viuda que pase la noche con él. Nuestras asépticas sensibilidades reaccionan ante las muchas cosas que hallamos en La Biblia.

Lo que da vueltas por nuestra mente es la gran pregunta: "¿Lo hicieron o no?" ¡No se nos dice! Qué frustrante Dios que no completó los detalles obscenos. Ellos evidentemente no son tan importantes para el curso de la historia como lo son para nuestras mentes inquisitivas. Lo importante era el compromiso de Booz de resolver el problema. Su invitación a Rut de quedarse implicaba que él está dentro del asunto.

La Biblia es terriblemente abrupta y franca algunas veces, y constantemente estamos descubriendo que Dios es verdaderamente "mayor que su Ley".[13] Todo en La Palabra es verdad, y todo lo que está revelado en ella concuerda con el carácter de Dios, pero se nos dice algo sorprendente en el evangelio de Juan:

> *Jesús hizo también muchas otras cosas, tantas que,* **si se escribiera cada una de ellas,** *pienso que ni en el mundo entero cabrían los libros que se escribieran.*[14]

¡Algunas cosas simplemente no están escritas!

La verdad todavía dando vueltas

Dios también es mayor que toda idea cultural de lo que es aceptable. Por ejemplo, el mundo todavía está dando vueltas tratando de entender la verdad de que Jesús tuvo que sufrir y morir físicamente para restaurarnos con Dios. Algunas congregaciones, avergonzadas, han quitado sus cruces de la vista pública, debido a acusaciones de seguir una "religión sangrienta".

Un experto nos dice: "Hay una innegable sucesión de hechos indebidos en la historia de la salvación".[15] Un simple vistazo al linaje del "puro", del Mesías, nos da una vislumbre de las tácticas integradoras y redentoras de Dios.

Rahab la ramera y Rut la moabita están en el linaje directo de Jesús. Si ellas están allí con todas sus falencias, también tú puedes ser incluido en la herencia del destino.

El Señor siempre parece encargarse de que la *fe* sea el requisito para avanzar, y a menudo parece añadir algunos pasos "hacia atrás" solo para hacer que el camino siga siendo interesante, ¡y añadirte fe!

> La tradición prescribe un camino a la meta, el sendero recto de las prácticas religiosas; pero la misma tradición atestigua históricamente el hecho de que *la meta es alcanzada a través de un camino sinuoso y retorcido*, donde la observancia de la ley parece jugar un rol menor.[16]

Un escritor lo expresa de este modo: "A la Torá le encanta quebrantar los obstáculos".[17]

Entonces, ¿qué significa todo esto? Significa que cuando no puedes dar una explicación de todos los detalles y hallar la lógica de una situación, confía en el carácter de Dios hasta que puedas ser capaz de captar los métodos de Dios.

Mira "el cuadro completo" y confíale a Dios tu situación. Él es el mismo que demostró su amor por ti tomando tu lugar y pagando el precio por tus pecados.

Cuando no puedes seguirle la pista a Dios, ¡simplemente confía en Él!

En la situación de Rut, no deberíamos quedar demasiado atrapados en los detalles de la situación en la era.[18]

Todo lo que ocurrió allí depende del carácter santo de Booz. Un erudito lo expresa así: *"Quita lo sagrado y todo se convierte en sospechoso o, de otro modo, despreciable"*.[19]

Visto a través de los estrictos lentes de la ley, sin los asuntos secundarios como ser que Rut era una moabita y, por lo tanto, considerada una mujer "perdida", Booz podía haber sido acusado de participar en adulterio esa noche, sea que haya dormido con ella o no, *a menos que* procediera al matrimonio.

Sin embargo, Booz sabía que él no podía hacerlo hasta que el problema con el pariente cercano estuviera resuelto. Él llamó a Rut mujer leal, y Booz es visiblemente un buen hombre, según Las Escrituras.

Él hizo un compromiso esa noche que tenía intenciones de cumplir. Su futuro estaba ligado al de Rut desde ese momento en adelante, y sospecho que *precisamente* por eso Booz le pidió que se quedara en la era. Tal vez esta era su forma de demostrar su compromiso con ella y con Noemí, de convertirse en su pariente-redentor. Para siempre unió su futuro –bueno o malo– por medio de esta invitación de "quedarse durante la noche".

¡Qué extraño es lo que estamos leyendo –en un libro acerca de regresar a los valores– de dos adultos no casados que pasen la noche juntos! Y debajo de las frazadas, ¡por cierto!

¿Qué "valor" estamos descubriendo ahora?

En mi mente es muy sencillo: ¡compromiso!

A pesar de los errores que nosotros podamos cometer, si estamos comprometidos con lo correcto, el destino será preservado.

El compromiso puede ser el valor más extraño en nuestra sociedad descartable. Descartamos a los bebés como basura, a los matrimonios como trapos viejos. Todo es desechable. El compromiso es raro, porque es difícil.

Asumir la responsabilidad como un símbolo del compromiso

Algunos hombres inmediatamente asumen las deudas de sus prometidas, una vez que ellas aceptan la propuesta de matrimonio. Por elección personal, están tomando la responsabilidad como un símbolo del compromiso hacia su futura relación de pacto en el matrimonio.

En un ejemplo evidente del Nuevo Testamento acerca de esto, Jesucristo salió de su posición exaltada en los cielos y voluntariamente se limitó al cuerpo humano de un ser humano –con todas sus experiencias, buenas y malas–. Al hacerlo así, se *comprometió* con nuestro futuro.[20]

Él pasaría por traiciones, dolor, sufrimiento y la pena de la condenación, y luego moriría en nuestro lugar para que podamos caminar con Dios en su jardín una vez más.

Booz había dado el paso que Noemí y Rut –y el futuro de todo Israel– desesperadamente necesitaban. Todo pendía del raro *valor de la confianza*.

> Las prostitutas podían venir al granero en la mitad de la noche, pero no una mujer decente, y si Rut hubiera sido vista, las chismosas hubieran tenido mucho trabajo. Además, si Booz se aprovechaba de ella, ¿qué recurso podría ella tener? ¿Quién creería a una mujer que vino a un granero y fue abusada? El plan de Noemí supone que Booz demostrará ser confiable y continuará actuando en el espíritu del benevolente hesed que ha mostrado hasta ahora. Y su plan demanda una enorme confianza de Rut, quien debe creer verdaderamente que Noemí quiere para ella solamente el bien y no está usándola para la prostitución; y ella también debe tener la fe que Noemí tiene en Booz.[21]

Varios expertos en el idioma hebreo alegan que en el terreno de la lingüística, el término usado en Rut y en otras partes del Antiguo Testamento, "extienda sobre mí el borde de su manto", se entiende como de doble significado. De hecho, la misma frase aparece en la expresión del Señor acerca de su matrimonio con Israel:

> Y pasé yo otra vez junto a ti, y te miré, y he aquí que tu tiempo era tiempo de amores; y **extendí mi manto sobre ti, y cubrí tu desnudez; y te di juramento** y entré en pacto contigo, dice Jehová el Señor, y fuiste mía.[22]

Casi todas las fuentes que consulté están de acuerdo en que la petición de Rut equivale a una propuesta clásica de matrimonio en las normas de ese tiempo, a excepción de que era Rut la que proponía, no Booz.[23]

Basados en sus obras y trato hacia los demás, Booz y Rut son presentados de comienzo a fin como dos personas honorables. Booz era un legislador, un juez, y "jefe del clan jezronita" en Belén.[24] Parece fuera de lugar para él desviarse de tal vez ochenta años de comportamiento piadoso por una noche de pasión ilícita.

Pero para redimir a Rut, Booz estaba dispuesto a dejar que otros cuestionen su reputación. ¿Dios hace esto? Pregúntale a Oseas, que fue instruido por Dios a casarse con una prostituta con el objeto de convertirse en un ejemplo viviente de lo mucho que Dios amaba a Israel, a pesar de su infidelidad. ¡Eso podría estropear la reputación de cualquier profeta!

Pregúntale a Jesús. Por causa de nosotros Él estuvo dispuesto a aceptar que su reputación fuera empañada. *"Se rebajó voluntariamente"*.[25] Booz nos enseña que debemos valorar lo redimido más que nuestra propia reputación.

El registro bíblico se ha distinguido como una de las narrativas más transparentes y sin rodeos en la historia humana. La Biblia se empeña en señalar que Booz y Rut se casaron, que Booz tuvo relaciones con Rut, y que *después* ella quedó embarazada.[26]

Booz estaba evidentemente preocupado por la reputación de Rut, y sabía por lo que ella ya había pasado en Moab. La percepción es a menudo más importante que la realidad, ya sea que eres culpable o no.

Parece que hasta Dios estaba interesado en cómo los demás percibían a su heroína y su héroe. ¿Es posible que Él haya elegido esconder y cobijar a esta pareja del desprecio público y la vergüenza? Tenemos un precedente de esto: José fue cuidadoso en proteger la reputación de su prometida que estaba misteriosamente embarazada, María.[27]

Rut se acostó a los pies de Booz hasta la madrugada. Ella estaba vigilando cualquier signo de luz, como una señal de que era tiempo de irse.

Mi buen amigo Randy Phillips es conocido por muchos como un artista de grabación y miembro de *Phillips, Craig & Dean*. Otros lo conocen como pastor y anfitrión de un programa televisivo cristiano. Su pequeña niña simplemente lo llama "papi".

Recuerdo la historia de la noche en que ella no podía, *o no quería*, irse a dormir. Randy ya había agotado todos los recursos habituales de los padres para inducir el sueño en su preciosa pequeña, pero la guió una vez más a su habitación y se fue tambaleando a la suya, a causa del cansancio.

Ciertamente, el pequeño manojo de energías apareció al lado de su cama otra vez, y esta vez él personalmente la llevó caminando a su cuarto en la otra parte de la casa. Entonces con firmeza le dijo que no quería que se levantara de su cama hasta que viera la luz de la mañana entrando a través de la ventana.

Él estaba profundamente dormido cuando de pronto oyó la conocida voz una vez más. Intentó todo lo posible de observa alguna evidencia de luz matinal, pero cuando le preguntó a la niña por qué lo había desobedecido, ella tenía una explicación.

"Papi, es la mañana afuera. Yo puedo verla". Era obvio para Randy que en la habitación estaba bien oscuro, pero cuando él caminó con su hija hacia su habitación, pasaron por la ventana que daba al este y ella dijo: "¿Lo ves papi? ¿Puedes verlo? Hay solo *un pedacito de mañana* afuera".

Cuando él miró hacia el horizonte, pudo observa la tenue evidencia de un "poquito" de luz del amanecer que comenzaba a iluminar la línea del horizonte que divide la Tierra y el cielo.

Así también puede ser para ti, mi amigo. La "oscura noche del alma" ya casi se acaba. La paciencia está a punto de ser recompensada. Hay un pedacito de mañana afuera.

En el amanecer las cosas son aún sombrías. Allí fue cuando Rut se levantó.

Un hombre en ese período y cultura no se inclinaba sobre una pierna y le ofrecía a su prometida un anillo. Hacía cosas como *"cubrirla" con el borde de su manto* y ofrecerle al padre de la novia una dote.

No había padres o varones disponibles para recibir una propuesta formal para Rut, pero tenemos ambas cosas: la cobertura y el ofrecimiento de un "regalo" a Noemí, la suegra de Rut.

Así que se quedó acostada a sus pies hasta el amanecer, *y se levantó cuando aún estaba oscuro; pues él había dicho: "Que no se sepa que una mujer vino a la era". Luego Booz le dijo:*
–Pásame el manto que llevas puesto y sostenlo firmemente. Rut lo hizo así, y él echó en el manto veinte kilos de cebada y puso la carga sobre ella. Luego él regresó al pueblo.[28]

Las recompensas a la honestidad, fe y confianza no siempre son inmediatas. Rut había sufrido "una larga racha de mala suerte", y podemos suponer que oró con todo su ser para que no perdurara. Rut soportó aun otra *larga noche de espera*.

Y luego Booz dijo: *"Pásame el manto... y sostenlo firme"*. Él lo llenó con granos y la envió nuevamente a Noemí con una *"medida buena, apretada y remecida"* de bendiciones. Este no era el pago por ninguna noche ilícita: era la provisión hasta que llegara la promesa. Era para mantener la fe de Noemí a lo largo de la incertidumbre del "¿qué pasará luego?".

Cuando Noemí vio lo que Rut trajo del granero, y escuchó el mensaje que Booz le había enviado, pudo finalmente "descansar en paz". Se había aferrado a la esperanza de la promesa durante toda la noche, aunque no había oído ni una palabra del granero. ¿La habría aceptado Booz? ¿La habría rechazado?

Ella había confiado en la bondad de su pariente. "Él hará lo correcto", se dijo. Ahora estaba enfrente de un manto lleno de comida y un mensaje directo y personal de Booz: *"No debes volver a tu suegra con las manos vacías"*. ¡Noemí puede descansar! Y ella le dice a Rut que descanse. ¡Porque Booz no descansará hasta que acabe de hacer lo correcto!

¿Puedo animarte? Los tiempos difíciles les llegan a aquellos que están tratando de encontrar su camino de regreso a lo que verdaderamente importa.

A veces debes solamente confiar. Confía en tu Booz, ¡confía en Dios! Él hará lo "correcto".

Cuando un asunto está fuera de tu alcance, se precisa un cierto nivel de confianza para seguir adelante.

> *Cuando Rut llegó adonde estaba su suegra, ésta le preguntó:* "**¿Cómo te fue, hija mía?**" *Rut le contó todo lo que aquel hombre había hecho por ella, y añadió:* "**No debes volver a tu suegra con las manos vacías**". *Entonces Noemí le dijo: "Espérate, hija mía, a observa qué sucede. Porque este hombre no va a descansar hasta dejar resuelto este asunto hoy mismo".*[29]

Aun mientras estás esperando tu cosecha, necesitas provisiones para sostenerte hasta que la promesa llegue. Tal vez la medida extra de granos era para darles seguridad a Rut y a Noemí, y para ayudarlas a aumentar el nivel de fe para superar la última barrera que se encontraba delante de ellas.

¿Se animaría Rut a creer que *esta era la última noche en que ella se acercaría a hurtadillas, como si fuera una amante*? Si todo salía bien, de ahora en más sería una esposa.

Entonces Booz mide la cebada y la echa sobre su manto.

A veces hay que esperar por dirección

Esta es la última vez que Rut solo toma una porción del granero para llevar a casa.

Después de esto, ella fue dueña de todo.

Parece que algo dramático le ocurre a Rut en el tiempo entre que deja la casa de Noemí al anochecer y cuando regresa al amanecer. Algo en su semblante había cambiado, y Noemí estaba *esperando observa* evidencias de lo que había sucedido.

Cada verdadero mentor, maestro o líder, espera el momento de transformación, iluminación y comprensión que señala el cambio permanente para el futuro.

Cuando Noemí ve a Rut, le pregunta: "¿Quién eres?"*[30]

El potencial de la promesa cambió a Rut de tal manera, que Noemí a duras penas la reconoció. Después de tu noche en la era, cuando hayas unido tu futuro a quien es verdaderamente Booz de Belén, tu semblante brillará también.

Y observa que Noemí la llama "hija mía", no "mi nuera", como antes. Las relaciones se tornan más cercanas. Que eso te suceda también a ti, amigo.

---

* N de la T.: En la versión en inglés, la *King James Version*, dice: "¿Quién eres tú, hija mía?" en vez de "¿Cómo te fue, hija mía", de varias de nuestras versiones en castellano.

CAPÍTULO 13

La marcha atrás es un buen cambio para tener en cuenta

Sé que quedaba por aquí en alguna parte...

¿Sabes por qué los hombres no nos detenemos a pedir directivas? Con frecuencia las mujeres en nuestras vidas son las que nos dan instrucciones desde adentro del automóvil. ¡Hasta el sistema de navegación GPS en mi auto tiene la voz de una mujer!

Mi abuelo me contó una historia sobre un auto viejo que una vez tuvo, y que no poseía el cambio de la marcha atrás. Tenía que ser muy cuidadoso cuando estacionaba, de modo que cuando debiera irse pudiera hacerlo solo marchando hacia delante, porque no había manera de retroceder.

Si no estás seguro de cómo encontrar una ubicación en particular, pero estás pensando: *"sé que quedaba por aquí en alguna parte"*, entonces la marcha atrás es un buen cambio para tener. Si no lo tienes, darás muchas "vueltas".

He dado vueltas en círculo por la misma manzana varias veces diciendo: "Yo sé que en algún lugar por aquí...". Tal vez has dado vueltas por tu vida una y otra vez, cuando en realidad todo lo que debías hacer era poner la marcha atrás y observa el lugar exacto donde girar. Es interesante que muchas veces tengas que retroceder para poder avanzar. ¡Pero así es la vida!

Algunos de los momentos más humillantes y repetidos en mi vida son cuando mi esposa –y ahora mis hijas– me dicen:

–Papá, te pasaste de largo.

Tengo que detener el automóvil, poner la marcha atrás y retroceder; todo eso mientras mascullo:

–Sé que era en algún lugar por aquí.

Volvamos por un momento a la historia de Rut, a una referencia un tanto oscura:

¡Que por medio de esta joven el Señor te conceda una descendencia tal que tu familia sea como la de Fares, el hijo que Tamar le dio a Judá![1]

Mientras las últimas penumbras de la noche daban paso al nuevo día, Booz el líder y juez se apuraba a prepararse para el combate legal que pronto tendría lugar en las puertas de la ciudad.

Rut, la bella viuda moabita, se había escabullido aprisa de la era antes que las primeras luces asomaran, llevando su corazón con ella. Booz no podía sacudir de su memoria los pensamientos agitados, aunque estaba apunto de comenzar el más importante y arriesgado procedimiento legal de su vida.

Las maneras lógicas de una presentación legal y argumentos para esa confrontación, estaban claramente presentadas en su mente entrenada, pero no había garantía de que las cosas salieran a su manera.

No importaba. Él no precisaba una garantía. Su rumbo estaba fijado, su compromiso, hecho. Arriesgaría todo por su "tesoro en el campo" que el Señor había traído a su vida desde los campos de Moab.

La posibilidad era tan extravagante para su mente, que no se le había ocurrido hasta que Rut apareció en la era, justo antes de emitir su escandalosa propuesta. Ella le había ofrecido libremente a Booz lo que era más valioso para un hombre –especialmente para un viudo de su edad avanzada– cuando dijo, en esencia, *te elijo*.

Su belleza era asombrosa, y el pensamiento de que ella lo había elegido por encima de todos los otros hombres jóvenes elegibles y disponibles en Moab, simplemente lo aturdía. A él le habían dicho que ella era de sangre real, una princesa de Moab, ¿qué hombre en la Tierra dejaría pasar un premio así?

Por supuesto que era absurdo. ¡Rut ni siquiera tenía la mitad de su edad! Pero aquí estaba ella, eligiéndolo antes que a los demás. Muchas generaciones más tarde, un Hombre cuya línea familiar descendería de este tesoro hallado en el campo de Booz, enseñaría a las multitudes:

El Reino de los cielos es como **un tesoro escondido en un campo.** *Cuando un hombre lo descubrió, lo volvió a esconder, y lleno de alegría fue y vendió todo lo que tenía y compró ese campo.*[2]

Booz sabía que había encontrado una *verdadera* perla de gran precio

Lo que parecía ser una tranquila transacción legal entre dos parientes[3] poderosos, ricos y con muchas tierras en la puerta pública de Belén fue, en realidad, una confrontación épica. Había mucho más en juego de lo que ninguno podía saber.

El premio *parecía ser* las considerables extensiones de tierras de su pariente fallecido, Elimélec. Porque habría una decisión legal, una "lectura del testamento" si se quiere, para observa quién heredaría la propiedad.

Aun así, Booz sabía que había encontrado una *auténtica* perla de gran precio escondida en el corazón de la nuera moabita de Elimélec, una mujer que había dejado todo por amor a su suegra y a su Dios.

Las decisiones que se tomaran esa mañana serían tan significativas –o más– que cualquier procedimiento contemporáneo de la Suprema Corte de Justicia sobre los derechos de la Primera Enmienda, la Reforma de los Derechos Civiles, o los derechos de los no nacidos.

El Talmud habla de este momento en el mismo tono que se usa para describir la intervención profética de la reina Ester para salvar a su pueblo de la destrucción. Parece que, según la perspectiva del Talmud, Rut había nacido literalmente para un tiempo como ese.

Un rabí declaró que la única razón por la que la nación de Moab había sido conservada, era porque Dios estaba esperando a que Rut naciera.[4]

Y al observar que Dios le dijo específicamente a Moisés que no provocara o no fuera a la guerra contra Moab, una autoridad rabínica citó un pasaje bíblico *alentando* una acción militar contra los madianitas. Luego el rabí cita lo que el Talmud ofrece como explicación dada a Moisés para esta aparente injusticia:

> Ciertamente la misma política debería haber sido aplicada contra los moabitas, que fueron los instigadores [¿?] Pero Dios le dijo a Moisés: "¡Yo pienso diferente! Todavía tengo un hermoso tesoro que extraer, Rut la moabita".[5]

Una vez más vemos a Rut descrita como un "tesoro" extraído de los campos de Moab. Los rabinos hicieron de Rut y Booz lo que los escritores y pensadores han hecho con las vidas de sus personajes centrales y filosofías a lo largo de muchas generaciones.

Cómo medir el impacto de una persona en la gente y las naciones

Ellos trabajaron marcha atrás en la historia para medir su impacto en la gente y las naciones. En otras palabras, pusieron el automóvil en reversa para arribar a las conclusiones correctas. Luego estimaron las posibles consecuencias si la vida de esa persona hubiera sido quitada o abortada. El Rabí Noson Weisz dijo:

> No solo que Rut fue la bisabuela de David. Fue específicamente ella la que era necesaria para ser capaz de traer a David al mundo. La necesidad de ella era tan grande que la nación moabita entera fue sustentada por varios cientos de años en mérito a ella, mientras que el mundo esperaba que Rut naciera.[6]

Booz abandonó la era a la luz de la mañana, caminó por entre los campos hacia Belén y se detuvo en la puerta de la ciudad. Moisés había instruido a los israelitas a establecer una corte de jueces y funcionarios en cada puerta que el Señor les diera.[7]

Luego de situarse y ubicar mentalmente a los otros ancianos y líderes de la ciudad en las puertas, se sentó y esperó. Todos tenían que salir o entrar por esas puertas de camino a trabajar o a comerciar.

No pasó mucho tiempo antes que Booz viera a su pariente, identificado solamente como *Ploni Almoni*, la versión hebrea para Fulano de Tal, y lo llamó.[8]

En los días anteriores a la existencia de los abogados y los litigios aparentemente interminables, el proceso legal era simple y las decisiones eran inmediatas. Cuando alguien te llamaba a la puerta de la ciudad, tú respondías yendo y tomando asiento, porque la reunión estaba por convocarse.

Luego de que Booz llamó a Ploni a acercarse, le pidió al quórum de diez ancianos de la ciudad que armaran la corte municipal ahí sobre la marcha, antes de dar comienzo a este procedimiento legal histórico.

> *Booz, por su parte, subió hasta la puerta de la ciudad y se sentó allí. En eso pasó el pariente redentor que él había mencionado.*
> *–Ven acá, amigo mío, y siéntate –le dijo Booz.*
> *El hombre fue y se sentó. Entonces Booz llamó a diez de los ancianos de la ciudad, y les dijo:*
> *–Siéntense aquí.*
> *Y ellos se sentaron. Booz le dijo al pariente redentor:*
> *–Noemí, que ha regresado de la tierra de Moab, está vendiendo el terreno que perteneció a nuestro hermano Elimélec.*[9]

¡Algunas cosas merecen ser publicitadas!

Noemí estaba en lo cierto: Booz era un hombre con una misión esa mañana. Después de la breve introducción a los ancianos y al pariente cercano, se abocó a los negocios. Surgirían dos temas legales muy importantes antes de que todo sea dicho y hecho, pero Booz sabiamente comenzó "mostrando el incentivo", mientras que a la vez contaba con –y oraba por– una reacción desfavorable de parte del sujeto en cuestión.

Primero, Booz anunció la intención de Noemí de poner la propiedad familiar en venta; todos allí sabían lo básico acerca de su problema y que la temporada de cosecha se había acabado. Ella necesitaba dinero rápido para sobrevivir.

> *Consideré que debía **informarte** del asunto y sugerirte que lo compres en presencia de estos testigos y de los ancianos de mi pueblo.*[10]

Booz estaba abiertamente ofreciéndole la propiedad de su pariente muerto a Ploni Almoni –también llamado *"fulano"*– (Rut 4:1, RVR60), quien tenía derecho a ser el primer candidato para comprar esa propiedad.

> *Si vas a redimir el terreno, hazlo. Pero si no vas a redimirlo, házmelo saber, para que yo lo sepa. Porque ningún otro tiene el derecho de redimirlo sino tú, y después de ti, yo tengo ese derecho.*[11]

¡Algunas cosas merecen ser publicitadas! El significado original de esta frase en hebreo es "revelar, descubrir, publicar y decir", pero Booz tenía plena intención de hacer saber sus intenciones hacia Rut y Noemí abiertamente y en público, pero en el momento exacto.[12]

Ni los ancianos en la puerta entendían todas las implicaciones

Es irónico que "el pariente cercano" y tal vez los ancianos en la puerta no se dieran cuenta de las implicaciones o las cuestiones en juego. Tal vez había sido puesto un velo sobre sus ojos para cumplir un propósito mayor que ninguno de los que habían visto antes.

No te sorprendas si otras personas en tu comunidad, o aun en tu familia, no comprenden lo que Dios está haciendo en tu vida.

Este parece ser un tema de suma importancia en las vidas de los que precedieron a Booz y a Rut en sus respectivas líneas familiares.

Booz mencionó a Noemí por su nombre, e invocó la ley de la redención

¿Cuántos agricultores estadounidenses se habrían regocijado de observa a un "pariente cercano" aparecer listo para redimir su propiedad en las miles de ventas forzadas y moras bancarias en toda la región norte-centro de los Estados Unidos en los últimos cien años?

Incontables familias agricultoras han visto la herencia de las generaciones de familias agricultoras pasar a la historia durante la crisis conocida como *Dust Bowl* de los años veinte, y en los subsiguientes baches económicos desde entonces. Hoy las mega empresas agrícolas corporativas dominan el sector, y las familias granjeras han sido obligadas a emigrar de las tierras a las grandes ciudades, o simplemente a trabajar para las "empresas" agricultoras de la actualidad.

Booz lanzó el anuncio legal como lo que parecía ser un simple trato comercial, pero en verdad preparó la carnada con un jugoso bocado que Ploni Almoni evidentemente halló imposible de ignorar.

En nuestros días, los llamados invasores corporativos se especializan en el arte agresivo de comprar empresas que luchan con sus recursos financieros. Ellos venden las partes preferenciales antes de liquidar el resto, así como los desarmaderos compran vehículos dañados y sacan ganancia "separando" las piezas intactas antes de fundir los "restos" no vendibles. Lamentablemente, hay miles de empleos y fuentes de ingreso familiar en juego en cada uno de esos tratos financieros.

No es una decisión comercial

Booz ya sabía lo que Ploni Almoni estaba a punto de enterarse sobre esas dos viudas: "no es una decisión comercial".

Muchas personas tratan de analizar y tomar decisiones cruciales sobre cosas que no pueden ser encasilladas o comprendidas fuera del plano del corazón o del espíritu. Un factor que nadie puede pasar por alto cuando trata con viudas, es el asombroso poder de su abogado. ¡Parece que Dios en persona litiga cada caso y aboga por sus causas!¹³

A juzgar por el habilidoso manejo del tiempo y la presentación del caso de Booz, es probable que él esperara hasta el último momento posible antes de "dejar caer el otro zapato", para usar una ilustración. Casi podemos imaginárnoslo esperando hasta que Ploni Almoni se pusiera de pie y comience a dirigirse hacia la calle.

Casi se estaba yendo cuando Booz lo tomó del brazo y lentamente recuperó su atención, ya fijada sobre las potenciales ganancias a sacar de tal adquisición lucrativa. "Ah, de paso..."

> *El día que adquieras el terreno de Noemí, adquieres también a Rut* **la moabita, viuda** *del difunto,* **a fin de conservar su nombre junto con su heredad.**¹⁴

Con una sola oración, Booz cambió las cosas para Ploni Almoni, invocando la obligación del *matrimonio por levirato*, raramente usada. Alegremente agregó que junto con la tierra venía el requisito de casarse con la viuda sin hijos de Majlón. "... *a fin de* –teniendo hijos– conservar el nombre de su pariente fallecido, Elimélec. Eso era el colmo.

Él podía verse perjudicado de cuatro maneras

De repente, aun Ploni Almoni se dio cuenta que esto era más que negocios. Era una decisión de gente que requería una bondad sobrenatural y entrega absoluta. Podía verse perjudicado de cuatro maneras en este trato que de pronto se tornó agrio.

A diferencia de Booz, Ploni Almoni estaba casado y tenía hijos. El argumento de agregar a Rut a ese "combo" presentaba una potencial catástrofe de proporciones bíblicas en su mente.

Segundo, con la ley del *levirato* en acción, él simplemente estaría comprando propiedad para pasársela a cualquier heredero que naciera. Él no estaba interesado en llevar la herencia de su pariente fallecido; solo estaba interesado en él mismo.

En tercer lugar, ¡esta mujer era una moabita! ¿Qué le haría eso a su reputación e imagen en los negocios? Y por último, el pariente que se casó con la moabita se había muerto en Moab por alguna buena razón, según lo que él había oído por ahí –y también el padre del hombre, Elimélec–. Probablemente pensó para sí: *"¿Por qué debería yo tomar los problemas de la familia de mi pariente muerto? Yo también tengo una familia que cuidar"*.

> **–Entonces no puedo redimirlo** *–respondió el pariente redentor–,* **porque podría perjudicar mi propia herencia.** *Redímelo tú; te cedo mi derecho. Yo no puedo ejercerlo.*
> *En aquellos tiempos, para ratificar la redención o el traspaso de una propiedad en Israel, una de las partes contratantes se quitaba la sandalia y se la daba a la otra. Así se acostumbraba legalizar los contratos en Israel. Por eso el pariente redentor le dijo a Booz:*
> *–Cómpralo tú.*
> *Y se quitó la sandalia.*[15]

El Sr. Bueno tenía algunas consecuencias negativas que procesar

Evidentemente, *hesed* y obligación familiar no eran prioridades en la vida de este hombre, una persona más tarde llamada *Tob* por los rabinos –o "Sr. Bueno"–. En nuestro idioma eso sería algo así como "El bueno de los dos zapatos". Según Las Escrituras, "el bueno de los dos zapatos" tenía algunas consecuencias negativas que procesar, y pronto iba a "perder un zapato" en el proceso e iba a convertirse en "el bueno de un zapato solo".

> Si el hermano sobreviviente no quería casarse con la viuda del fallecido, entonces debía realizarse la ceremonia de *chalitzah*, como está descrito en Deuteronomio 25:7-10. La ceremonia debía llevarse a cabo a ojos de cinco jueces rabínicos. El pasaje de

Deuteronomio era leído por la viuda. Ella tomaba un zapato, especialmente hecho para ese propósito, del hermano vivo. Entonces ella escupía en tierra delante de él. Esta era una señal simbólica de rechazo y desdén por haber eludido la responsabilidad.[16]

Booz estaba listo para tomar la parte del evasor

Afortunadamente para el "Sr. Bueno", la tradición permitía una modificación de la porción más molesta de la ceremonia oficial. Como Booz estaba listo para tomar la parte del evasor, "se ahorró el oprobio que era usual en esos casos, y se guardó solamente la parte de la ceremonia en que se quitaba el calzado, como una prenda o señal de que la transacción había sido completada".[17]

Si bien no estoy preparado para ejercer presión para que se predique sobre el matrimonio por levirato en nuestros púlpitos, sí estoy a favor del *principio* sobre el cual Booz actuó. Él buscó preservar la herencia pasada y crear una nueva herencia basada en *hesed*, la bondad de Dios y su pueblo. No vivimos en el pasado, pero *sí* lo honramos.

¿Te has dado cuenta que nadie parecía protestar por la negativa del "Sr. Bueno" a casarse con Rut? Uno tiene la sensación de que eran más los que "suspiraban de alivio" que los que estaban buscando pañuelos. Una respetable erudita judía y escritora afirma:

> El pariente más cercano, Ploni Almoni (es curioso cómo el texto se niega a darle nombre real, como si no pudiera ser molestado, como si todos estuvieran a la vez impacientes con el prototipo), está bastante dispuesto para comprar la tierra: *El Ploni Almoni siempre entiende sobre dinero y propiedades. Pero no está tan dispuesto a aceptar a Rut...*
>
> Sí, ha perdido su oportunidad de convertirse en el bisabuelo del salmista. Y nos alegramos de verlo irse... dejémoslo ir en paz: es *demasiado común* como para ser el esposo de Rut.[18]

Podemos entender las complicaciones del hombre con su familia, pero junto con sus cualidades aburridas, poco arriesgadas y obsesionadas con el dinero, Ploni Almoni también parece tener un problema de prejuicio racial. Eso le hizo perder una de las mayores "inversiones" que jamás encontraría en su vida.

Otro valor es presentado en la Belén de Booz. ¡La ausencia de prejuicio! No al prejuicio racial y no al prejuicio de género.

El amor, y no el rechazo, es la gran verdad de Rut. Olvidémonos de la opinión del "Sr. Bueno" acerca del rechazo. Dios dice: "Tú eres mi tesoro. Yo te he elegido y Yo soy tu pariente-redentor. ¿Confías en mí?"

Jesús vino para liberarnos a *todos*, no a unos pocos privilegiados. Él valora a la gente por encima de las cosas, y al amor por encima de las reglas religiosas fuera de lugar. Una vez describió a dos religiosos judíos que no quisieron ayudar a otro judío herido y oprimido porque era un "fastidio" para ellos. Se precisó de un *extranjero*, un odiado samaritano, para que le mostrara amor –verdadero *heded*– al hombre lastimado.[19]

¡Ahora era Rut, la extranjera, quien le mostraba el amor de Dios a Booz! Él comprendió el significado más profundo detrás de la inusual propuesta de Rut de matrimonio. Ella estaba diciendo: "Si me tomas, tendrás el campo y más".

El Sr. Bueno quería el campo, pero no a la moabita. Es posible que él hubiera codiciado los campos abandonados por Elimélec en su huida a Moab.

Booz tenía una escala de valores diferente. El Sr. Bueno, temeroso de manchar su reputación al casarse con una moabita, priorizó un campo; pero Booz priorizó a Rut por encima del campo.[20]

Entonces Booz proclamó ante los ancianos y ante todo el pueblo:
–Hoy son ustedes testigos de que le he comprado a Noemí toda la propiedad de Elimélec, Quilión y Majlón, y de que he tomado como esposa a Rut la moabita, viuda de Majlón, a fin de preservar el nombre del difunto con su heredad, para que su nombre no desaparezca de entre su familia ni de los registros del pueblo. ¡Hoy son ustedes testigos![21]

¿El voto menos romántico de la historia?

Este bien puede calificar como el voto menos romántico de la historia, pero Booz tenía un corazón puro. Un hombre que sabía lo que era crecer en un hogar "racialmente mixto" con su madre cananea, Rahab, estaba dispuesto a arriesgar todo para casarse con esta novia moabita "socialmente inaceptable". Esta era una cuestión de valores, amor, lealtad y coraje ante la oposición.

En el momento en que el Sr. Bueno-dos-zapatos se quitó uno de ellos, él señaló el propósito para el cual Booz había nacido. Era su tiempo, era su hora de levantarse y marcar una diferencia en el futuro de la raza humana a través de una valiente declaración pública.

También existe tal cosa como "valores en lo negativo". Por eso es que Jesús nos dio el privilegio de atar y desatar. Algunos valores a uno lo levantan –así como la elección de Booz de amar a Rut–, y otros valores a uno lo bajan –era *bueno* para el Sr. Bueno irse a casa cojeando con un solo zapato; un solo zapato para siempre–.

El Reino de los cielos dice: "la manera para subir es bajar"; el reino del hombre dice: "la manera para bajar es subir". Esto que parece un "antivalor" o "contracultura" es la consecuencia natural del regreso a los valores verdaderos.

Las ceremonias a veces suelen tener significados difíciles de entender o que pueden parecer irrelevantes a los que no están bien informados, pero son importantes. Por ejemplo, el regalo de cebada que Booz le envió a Noemí por medio de Rut era el equivalente a un compromiso silencioso pero sólido que estaba a punto de hacerse público.

Afirmaciones públicas de valores sostenidos en lo privado

El intercambio de la sandalia en la puerta de la ciudad de Belén, el intercambio de anillos en una iglesia del siglo XXI en la montaña, el tener un momento de comunión en un living o una gran reunión de iglesia: todos ellos apuntan a la importancia de los símbolos y las ceremonias en la vida. Son afirmaciones públicas de valores, compromisos e identidad personal sostenidas en lo privado.

Pueden incluir prácticamente todo lo que sirva como un hito importante en la vida, incluyendo confesiones públicas de fe, votos matrimoniales, funerales o bautismos. En la antigua Israel solían ponerse piedras como recuerdo, y las sociedades modernas a menudo ponen la piedra fundamental o cápsulas del tiempo en los cimientos de los nuevos edificios.

En casi todas las ceremonias o hechos importantes se convocan *testigos*. Los ciudadanos y líderes desprevenidos de Belén se encontraron de repente empujados a participar del milagro del matrimonio de Booz y Rut. Se convirtieron en *testigos* de una unión que transformaría el destino de sus descendientes.

De testigos a proclamadores en un abrir y cerrar de ojos

De hecho, esos testigos pasaron del acto pasivo de "mirar" al acto profético de *declarar la bendición de Dios* sobre la inigualable pareja, ¡y con increíble precisión!

> Los ancianos y todos los que estaban en la puerta respondieron:
> –Somos testigos. ¡Que el Señor haga que la mujer que va a formar parte de tu hogar sea como Raquel y Lea, quienes juntas edificaron el pueblo de Israel! **¡Que seas un hombre ilustre** en Efrata, y que **adquieras renombre** en Belén! ¡Que por medio de esta joven el Señor te conceda una descendencia tal que tu familia sea como la de Fares, el hijo que Tamar le dio a Judá!
>
> Así que Booz tomó a Rut y se casó con ella. Cuando se unieron, **el Señor le concedió quedar embarazada, de modo que tuvo un hijo.**[22]

Hubo un día en que todo el que usaba el nombre de Tamar en un juramento o proclamación sobre tu matrimonio estaba maldiciéndote a ti y a tus descendientes. Después de todo, ella fue la frustrada nuera del patriarca judío Judá, que se disfrazó de prostituta para engañarlo para quedar embarazada de él.²³

Podría haber habido un tiempo en el que invocar el nombre de Rut como una bendición también podría haberse igualado a una maldición. Tal vez esto ayude a explicar por qué, generaciones más tarde, los celosos enemigos del rey David le gritarían "necio" e intentarían descalificarlo basados en el tema de su pureza racial.²⁴

Pero ya no más.

Bajo circunstancias normales nadie siquiera consideraría vincular a una mujer moabita con las reverenciadas matriarcas judías de los doce príncipes de Israel (Jacob), Raquel y Lea. Pero en una breve profecía pública en Belén, vimos que todas esas cosas sucedieron con la bendición de Dios sobre ellas.

Tal vez esto explique el por qué:

> En un solo nacimiento, Rut le dio a Booz un descendiente, a Elimélec una memoria, a Noemí un renuevo y a Israel el abuelo de reyes. Pero también, como Tamar, la madre de Fares, Rut desaparece: todas las mujeres nombran al hijo, y Rut asciende al panteón como madre del trono.²⁵

Parece que los propósitos de Dios pueden brotar aun de entre los fracasos del hombre. La sabiduría de Salomón floreció a pesar de una mala herencia enraizada en el adulterio de David con Betsabé. ¿Qué o *quién* saldrá de *tu* herencia?

La mayoría de las personas tratarían de ocultar un árbol genealógico poblado de prostitutas, conspiradores, adúlteros y asesinos. La Biblia muestra abiertamente a *todos ellos* en la "genealogía" terrenal del Señor, y nos alienta a leerlo públicamente de sus páginas en cada reunión.²⁶

Es bueno que Dios tenga una "marcha atrás". Él puede retroceder y reescribir la historia de tu vida. Puede literalmente "revertir la maldición". No importa lo que haya pasado, Dios puede restaurar el destino que siempre fue tuyo. Por ejemplo, puede quitar la maldición de tu vida.

Habiéndose desplazado por la larga muestra de la insólita galería de los pecadores escogidos y los santos inverosímiles que Dios usó para traer al Salvador en nuestro rescate, un estudioso escribe:

> En cuanto al hijo y heredero de David, Salomón, él nació de la "esposa de Urías", es decir, de una adúltera y asesina... *¡el Mesías tendría una ascendencia bastante cuestionable!*[27]

Eso demuestra que no importa *de donde vienes*, siempre que sepas *adónde te diriges*. Es un proceso de encontrar tu camino para avanzar y hacer progresos.

Entiende que tomar buenas decisiones nunca se relacionó con tomar decisiones fáciles. Sería genial si la vida fuera verdaderamente tan sencilla como la frase que se exhibía en una marquesina de iglesia por la que pasé. Decía: "Cómo ir al cielo: doble a la derecha y luego siga derecho". Sinceramente, quería pararme y arrojar una piedra a ese letrero *porque simplemente no es así de fácil*. Lo sé por experiencia propia.

A veces he doblado a la "izquierda". Y el cielo sabe que no siempre he ido derecho. Fui más bien "zigzagueando" que en sentido recto. Gracias a Dios que hay marcha atrás.

Pero Mateo 1:3,5-6,16 nos dice:

> *Judá, padre de Fares y de Zara, cuya madre fue* **Tamar**...
>
> *Salmón, padre de Booz, cuya madre fue* **Rahab**; *Booz, padre de Obed, cuya madre fue* **Rut**; *Obed, padre de Isaí; e Isaí, padre del rey David. David fue el padre de Salomón, cuya madre había sido* **la esposa de Urías**...
>
> *Jacob fue el padre de José, que fue esposo de* **María**, *de la cual nació Jesús, llamado el Cristo.*

Tamar, la prostituta disfrazada; Rahab, la prostituta no disfrazada; Rut, la despreciada moabita; Betsabé, la adúltera; y María, la adolescente con una increíble e inverosímil historia: la sociedad permanentemente pone un signo de pregunta sobre sus nombres.

Hace que uno se maraville por qué esos, y solamente esos nombres de mujeres fueron específicamente mencionados en La Santa Biblia. Excepto que Dios quisiera demostrar que Él puede revertir totalmente la maldición.

CAPÍTULO 14

El valor de los valores

El mapa de ruta hacia lo que verdaderamente importa

Una vez que hemos determinado los verdaderos valores de la vida, lo que sigue es tomar las decisiones correctas y hacer los giros convenientes. Y cuando hemos descubierto que algunas decisiones son más importantes que otras, estamos en buena senda.

Cuando llevábamos poco tiempo de casados, yo vi un automóvil importado y lo único que supe fue que debía tenerlo. Hablé con mi esposa, que estaba un poco renuente, acerca de comprar el hermoso Jaguar verde, diciéndole que era un "buen valor".

Mi sabio y viejo padre dijo:

—Hijo, no importa lo barato que sea para comprarlo, *sino lo caro que será para mantenerlo*.

Yo insistí que sabía que hacía lo correcto, y compré el auto. A los pocos días el motor se fundió. No puedo decirte lo difícil que fue llamar a mi padre.

—Papá, estoy varado al costado del camino.

—¿Qué ocurre, hijo?

—Bueno, el motor se recalentó y necesito que me remolques a casa.

—Hijo, te dije que te iba a salir más caro repararlo que reparar un Ford.

Varios miles de dólares y un par de porciones de pastel luego, el auto estaba nuevamente para la venta. Se me revuelve el estómago cada vez que veo un Jaguar ahora, porque recuerdo lo que me costó esa experiencia. A veces la belleza de algo no es su verdadero valor. Puede ser hermoso, pero no muy valioso. Descubriremos que algunas cosas tales como la fidelidad, la lealtad, la familia, los amigos, el carácter y Dios son más valiosas que algunos sustitutos deslumbrantes que se ofrecen en su lugar.

Nuestra historia concluye con Noemí siendo proclamada como una mujer de valor:

Las mujeres le decían a Noemí: "¡Alabado sea el Señor, que no te ha dejado hoy sin un redentor! ¡Que llegue a tener renombre en Israel!" (...) Y lo llamaron Obed. Este fue el padre de Isaí, padre de David.[1]

"Que llegue a tener renombre". ¿Leíste eso? El abuelo de David. El derecho de Noemí a la fama fue que ella fue la tatarabuela de David, el que mató al gigante, el gran rey y salmista de Israel. Eso me recuerda de otro David, aunque no tan espiritual. David Letterman –el comediante nacionalmente conocido por ser el presentador de *The Late Show* en CBS– hizo famosa a su madre, simplemente porque ella es la madre de David Letterman.

A veces no se trata de *tu* destino. A veces la ruta de tu destino tiene más que observa con el futuro. ¿Pudiera ser que tu derecho a la fama estuviera enraizado en tu hijo, o en la vida de ese jovencito, o esa mujer que entró a tu vida? ¿Por qué ellos tienen que volver a aprender aquellas cosas que nosotros pagamos tan caro por aprender? Tal vez una de las llaves de la grandeza de David haya sido la historia trasmitida a través de Rut y Noemí.

Esa frase del versículo que acabamos de leer, *"Que llegue a tener renombre"*, no es la gran cosa en la historia. La gran cosa es esta: "El Señor te ha dado *una familia*". Tanto Noemí como Rut vinieron de Moab, recibieron una nueva familia y fueron puestas en el linaje del Mesías.

Pasar del hambre del alma a una vida plena. Esas son las lecciones que aprendí de Rut.

Una lección que uno aprende es la ventaja del pródigo: él conoce el camino de regreso. Noemí conocía el camino de vuelta, y porque lo conocía, Rut pudo encontrar la salida. Para algunos de nosotros, este es el camino de regreso. Para otros, es la salida. Pero todos necesitamos un mapa de ruta, una forma de determinar lo que es realmente valioso.

Si fuera tierra, propiedades o joyas, podríamos tasarlas para determinar su valor real. ¿Pero cómo se hace para ponerle un precio a lo que Rut recibió, una familia? ¿Y los amigos —los amigos de veras— son valiosos? ¿Podría un tasador fijar el precio de un carácter sólido? Las Escrituras dicen que la riqueza del mundo no se compara siquiera con el valor de un alma que ha encontrado a Dios.[2]

Solo el hecho de determinar que la familia es vital, que los amigos son valiosos, que el carácter es crucial y que Dios es esencial, *te pone en el buen camino.*

Booz conocía el camino legal que podía restaurar y redimir la suerte de una familia. Todas esas características eran valiosas para el futuro de una nación y del mundo.

David sabía que "el camino de regreso" a casa era en verdad el camino de regreso al corazón de Dios. Aprendió a sortear los obstáculos de su camino abriéndose paso por una historia familiar fracturada, gigantes furiosos, reyes celosos, fracasos de adulterio e incluso sus propios familiares ambiciosos; todo para encontrar su camino de regreso a los valores que hicieron que Dios dijera de él: *"He encontrado en David, hijo de Isaí, un hombre conforme a mi corazón"*.[3]

Una pobreza del alma y el hambre de la familia

Vivimos en una tierra de abundancia donde estamos bombardeados por elecciones: vendedores incansables, fabricantes, publicistas, anunciantes, emprendedores, nos ofrecen algo a cambio de nuestro dinero. Desgraciadamente, en medio de todas nuestras libertades y diversidad hemos descendido a la *pobreza del alma* y el *hambre de la familia*.

Una noche en especial, mi hija del medio estaba pasando por "uno de esos días". Yo no tenía idea si la dificultad era inducida por sus hormonas o por su "adolescencia", pero cualquiera que haya sido el origen, el día de mi hija no era precisamente feliz.

Ella no quería dejarme "hacer" nada por su problema. Solo nos sentamos y miramos televisión juntos, un programa que nos hizo reír. Antes de que terminara, mi hija de veinti y algo de años estaba con su cabeza recostada en mi falda y éramos padre e hija otra vez.

Son los recuerdos como este los que la acompañarán por momentos difíciles, cuando ella se sienta tentada a dejar que los extraños le acaricien el cabello. Y mientras que estábamos construyendo ese recuerdo, no recibí llamadas telefónicas ni hice nada remotamente relacionado con el trabajo. Yo también soy bombardeado por una descarga de elecciones que me distraen en la vida, pero ese día tomé la decisión por alguien que realmente valoraba. Y te animo a *ti* a que tomes tus decisiones también.

Me parece que nuestra necesidad de un Redentor que restaure nuestra familia ¡es más crítica *en nuestra abundancia que en nuestra carencia*! Cuando estamos hambrientos o heridos, al menos sabemos que necesitamos la ayuda de Dios. La abundancia nos adormece y nos lleva al sueño de un falso sentido de seguridad y placer inducido, del cual podremos no despertar nunca.

Esta no es una protesta en contra de los recursos económicos, la acumulación de riquezas o la posesión de casas majestuosas, vehículos y toda clase de posesión personal. Nada de esas cosas está mal o es impía en sí misma. La pregunta es: "¿Poseemos nosotros nuestras posesiones o nuestra 'necesidad' de poseer en verdad *nos posee a nosotros*?" Es una advertencia y un recordatorio de que todos necesitamos el ancla de los verdaderos valores en nuestras vidas.

El hambre puede conducirnos lejos de casa en busca de comida. Sin embargo, la superabundancia de opciones puede volverse una distracción letal de las cosas que más importan. El peligro de una vida "sin examinar" en una cultura consumida por la búsqueda del placer, es la receta para el naufragio. El incontrolable impulso de trabajar durante horas y horas para financiar la ilusión de la prosperidad, es el cóctel mortal que comenzará a cobrarse su parte.

Solo puedes refinanciar tu futuro varias veces antes de que la hipoteca se venza.

En un punto hace mucho tiempo en la historia de mi familia, creo que a comienzos del siglo pasado o antes, un miembro de nuestra familia poseía una gran plantación en los bancos del río Mississippi. Pero cuando el tatarabuelo de mi padre murió, su viuda volvió a casarse. A través de lo que me contaron que fue un patrón de juego crónico y mala administración, la plantación entera se perdió.

Muchas veces me he preguntado cómo sería tener todavía miles de hectáreas –con los derechos para el petróleo–, junto con la herencia del distinguido caballero conectado a ellas. Pero no cambiaría la posibilidad de heredar una empresa agropecuaria multimillonaria con el hogar de antes de la guerra que yo *he recibido* como herencia familiar.

Perder la granja no destruyó a nuestra familia. De hecho, pudo haber transformado a la familia en las personas duras y resistentes en que nos hemos convertido. Yo ubiqué mi línea familiar "bajando por el arroyo" –como se dice aquí en Luoisiana– al sur de Nueva Orleáns, hasta donde el delta del Mississippi se junta con el golfo de México. Es un fuerte grupo de gente.

Y de allí, mezclados con los valores de las ciudades leñadoras del este de Texas de la familia de mi madre, puedo decir que fui criado por mi bisabuela.

Tengo historias de mi tío Cajún Dunand y de la tía Bert, no solo historias que me contaron sino cosas que viví. Porque arraigado muy dentro de nosotros hay una tendencia innata de mantenernos cerca, de conocernos, de defendernos. Por alguna razón no hemos permitido completamente que las comodidades modernas rasgaran las fibras de nuestra familia. No lo digo para hacerte sentir celoso; tan solo lo cuento para hacerte saber que hemos descubierto lo que es verdaderamente importante. No es el campo o la plantación que perdimos, sino la familia que conservamos.

Quizás tú tienes tu propia historia triste de haber perdido una casa, un auto, una relación o un empleo. Pero lo que sea que ocurra, puedes mantener tus conexiones. O crear nuevas. Puedes regresar a tus valores. O puedes encontrarlos por primera vez. ¿Qué *es* lo realmente importante? ¿Tu trabajo, tu cuenta bancaria, tus "chiches", o tus seres queridos?

Quizás tengas que tomar algunas decisiones difíciles, como vivir con menos dinero para invertir más tiempo en los que amas. Cuando los niños crezcan, raramente se acordarán de todas las *cosas* que les diste hace quince años, pero *nunca* se olvidarán de los momentos que pasaron juntos construyendo sus recuerdos contigo.

Varados en una "Moab" de nuestra propia creación

Pagamos muy caro por las vidas edificadas en torno a actividades frenéticas y la interminable adquisición de cosas materiales. Nuestras largas horas de trabajo lejos de casa nos dejan con poca energía u oportunidad de descansar, de volver a conectarnos y alimentar los valores. Deja a nuestros hijos sin padres y a nuestros matrimonios sin verdadera intimidad o unidad. Nos deja varados en una "Moab" de nuestra propia creación.

Por esta razón, ese vago dolor por regresar a "los buenos y viejos tiempos" puede ser más profundo de lo que nos llegamos a dar cuenta. Y nuestro anhelo de "ir a casa" realmente es tanto más hondo que un regreso físico al chalet estilo rancho en Nuevo México, la casa de piedra amarronada en Brooklyn, o la casa de dos plantas de Cape Cod en donde creciste. La profundidad del mismo no puede ser contenida en los límites de la ciudad, del lugar en el mapa que marca la ubicación geográfica de tu nacimiento.

Aunque los rostros familiares y las voces amables de la gente que puebla tus recuerdos puede resucitar una imagen borrosa de lo que sientes, la verdadera fuente del anhelo los supera, aun con lo maravillosos que son.

Noemí literalmente experimentó todas estas cosas. Ella hizo un viaje físico de su residencia en el dolor al lugar de sus deseos; tomó el camino a casa con la esperanza de encontrar lo que había perdido. Tuvo que hallar su camino de regreso a las cosas que de verdad importaban.

Ella sabía que no podía resucitar a su esposo muerto, pero parece que estaba sorprendida de observa que ni siquiera podía revivir sus "viejos sentimientos" hacia sus amigos inmediatamente cuando llegó al lugar. Había pasado mucho tiempo y mucho dolor por debajo del puente de su vida.

Noemí se las arregló para volver a casa transitando por grandes distancias y dificultades. Finalmente alcanzó el conocido letrero en los límites de la ciudad de Belén, y volvió a entrar al lugar que por tanto tiempo había llamado hogar. Llegó a lo que pensaba que era su destino final, solo para descubrir que sus sentimientos la habían traicionado. Los primeros sentimientos de emoción y ansiedad acerca de su encuentro con los seres queridos, sufrieron un choque frontal con sus sentimientos encontrados de pérdida y desesperación.

El dolor interior contaminó su esperanza con tristeza

El dolor interior la había acompañado en su nostálgico viaje a "lo que una vez fue". Luego contaminó su esperanza con tristeza. Hasta trató de cambiar su nombre a "Mara", porque todo lo demás parecía "amargo".

Dejada a tu propia suerte, la amargura que cuidadosamente ocultas también puede llevarte a cambiar tu nombre desde una bendición a una maldición. Todos tenemos equipaje escondido y temas del pasado que demandan atención. Ellos claman por un Booz. "*¿Alguien podrá darme un descanso, traer alivio, y resucitar la esperanza?*".

A menudo buscamos "un descanso" en un mal vecindario. No importa si perteneces a una cuarta generación que busca una pausa para escapar de algún modo al círculo vicioso de malas escuelas, bandas de pandilleros, malos amigos, falta de empleo y de oportunidades; o si eres el forastero enajenado que tuvo tanta mala suerte en la vida que se escabulle en autos abandonados y muebles destruidos en *La calle que conduce a ninguna parte* en el barrio.

O tal vez el producto desafortunado de un hogar destrozado, repleto de todas las promesas rotas y sueños destruidos.

Tus ojos se cansan de buscar *alguna señal* de descanso en el temible paisaje de tu vida... un rostro amigable, un camino probable, una estación de policía, una vía al cielo –o *a cualquier lugar* pero ¡aquí!– ¡Denme un descanso, por favor!

En su desesperación, Noemí en efecto alzó su puño a Dios y les dijo en llanto a aquellos que mencionaron su nombre: "No me llamen Placentera. Llámenme Amarga".

No te cambies el nombre en medio de una crisis. La tendencia será deprimir tu destino. El primer nombre de Noemí, Placentera, estaba bien; simplemente ella no lo había aplicado a su destino.

¡Sigue andando! Sigue transitando el camino que te lleva a ese lugar donde eres valorado. Aun si tropiezas o te pierdes momentáneamente. Levántate, sigue avanzando, ¡hasta que encuentres el camino!

¿Qué fue lo que sucedió para redimir su crisis y transformarla en un triunfo tan notable que perdura por los siglos y la eternidad misma? Rut y Noemí *decidieron* volver a casa y confiar en Dios por el resto de la historia.

Noemí no tenía todos los detalles en su mente, ¡ni tampoco los tenía Rut! Ellas no sabían si encontrarían en Belén un pariente redentor que las rescatara; Noemí combatía contra el desánimo total y Rut andaba por lo desconocido como una extranjera en una nueva tierra.

Su nueva vida literalmente dio principio meses antes del voto en la puerta de la ciudad, comenzó por su decisión de regresar a lo que más importa. *Nuestra promesa de un mejor mañana a menudo comienza con una dosis de "descontento divino" con el presente.*

Aun cuando tus "mejores mañanas" vengan, no todos celebrarán tu éxito y aceptación.

Hasta David luchó con el prejuicio racial y la historia familiar

¡David, el salmista de Israel, tuvo que luchar con un rechazo brutal de su liderazgo por causa del prejuicio racial y su historia familiar! La forma en que fue tratado por su padre y hermanos merece sospecha. En los textos bíblicos en que figura la lista del linaje de David, el padre de sus dos hermanas *no es Isaí*.

La madre de David no era la esposa de Isaí. Isaí no estaba casado con la madre de David cuando él fue concebido...

Si este es el caso, como algunos comentaristas judíos creen, si David fue el producto de un romance secreto de su padre con la esposa de Nahas [el hombre mencionado en 2 Samuel 17:25 como el padre de las dos hermanas de David, Sarvia y Abigail; véase también 1 Crónicas 2:16], entonces habría sido considerado una vergüenza para su familia y mantenido lo más lejos posible de la vida pública. David fue el que dijo: *"Aunque mi padre y mi madre me abandonen, el Señor me recibirá en sus brazos"* (Salmo 27:10) y *"He aquí, en maldad he sido formado, y en pecado me concibió mi madre"* (Salmo 51:5, RVR60).[4]

David sobrevivió al rechazo de su niñez, y luego a la demente persecución del rey Saúl a través de los tiempos de su temprana adultez, solo para tener que soportar los retos de Doeg, el edomita, quien "en repetidas ocasiones atacó la reputación de David porque él *era descendiente de moabitas*... [Él] alegaba que como la bisabuela de David [Rut] era una moabita, su matrimonio con Booz era una unión prohibida y, por lo tanto, David era un *mamzer*, o bastardo".[5] Por lo tanto, no era digno de ser rey.

No permitas que tu pasado aborte tu futuro.

Tu pasado no puede abortar tu futuro, excepto en las mentes de los envidiosos. De dondequiera que provengas, sea de la antigua Moab o de un desastre moderno, es menos importante que adonde te diriges. ¿En qué dirección te lleva tu senda? Que puedas encontrar tu camino al lugar donde Dios te envía.

Las mujeres de Belén aceptaron a Rut en gran medida

Cuando Rut dio a luz a Obed, las mujeres judías de Belén *aceptaron* a Rut en gran medida. Ellas pronunciaron incomparables palabras de alabanza hacia la princesa moabita que había abrazado al Dios de Noemí y se había casado con el hijo de Rahab, la prostituta cananea. Le dijeron a Noemí:

> *Este niño [Obed] renovará tu vida y te sustentará en la vejez, porque lo ha dado a luz tu nuera, que te ama y es para ti mejor que siete hijos.*[6]

Como fue con la extranjera y forastera Rut, así es con nosotros. Todos tenemos una profunda necesidad de regresar a y de ser aceptados por nuestro Creador y ser restaurados a su familia.

Rut fue aceptada en la antigua Judá porque fue aceptada *en* Booz. Su nombre se convirtió en sinónimo del de él. Tú y yo somos aceptados en Jesucristo, o como La Biblia dice, Él nos adoptó como hijos por gracia y nos hizo "*aceptos en el Amado*" (el *"Amado"* es Jesucristo).[7]

Esto no sucede porque venimos de una buena familia, porque nos lo merecemos o lo hemos ganado, ni siquiera porque lo *necesitamos desesperadamente*. Sucede mediante una combinación del *hesed* de Dios, o el amor bondadoso, y mediante la aceptación de su regalo gratuito en Cristo. Y sucede porque tomamos la decisión de hallar nuestro camino a casa.

El "hogar" no es una casa.

El "hogar" no es una casa. Ni es una ciudad de origen, o el vecindario en que creciste. Tampoco el hogar es una colección de gente desde tu niñez. El hogar del que hablo y el que creo que estás buscando, es ese lugar en donde *las cosas que verdaderamente importan* tienen la prioridad y el precedente. Encuentra tu camino y te sentirás en el hogar. Orienta tu brújula mediante los valores del hogar y los amigos, la fuerza del carácter y Dios.

Los religiosos habitualmente tienen problemas con Rut

Los religiosos entre nosotros habitualmente tienen ciertos resquemores con Rut, porque parece haber algún cabo suelto en su rápido crecimiento de marginada a ser honrada como madre en Israel.

¡La verdad es que tienen razón! Parece que el Creador forma un abismo en el medio de nuestro camino de regreso a casa, en el que solo la *fe* puede actuar de puente. Tal vez muchos están renuentes a aplicar la esperanza, el quebrantamiento y la añoranza en sus propias vidas, ya que *el puente* les parece demasiado tembloroso en sus mentes legalistas.

Dios parece no estar dispuesto a darnos garantías revestidas de fórmulas, mantras o incluso rituales, *excepto* la confianza directa y personal en Él.[8] Incluso la oración pierde poder cuando se reduce a una fórmula religiosa repetitiva, pero vacía.[9] La oración sin fe es solo palabras.

No puedo prometerte otra cosa más que un buen GPS en La Palabra de Dios. El viaje es responsabilidad tuya. Encontrar tu camino de regreso a veces se siente como "pelear por tu camino de regreso". Algunas cosas en común que las personas confiesan son: "mi vida es un desastre" o "las cosas están *tan* mal…" Eso es como decir: "el camino es tan largo, creo que nunca podré siquiera comenzarlo".

David pudo haber dicho lo mismo, que el camino al trono que le había sido profetizado era muy lago, muy difícil de creer. Para un desechado multiétnico, posiblemente ilegítimo, transitar ese camino parecía imposible. Pero sus valores lo llevaron por todo el camino hasta el trono. Él abrazó el dolor. Las historias de su camino, aun sus luchas familiares, son legendarias.

Pero más que nada, lo que hizo grande a David fue que amaba a Dios. Si Dios exaltó a David a pesar de que el "linaje mesiánico" no sería puro según las normas humanas, entonces creo que hay esperanzas para ti y para mí.

Si los escribas de los tiempos de David hubieran querido inventar un linaje perfecto para el Mesías, ciertamente lo habrían hecho, pero no lo hicieron. ¿Por qué no? Una respuesta es que las preguntas son en sí mismas valiosas: *dejaron lugar para el misterio, y por ende, para la fe.*[10]

Si hubo lugar para Rut en el gran plan de Dios, entonces también hay lugar para ti.

Ya hemos acordado que Dios a veces alcanza sus metas a través de *un camino sinuoso y retorcido,* donde la observancia de la ley parece jugar un rol menor.[11] Cuando miramos la asombrosa variedad de personas con fallas y "no calificadas" que Dios fue eligiendo por el camino, esa senda casi parece convertirse en una serie de "montañas rusas" camino al Mesías y a la cruz.

¿Cuántos entendemos por qué Dios escoge traer al mundo, no solo al David el rey, sino también a su Hijo perfecto a través de *decisiones valientes que tomaron mujeres desesperadas en circunstancias precarias*?

Si la letra de la Ley hubiera regido sus vidas, entonces la mayoría de ellas habrían sido condenadas a muerte. En cambio, son consideradas heroínas y santas de la fe, dignas de reconocimiento y honor. Ellas hallaron un "lugar". Recibe esperanza, *tú también.*

Así que este es el linaje de Fares: Fares fue el padre de Jezrón; Jezrón, el padre de Ram; Ram, el padre de Aminadab; Aminadab, el padre de Naasón; Naasón, el padre de Salmón; Salmón, el padre de Booz; Booz, el padre de Obed; Obed, el padre de Isaí; e Isaí, el padre de David.[12]

Esta lista de nombres es verdaderamente un árbol genealógico de milagros, de intervención divina, y de viajes desde la desilusión y el rechazo a un lugar llamado hogar.

¿Por qué habríamos de sorprendernos de saber que el Señor usó medios extraordinarios y personas muy comunes para traernos salvación sobrenatural a quienes estamos en la Tierra?

¿Y por qué habrías de sorprenderte de que Dios use medios extraordinarios para ayudarte a emprender *tu propio* viaje de regreso a lo que verdaderamente importa? Él *no tiene* "favoritos".[13]

Lo que hizo por Rut y por Noemí, Él está listo para hacerlo contigo. ¡Pero la decisión de cerrar la puerta de la casa del ayer y poner un pie en el camino a tu Belén es absolutamente tuya!

Si das ese paso, busca estos letreros familiares en el viaje. Pueden ayudarte a encontrar tu camino de regreso a casa:

- Deja atrás tu Moab... él solo debería señalarte "el lugar donde has estado", pero no tiene influencia respecto a donde estás yendo. Ese es el lugar donde tú exististe pero realmente nunca *viviste*.
- Espera algunas despedidas difíciles. Sé "alguien que se aferra" y no solo "alguien que besa". No todos los que amas emprenderán el camino contigo, y algunos harán todo lo posible para hacerte volver a los lugares conocidos. Si todo lo que puedes ofrecerle a tu Noemí o a tu Señor es un beso, entonces no estás preparado. Aun una Orfa o un Judas puede hacer eso. Si no puedes más que aferrarte al sueño y adoptar al Guía de valores por ti mismo, entonces estás listo. Comienza a caminar y no mires atrás.
- Declara tu intención de encontrar tu camino de regreso a toda costa. Cualquier cosa menos que un compromiso total siempre produce resultados menos que aceptables.
- Reordena tus valores para que estén de acuerdo con tu nuevo hogar y familia.
- Debes estar preparado para un choque cultural. "Ya no estamos en Moab, amigo". Los ajustes son parte del viaje.
- Espera descubrir tu verdadero Booz en el campo de Dios. Su nombre es Jesús. Él ya ha completado su negocio en la puerta

de la eternidad, así que ya te ha redimido, dándote un nuevo nombre y proveyendo para tu futuro.
- Espera experiencias de nuevo nacimiento que producirán aun más "viajes a casa" en las vidas de otros. Eso significa que tu árbol familiar nuevo y trasplantado está produciendo "buen fruto" otra vez. Y atesora tus relaciones. Ellas son parte de los valores que hacen de la casa de Dios un hogar.

Comienza a caminar hacia adelante y no mires atrás.

Comenzamos nuestro viaje con Noemí y Rut "recordando" el pasado.

¿Has notado que una vez que "dejas atrás" los tiempos difíciles, una vez que has alcanzado un lugar seguro y la sanidad viene a curar tus heridas, aun tus recuerdos dolorosos parecen perder su poder de seguir lastimándote?

En vez de eso, ellos en verdad pueden transformarse en trofeos de la habilidad de Dios para verte por dentro. Los que no tienen tus mismos recuerdos no pueden entender tu dolor ni tu sanidad.

Así es como el *proceso* de recordar es trasformado en el *milagro* de Dios de recordar, o de reubicar las partes desarmadas de tu vida y volver a conectar lo que se había perdido.

Luego seguimos a Noemí y a Rut en su regreso a Belén, "la casa del pan". El camino de regreso a menudo te empuja fuera de tus límites y más allá. Como Noemí descubrió para su asombro, una vez que ella llegó al destino que dominó sus sueños por una década, ¡fue derrotada por el mismo pesar que la había perseguido antes de comenzar su camino de regreso! Pero el dolor no duró porque Dios tenía un Booz esperando por ella y por Rut.

De un lugar apartado a un lugar en el corazón de Dios

Finalmente, vimos la "redención" de Noemí y Rut. El camino a lo que verdaderamente importa no es la cura, la meta o el fin en sí mismo. El camino es tu pasaje personal desde *donde estás a donde Dios te ha llamado a estar.*

Es el proceso que te empuja paso a paso, un día a la vez, desde un *lugar apartado* a un *lugar en el corazón de Dios.*

¿Recuerdas a Rebeca? Otra mujer desamparada, sin un marido, que mostró amabilidad hacia un simple sirviente y le dio galones de agua para los camellos sedientos de un extranjero. Qué bondad. Qué *hesed*.

Un día ella le dio de beber a los camellos sobre los cuales montaría para ir a conocer al esposo de sus sueños.[14] No se dio cuenta que mañana tendría que montar sobre esos camellos hacia su destino.

Todo lo que Rebeca sabía era que ese día estaba dándoles agua a los camellos de otro extraño como lo había hecho muchas veces en su vida. *Pero Dios* tenía otros planes y, como siempre, cuando Él desata el destino de alguien, las cosas cambian. Dales de beber a los sueños de otras personas, brinda consuelo y visión.

Hay una red de seguridad de provisión en nuestra red de relaciones personales. Tu bondad, diligencia, virtudes y valores demostrados hoy producirán tu provisión mañana. En el caso de Rut, puede decirse que ella trabajó en el campo un día y *fue dueña* del campo al otro.

¿El padre o la madre de quién serás?

Se ha dicho que "el éxito tiene muchos padres, pero el fracaso es huérfano". Sospecho que Rut miró atrás en el tiempo y ocasionalmente pensó para sí misma: "Todos me quieren ahora, pero me acuerdo cuando me sentía una extraña". Ella entró a Belén con la sombra del fracaso a sus espaldas, y sabía lo que era ser tratada como una huérfana. Cuando su arriesgado juego de fe tuvo éxito, y su hijo Obed estaba meciéndose en los brazos de Noemí, ella se convirtió en la heroína del vecindario.

Cuando Rut se menciona por primera vez, está en la impía Moab. La última mención de ella es en la genealogía de Jesús. No conozco la primera mención de tu fracaso o desánimo, pero *sí* conozco el final de tu historia que ya ha sido escrito. ¡Quiera Dios que "encuentres tu camino" en las páginas del destino, que descubras lo que verdaderamente importa!

Notas finales

Capítulo 2
[1] Rut 1:1 (RVR60).
[2] Esta historia real preparó las bases y alimentó la motivación para mi libro *La casa favorita de Dios: Si la edificas, Él vendrá*, Unilit, 2000. En este libro desarrollo en forma completa el verdadero rol de la alabanza en preparar "una casa" o lugar de habitación para la presencia de Dios.
[3] Gálatas 4:26.
[4] Eclesiastés 12:5b.
[5] Algunos teólogos podrán leer esto y exclamar: "¡Necio! ¡Nadie puede ser salvo por su conducta en la Tierra!" Y eso es correcto. La Biblia deja en claro que somos salvos por la fe en Jesucristo y no por nuestras "obras" o actos en la Tierra (observa Tito 3:5). Sin embargo, como dije en el texto, nuestros hechos ayudarán a indicar o señalar a *Aquel* en quien hemos creído. Fue Jesús quien dijo: *"Por sus frutos –las cosas buenas en sus vidas– los conocerán"* (Mateo 7:16a). Eso es exactamente lo que sucedió en la vida de Rut: ella era la forastera que vio algo en la *conducta* de Noemí que inició un hambre santo en su corazón. Era Dios hablando a través de la vida de Noemí y sus modales bondadosos, conduciendo "al que está afuera" a venir "adentro" de su familia.
[6] Observa Salmo 68:5

Capítulo 3
[1] Rut 1:1.
[2] Observa Jeremías 17:9.
[3] Rut 1:2.
[4] Biblesoft, *New Exhaustive Strong's Numbers and Concordance with Expanded Greek-Hebrew Dictionary* [Nueva concordancia exhaustiva Strong de números y diccionario expandido griego-hebreo], Biblesoft. Copyright © 1994, 2003 Biblesoft, Inc. e Internacional Bible Translators, Inc., Elimelech–OT:458 'Eliymelek (*el-ee-meh'-lek*); de OT:410 y OT:4428; Dios de(l) rey; Elimelek, un israelita.
[5] Andre LaCocque, traductor K. C. Hanson, *Ruth: A Continental Commentary* [Rut, un comentario continental], Fortress Press, Minneapolis, MN, 2004, p. 39.
[6] Strong Biblesoft, Naomi–OT:5281 *No'omiy* (*no-om-ee'*); de OT:5278; placentera; Noomi, una israelita.
[7] LaCocque, *Ruth*, pp. 40-41.
[8] Madián, cuyo nombre significa "conflicto", era el cuarto hijo de Abraham nacido en su vejez a través de Cetura, a quien desposó luego de la muerte de Sara. De modo que Abraham fue el padre de los madianitas (observa Génesis 25:2; 1 Crónicas 1:32).
[9] C. F. Keil y F. Delitzsch, *Commentary on the Old Testament* [Comentario del Antiguo Testamento]. 10 volúmenes, Nueva edición actualizada de la edición en inglés, originalmente publicada por T & T Clark, Edimburgo, 1866-91, base de

datos electrónica. Peabody, MA: Hendrickson Publishers, Inc., 1996. Todos los derechos reservados. Sobre Rut 1:1-5: "Pero los madianitas oprimieron a Israel por siete años, y sus invasiones fueron en general acompañadas por una *destrucción del producto del suelo* (Jueces 6:3-4), *del cual el hambre debe necesariamente haber sido el resultado*. Más aún, ellos extendieron sus devastaciones hasta Gaza (Jueces 6:4)". *A través de la última esposa de Abraham, Cetura* (énfasis del autor).

[10] Ibíd. "De esto al menos bastante puede afirmarse con certeza que Booz era contemporáneo de Gedeón, y *la emigración de Elimélec a la tierra de Moab* debe haber tenido lugar en el tiempo de la opresión madianita. 'Morar en los campos de Moab', es decir, vivir como un extranjero allí" (énfasis del autor).

[11] LaCocque, *Ruth*, p. 39.

[12] Isaías 58:7, énfasis del autor (traducida literalmente de la *New Living Translation*).

[13] Observa Génesis 25:29-34.

[14] "Anillo de cobre", Wikipedia, la enciclopedia libre. Acceso el 30 de enero de 2007 disponible en http://en.wikipedia.org/wiki/brass_ring. Este artículo de dos páginas incluye fotografías a color de abastecedores de anillos de cobre.

[15] Génesis 19:36-38 resume el origen de Moab y su hermano, Amón: "Así *las dos hijas de Lot* quedaron embarazadas *de su padre*. La mayor tuvo un hijo, a quien llamó Moab, padre de los actuales moabitas. La hija menor también tuvo un hijo, a quien llamó Ben Amí, padre de los actuales amonitas".

[16] Deuteronomio 23:3-4.

[17] Observa Jueces 3:12-14.

[18] *Fausset's Bible Dictionary* [Diccionario Bíblico de Fausset], base de datos electrónica. Copyright © 1998, 2003 por Biblesoft. Las Escrituras citadas mencionando los recursos de Moab son Isaías 15-16 y Jeremías 48:1.

[19] *McClintock y Strong Enciclopedia* [Enciclopedia McClintock y Strong], base de datos electrónica. Copyright © 2000, 2003 por Biblesoft, Inc. Todos los derechos reservados. Sobre Moab: "Ellos ocuparon la mitad al sur de la meseta alta que se erige en la parte este del Mar Muerto. Estaba sólidamente fortificada a cada lado por naturaleza. Al norte estaba la tremenda sima de Arnón. Al oeste estaba limitada por precipicios, o más precisamente acantilados, los cuales descendían casi perpendicularmente hacia la orilla del lago y se juntaban solo con uno o dos empinados desfiladeros. Finalmente, por el sur y el este estaba protegida por un semicírculo de colinas, las cuales se abren solo para permitir el pasaje de un brazo del Arnón y otro de los torrentes que descienden al Mar Muerto".

[20] Observa Deuteronomio 32:48-52; 34:1-9.

[21] Rut 1:4 (RVR60).

[22] Observa Jueces 3:12-31.

[23] Leonard S. Kravitz y Kerry M. Olitzky, *Ruth: A Modern Commentary* [Rut: Un comentario moderno], URJ Press, Tel Aviv, Israel, 2005, p. 3, "Rashi halla pruebas en el Talmud de que los hombres de Efrata, ahora establecidos en Moab, eran un pueblo importante. Él cita *Nazir* 23b, el cual propone que Eglón, el rey de Moab, dio a su hija Rut en matrimonio a Majlón".

[24] Cynthia Ozick, "Ruth" ["Rut"], un capítulo que aparece en Judith A. Kates y

Gail Twersky Reimer, ed., *Reading Ruth: Contemporary Women Reclaim a Sacred Story* [Leyendo a Rut: las mujeres contemporáneas reclaman una historia sagrada], Ballantine Books, New York, 1994, pp. 215-216.
[25] Observa Jueces 3:22.
[26] Bling-bling es una referencia para joyas y vestimenta refinadas y el aprecio de ello. "El diccionario Oxford presume del nuevo Diccionario Oxford 'bling-bling'", *St. Petersburgo* (FL) *Times*, del artículo atribuido a Associated Press, según la Associated Press del 8 de junio de 2003. Acceso vía Internet en http://www.sptimes.com/2003/06/08/Worldandnation/Oxford_dictionary_sho.shtml.
[27] LaCocque, *Ruth*, p. 42, citando Números 25.
[28] Ibíd.
[29] J. P. Lange, *A Commentary* [Un comentario] citado en notas al pie de Rut 1:16 en La Biblia Amplificada, en inglés, p. 316.
[30] LaCocque, *Ruth*, p. 122, énfasis del autor.
[31] Salmo 37:23a.

Capítulo 4
[1] Rut 1:3,5.
[2] *Adam Clarke's Commentary* [Comentario de Adam Clarke], base de datos electrónica, Copyright © 1996, 2003 por Biblesoft, Inc. Todos los derechos reservados. Nota: "Se imagina, y no sin probabilidad, que Majlón y Quilión son los mismos que Joás y Saraf, mencionados en 1 Crónicas 4:22, en donde el hebreo debe ser por lo tanto traducido: "Joás y Saraf, *quienes* (según crónicas muy antiguas) antes de volver a Belén *se casaron con mujeres moabitas*", énfasis del autor.
[3] Clarke cita esta referencia directamente del *Tárgum* (una versión caldea o paráfrasis del Antiguo Testamento que data del escriba Esdras durante la cautividad) en la frase: "Y Joás y Saraf" como aparece en 1 Crónicas 4:22. "Y los profetas y escribas que surgieron de la simiente de Josué, y los gabaonitas, cuyo oficio era servir en la casa del santuario porque le habían mentido a los príncipes de Israel; también *Joás, que es el mismo que Malón*; y *Saraf, que es el mismo que Quilión*, que tomaron esposas *de las hijas de Moab y Booz, el principal de los sabios de la escuela de Belén*, y de los que existieron en los días anteriores" (énfasis del autor).
[4] *Keil y Delitzsch Commentary on the Old Testament* [Comentario del Antiguo Testamento de Keil y Delitzsch], nueva edición actualizada, base de datos electrónica, Copyright © 1996 por Hendrickson Publishers, Inc. Todos los derechos reservados. Los autores de este comentario observan que Jeromé, el padre de la iglesia primitiva, acordaba conque este pasaje de 1 Crónicas 4 en verdad se refería a los hijos de Elimélec en Moab, ofreciendo esta cita: "Nota: Jeromé ha provisto una curiosa traducción de [1 Crónicas 4] el versículo 22: *'et qui stare fecit solem, virique mendacii et securus et incendens, qui principes fuerunt in Moab et qui reversi sunt in Lahem: haec autem verba vetera'*, según el Midrash judío, en el que *lᵃmow'aab baa 'aluw 'asher* estaba conectado con la narración del libro de Rut. Por *yowqiym, qui stare fecit solem*, se supone que es Elimélec, y el *viri mendacii* Majlon y Quilion, tan bien conocidos del libro de Rut, que fueron con su padre a la tierra de Moab y se casaron con mujeres moabitas".

⁵ Rabino Ruth H. Sohn, "Verse by Verse: A Modern Commentary" ["Versículo a versículo: Un comentario moderno"], un colaborador de Kates y Reimer en *Reading Ruth* [Leyendo a Rut], p. 15. "¿Por qué este versículo no dice que Noemí fue dejada *con* sus dos hijos? Porque al tiempo de la muerte de Elimélec, Noemí y sus hijos no eran de un mismo parecer".

⁶ Mona DeKoven Fishbane, "Ruth: Dilemas of Loyalty and Connection" ["Rut: dilemas de lealtad y relación"], una colaboración a Judith A. Kates y Gail Twersky Reimer, ed., *Reading Ruth: Contemporary Women Reclaim a Sacred Story* [Leyendo a Rut: las mujeres contemporáneas reclaman una historia sagrada], Ballantine Books, New York, 1994), "Notas" de *Reading Ruth*, p. 376, énfasis del autor.

⁷ Esto se da a entender en Nehemías 13:24, aunque los moabitas eran "parientes cercanos" de los israelitas.

⁸ Observa Éxodo 31:14

⁹ Fishbane, *Reading Ruth*, p. 304.

¹⁰ Sohn, *Reading Ruth*, p. 15: "Rashi [Rabí Shlomo Yitzchaki (1040-1105)] es el más conocido de los comentadores medievales. El comentario de Rashi incluye tanto sus propias interpretaciones del texto como su frecuente citación del *midrashim* clásico del período rabínico inicial, el cual él siente que arrojó luz sobre el verdadero significado del texto bíblico".

¹¹ Ibíd., p. 17: "¿Por qué el versículo [Rut 1:6] dice entonces que esos dos –Majlón y Quilión– (**Vayamutu gam shneihem Mahlon v' Chilion**)? ¿No es repetitivo? Eso es para enseñarnos que ellos murieron juntos el mismo día. ¿Y cómo murieron? Como resultado de una caída, cuando el techo que estaban construyendo para su nueva casa colapsó" [negritas enfatizando en el original].

¹² Leonard S. Kravitz y Kerry M. Olitzky, *Ruth: A Modern Commentary* [Rut: Un comentario moderno], URJ Press, Tel Aviv, Israel, 2005, p. 4. Los autores citan el *Tárgum*, una paráfrasis explicativa caldea o aramea del Antiguo Testamento provista por los judíos de la cautividad con poco y nada de conocimiento del hebreo escrito. Los rabinos que tradujeron el *Tárgum* a menudo agregaban sus propias explicaciones o interpretaciones a los pasajes originales, los cuales llegaron a ser vistos y enseñados como si tuvieran la misma autoridad que Las Escrituras originales.

¹³ Ruth Rabbah 2:10 (como está citado en el documento original descrito debajo).

¹⁴ Rabí Arie Strikovsky, un extracto de "Ruth" [Rut], un artículo en línea. © Pardes Institute of Jewish Studies in Jerusalem. Todos los derechos reservados (énfasis del autor). Acceso a http://www.pardes.org.il/online_learning/holidays/ruth.

¹⁵ Biblesoft, *New Exhaustive Strong's Numbers and Concordance with Expanded Greek-Hebrew Dictionary* [Nueva concordancia exhaustiva Strong de números y diccionario expandido griego-hebreo], Biblesoft, Copyright © 1994, 2003 Biblesoft, Inc. e Internacional Bible Translators, Inc. –Ephrata: OT:672 '*Ephraath* (*ef-rawth'*); o *Ephrathah* (*ef-raw'-thaw*); de OT:6509; fructífero; *Ephrath*, otro nombre para Belén.

¹⁶ Clarke, comenta sobre opiniones brindadas en el Tárgum uniendo un pasaje de 1 Crónicas 4:23 al libro de Rut: "[Estos eran los alfareros] 'Esos son los discípulos de la ley, por cuya causa el mundo fue creado: los que presiden en juicio; y establecen el mundo; y edifican y perfeccionan la casa caída de Israel: ellos habitaron allí con

Notas finales

la *shekinah* del Rey del mundo, en el estudio de la ley y la intercalación o meses, y en la determinación del comienzo de los años y festividades: y ellos computaron los tiempos del cielo en los días de Rut, la madre de reinos, hasta los días de Salomón el rey' -Targum".
[17] Strikovsky, "Ruth".
[18] Rut 1:6-9

Capítulo 5
[1] Esta restauración milagrosa del pan luego de la hambruna en el libro de Rut, forma el emocionante fundamento para el primer libro que yo escribí, el cual también se convirtió en mi primer *best seller*, *Los captores de Dios*, Caribe Betania, 2000, que fue reeditado por Peniel en 2007. Observa especialmente el Capítulo 1.
[2] Jesús contó la historia del hijo pródigo en Lucas 15:11-32.
[3] Observa Éxodo 16:31; 25:30.
[4] Leonard S. Kravitz y Kerry M. Olitzky, *Ruth: A Modern Commentary* [Ruth: Un comentario moderno], URJ Press, Tel Aviv, Israel, 2005; este idioma hebreo fue citado por los autores en referencia a la decisión de Noemí de regresar a su hogar, p. 5.
[5] Rut 1:9c-14, énfasis del autor.
[6] Se hará más claro en este capítulo y en los sucesivos que el futuro del pueblo judío, el cumplimiento de la promesa mesiánica e incluso el futuro de los enemigos más memorables de Israel, pendían en la balanza ese día.
[7] Mateo 26:31-35, énfasis del autor.
[8] Rut 1:14, énfasis del autor.
[9] Kravitz y Olitzky, *Ruth*, p. xi.
[10] Rut 1:13, énfasis del autor.
[11] "¿Cuántos se desprenden de Cristo en esta encrucijada? Al igual que Orfa, ellos van por menos de una milla o dos con Cristo, hasta que Él los saca de sus esperanzas terrenales y *les ofrece prepararlos para las privaciones*, y luego ellos tranquilamente le dan un beso de despedida y lo abandonan". (William Gurnall, citado por James C. Gray y George M. Adams, *Bible Commentary*.) AMP, p. 316, nota al pie de Rut 1:14b, énfasis del autor.
[12] Extracto de JewishEncyclopedia.com, artículo referente a Orfa: "En la literatura rabínica Orfa es identificada con Rafá, la madre de los cuatro gigantes filisteos (Comp. con 2 Samuel 21:22); y esos cuatro hijos se dice que le fueron dados por las cuatro lágrimas que derramó cuando se separaba de su suegra (Sohah 42b). Ella era hermana de Rut; ambas eran hijas del rey Moabita Eglón (Rut R. ii. 9). Su nombre fue cambiado a 'Orfa' porque le dio la espalda a su suegra (*ib.*; comp. Sohah *l.c.*). Ella fue muerta por el general de David, Abisai, el hijo de Zeruiah (Sanh. 95a.). E.C.J.Z.L." JewishEncyclopedia.com del Comité Ejecutivo de la Junta Editorial. Jacob Zallel Lauterbach. Copyright 2002 JewishEncyclopedia.com. Todos los derechos reservados. Acceso el 21/10/06 en http://jewishencyclopedia.com/view_friendly.jsp?artid=141&letter=0.
[13] Cynthia Ozick, "Ruth" ["Rut"], un capítulo que aparece en Judith A. Kates y

Gail Twersky Reimer, ed., *Reading Ruth: Contemporary Women Reclaim a Sacred Story* [Leyendo a Rut: las mujeres contemporáneas reclaman una historia sagrada], Ballantine Books, Nueva York, 1994, p. 224.

[14] Observa Lucas 24:13-32.
[15] Observa Hechos 9:1-7.
[16] Observa Mateo 2:1. Nota: Entendemos que en ninguna parte de Las Escrituras se nos dice que había *tres* sabios, de ahí nuestro término, los "*proverbiales* tres".
[17] Rut 1:15.
[19] Observa Génesis 2:24 para comparar el pacto de Rut con el pronunciamiento del antiguo pacto de Adán con Eva.
[20] Observa 2 Timoteo 1:14, traducido literalmente de la NVI en inglés.
[21] Kravitz y Olitzky, *Ruth*, p. xi. "La relación de mutua aceptación y contención que se desarrolló entre Noemí y Rut es tal vez sin paralelos en La Biblia. *Pero no fue sino hasta la muerte de sus hijos* que Noemí fue capaz de abrir su corazón y recibir a Rut" (énfasis del autor).
[22] Ibíd. "Hoy muchos relacionan el libro de Rut con la experiencia positiva de los judíos-por-elección contemporáneos, que han abrazado el judaísmo en sus propias vidas, así como también aquellos que han elegido probar suerte con el pueblo judío, viviendo en medio de ellos sin el beneficio de la conversión... Como el *Shavuot* marca el hecho de dar la Torá al pueblo judío –y la aceptación de ella por parte de ese pueblo– es apropiado conectar a Rut con la festividad".
[23] Gloria Goldreich, "Ruth, Naomi and Orpah: A Parable of Friendship" ["Rut, Noemí y Orfa: Una parábola sobre la amistad"], una colaboración a Judith A. Kates y Gail Twersky Reimer, ed. *Reading Ruth: Contemporary Women Reclaim a Sacred Story* [Leyendo a Rut: las mujeres contemporáneas reclaman una historia sagrada], Ballantine Books, New York, 1994, p. 37.
[24] J. P. Lange, *A Commentary* [Un comentario] AMP, p. 316., nota al pie de Rut 1:16b en La Biblia Amplificada, en inglés, énfasis del autor.
[25] Observa Mateo 9:20-22.

Capítulo 6
[1] Rut 1:18-19a.
[2] Observa Mateo 17:20; 21:21.
[3] "Verse by Verse: A Modern Commentary" [Versículo a versículo: un comentario moderno], del Rabí Ruth H. Sohn, un capítulo que aparece en Judith A. Kates y Gail Twersky Reimer, ed., *Reading Ruth: Contemporary Women Reclaim a Sacred Story* [Leyendo a Rut: las mujeres contemporáneas reclaman una historia sagrada], Ballantine Books, New York, 1994, p. 19.
[4] Observa Mateo 26:48-54.
[5] Rut 1:19b.
[6] Rut 1:19-21, énfasis del autor.
[7] Sohn, *Reading Ruth*, p. 21.
[8] Ibíd.
[9] Rut 1:22-2:2, énfasis del autor.

Notas finales

¹⁰ Sohn, *Reading Ruth*, p. 19, énfasis del autor.
¹¹ Observa Ezequiel 34:17.
¹² En Lucas 6:45 Jesús dijo: *"El que es bueno, de la bondad que atesora en el corazón produce el bien; pero el que es malo, de su maldad produce el mal, porque de lo que abunda en el corazón habla la boca".*
¹³ Rut 2:1-2, énfasis del autor.
¹⁴ Observa Deuteronomio 19:14; 27:17.

Capítulo 7
¹ Rut 1:22, énfasis del autor.
² Estas citas se le atribuyen a Blaise Pascal y Agustín de Hipona, respectivamente. La primera cita de Pascal, en particular, ha sido usada y citada abundantemente por muchas personas, incluyendo el Reverendo Billy Graham y el difunto Dr. Francis Schaeffer.
³ Observa Mateo 11:28; Juan 7:37.
⁴ Jesús dijo: *"Yo soy el camino, la verdad y la vida, nadie llega al Padre sino por mí"* (Juan 14:6).
⁵ Génesis 3:6 registra el *último* paseo que el primer padre y la primera madre dieron junto a su Creador. Podemos suponer que esta era una experiencia diaria para Adán y Eva antes de la caída bajo las sombras del *"árbol del conocimiento del bien y el mal".* La Biblia dice en Génesis 1:26: *"Y dijo [Dios]: 'Hagamos al ser humano a nuestra imagen y semejanza'".*
⁶ Biblesoft, *New Exhaustive Strong's Numbers and Concordance with Expanded Greek-Hebrew Dictionary* [Nueva concordancia exhaustiva Strong de números y diccionario expandido griego-hebreo], Biblesoft. Copyright © 1994, 2003 Biblesoft, Inc. e Internacional Bible Translators, Inc., favor, OT:2617 *checed* (kheh'-sed); de OT:2616; bondad; por implicación (hacia Dios) piedad: raramente (por oposición) reprobación, o (sujeto) belleza: King James Version -*hesed*, favor, buena obra, bondadoso (amoroso), amabilidad, misericordioso (bondad), piedad, compasión, reproche, algo malvado.
⁷ Tamar Frankiel, autor de "Ruth and the Messiah" ["Rut y el Mesías"], un capítulo que aparece en *Reading Ruth*, declara en la página 327: "Sabemos que *chesed* siempre ha sido considerada una virtud judía primordial, y no solo por causa de Abraham: los sabios dijeron que la bondad, misericordia y modestia son características del pueblo judío por completo. Se nos recuerda repetidamente en la Torá que debemos ser bondadosos con el extranjero, porque fuimos extranjeros en la tierra de Egipto" (Éxodo 22:20; 23:9; Levítico 19:33-34; Deuteronomio 24:17-18).
⁸ Ibíd. Nota: Rut es llamada "huérfana" aquí porque es posible que ella y su hermana hubieran huido a los campos de Moab como huérfanas luego de que su tirano padre fuera asesinado. Fue allí, según dicen algunas tradiciones rabínicas, que ellas conocieron y se casaron con los hijos de Noemí.
⁹ Sohn, *Reading Ruth*, p. 21 (énfasis del autor).
¹⁰ Rut 2:1-3, énfasis del autor.
¹¹ Rut 2:4-7, énfasis del autor.

[12] Rabino Arie Strikovsky, en extracto de "Ruth" ["Rut"], artículo en línea. © Pardes Institute of Jewish Studies in Jerusalem. Todos los derechos reservados. [Énfasis del autor]. Disponible en http://www.pardes.org.il/online_learning/holidays/ruth.

[13] De acuerdo al Tárgum, las palabras que describen a Booz como una "persona muy importante" en verdad significan "una persona poderosa, fuerte en la Torá" (o La Palabra de Dios). De Leonard S. Kravitz y Kerry M. Olitzky, *Ruth: A Modern Commentary* [Ruth: Un comentario moderno], URJ Press, Tel Aviv, Israel, 2005, p. 23.

[14] Ibíd., p. 25. Observa Números 6:24.

[15] Rut 2:5-6, énfasis del autor.

[16] Andre LaCocque, traductor K. C. Hanson, *Ruth: A Continental Commentary* [Rut, un comentario continental] Fortress Press, Minneapolis, MN, 2004, p. 66.

[17] Rut 2:7, énfasis del autor.

[18] Tommy Tenney, *En busca del favor del rey*, Unilit, 2005. Esta frase fue adaptada de un principio y un "protocolo de palacio" similar en este libro basado en la vida de Ester, quien halló favor con el rey y salvó a su pueblo: "Favor es lo que sucede cuando la preparación se encuentra con la oportunidad. El éxito es lo que sucede cuando la preparación se encuentra con el potencial".

[19] Kravitz y Olitzky, *Ruth*, p. 26.

[20] Mona DeKoven Fishbane, "Ruth: Dilemas of Royalty and Connection" ["Rut: dilemas de lealtad y relación], una colaboración a Kates y Reimer, ed., *Reading Ruth: Contemporary Women Reclaim a Sacred Story* [Leyendo a Rut: las mujeres contemporáneas reclaman una historia sagrada], notas de la p. 301: "Los rabinos sugieren que Rut era tan hermosa que los hombres tenían emisiones de semen cuando la veían".

[21] Rut 2:8-9, énfasis del autor.

[22] "Fue recién cuando Moab sedujo a Israel a entrar en idolatría e impureza (Números 25), y contrató a Balaam para maldecirlos, que ellos fueron excluidos de la congregación de Jehová hasta la décima generación (Deuteronomio 23:3-4)". Del *Diccionario Bíblico Fausset*, base de datos electrónica © 1998, 2003 por Biblesoft.

[23] Kravitz y Olitzky, *Ruth*, p. 28.

[24] Frankiel, *Reading Ruth*, p. 329.

[25] Se precisa más que una fórmula para revertir la maldición de la muerte y el castigo para nosotros: se necesita un Salvador. Jesús fue a la raíz de nuestra amarga disputa con Dios en el jardín, y revirtió la maldición llevando toda la culpa y castigo justos sobre sí mismo (que no conocía pecado).

[26] Frankiel, *Reading Ruth*, p. 328-29.

Capítulo 8

[1] Si notaste que no debería haber un guión en reconexión, ¡felicitaciones, estás en lo cierto! Por favor, disculpa la trasgresión del protocolo de gramática: ¡es que estoy decidido a enfatizar este punto crucial!

[2] Rut 1:16b.

[3] Rut 1:16-17.

Notas finales

⁴ Los Amish son una comunidad religiosa cuyas raíces se remontan a la Reforma en Europa a principios de 1500, cuando un joven sacerdote católico de los Países Bajos, llamado Menno Simons se unió al movimiento anabaptista (a favor de la salvación por la fe y el bautismo en adultos en vez del bautismo de niños). Los grupos que pensaban lo mismo que se reunieron luego en torno a este liderazgo fueron llamados menonitas. El grupo practicaba "la prohibición" o "aislamiento" basados en el mandamiento del Antiguo Testamento de no juntarse con un miembro de la iglesia que hubiera tenido una conducta pecaminosa y no se hubiera arrepentido. Los seguidores de Jacob Amman sentían que el no arrepentido debía ser completamente aislado o evitado, en vez de meramente negarle la comunión. El grupo se unió a los menonitas en 1693 y más tarde fueron llamados Amish. Ambos grupos aceptaron el ofrecimiento de William Penn de libertad religiosa como parte del "experimento santo" de Penn de tolerancia religiosa, y se establecieron en lo que luego fue conocido como Pensilvania. Hoy las comunidades Amish están ubicadas en Pensilvania y Ohio.

⁵ Joann Loviglio, "Amish Men Sentenced for Drug Roles" ["Hombres Amish sentenciados por su relación con las drogas"], *The Associated Press*, 30 de junio de 1999.

⁶ Michael Janofsky, "Amish are Facing Modern Vice in a Drug Case" ["*Amish* enfrentan el vicio moderno en un juicio sobre drogas"], *The New York Times*, 3 de julio de 1998.

⁷ Cifras actuales de turismo, cortesía de Pennsylvania Dutch Country Visitor Center, en el sitio de Internet http://www.800padutch.com/reasons.shtml. El autor investigó en línea para este libro, y para su equivalente de ficción, también basado en el libro de Rut.

⁸ Lucy Walker, "The Devil's Playground" ["El patio de juegos del diablo"], *21C Magazine*, 2002. Lucy Walter escribió este artículo acerca de su película del mismo nombre, describiendo su extenso documental entre los jóvenes Amish de Ohio. Nota: a las mujeres Amish no se les permite cortarse el cabello, o vestir ropa estilo "inglés", porque es considerado vanidad.

⁹ *Merriam Webster's Collegiate Dictionary* [Diccionario Colegiado de Merriam Webster] décima edición, Springfield, MA: Merriam-Webster Incorporated, 1994, p. 1305.

¹⁰ Rut 2:11, énfasis del autor.

¹¹ "The Book of Ruth: A Mystery Unraveled" [El libro de Rut: un misterio desentrañado], Rabí Noson Weisz, aish.com, One Western Wall Plaza, POB 14149, Old City, Jerusalén 91141, Israel. Acceso vía Internet en http://www.aish.com/holidays/shavuot/The_Book_of_Ruth_A_Mystery_Unraveled_p.asp el 21 de octubre de 2006.

¹² El matemático y filósofo francés Blaise Pascal (1623-1662) puede haber sido uno de los primeros escritores a los que se le atribuye esta cita (Pensees 6.425), pero él nunca escribió específicamente algo que describiera "un hueco con forma de Dios". Luego vino el existencialista francés Jean Paul Sartre, quien escribió: "… nuestro dilema existencial dejaría a la humanidad conciente de un agujero con forma de Dios". Pero no estaba escribiendo sobre nuestra necesidad de salvación a través de

Cristo (su biografía oficial del Premio Nobel de la Paz dice que su posición oficial filosófica era que *el ateísmo se daba por sentado*). Parece que los escritores y oradores evangélicos modernos refinaron la frase para describir la necesidad de la humanidad por Dios y Cristo como el único Salvador para suplir esa necesidad.

[13] Observa Miqueas 5:2; Mateo 2:1-6. Miqueas profetizó en medio del sitio de Judá por parte de los asirios, prediciendo el nacimiento de un libertador en Belén. Esto ocurrió en algún punto entre el año 722 y 701 a.C. según *Eerdman's Handbook to the Bible* [Manual Eerdman de La Biblia], David Alexander y Pat Alexander, eds. Grand Rapids: William B. Eerdmans Publishing Company, 1973, "Miqueas", pp. 449-50.

[14] Observa Jeremías 31:15; Mateo 2:18.

[15] Observa Mateo 2:19-21 (NVI). Es interesante notar lo que sucede a aquellos que asesinan a inocentes o consienten en tales actos. El v. 20 incluye la frase "ya murieron". Adam Clarke observa que "El hijo de Herodes, Antipas, era en ese tiempo el heredero aparente al trono, y había despejado su camino hacia él procurando la muerte de sus hermanos mayores, se alude probablemente a él aquí, porque sin dudas entró en los designios de su padre. 'Ellos' ya murieron: Antipas fue condenado por el mandato de su padre, cinco días antes que este execrable tirano fuera a su propio lugar".

Observa Josefo, Antiq. 16:11; 17:9. Del Comentario de Adam Clarke, base de datos electrónica. © 1996, 2003, Biblesoft Inc. Todos los derechos reservados.

[16] Observa 1 Crónicas 11:16-18.

[17] Rut 1:20-21.

[18] Observa Génesis 37:33.

[19] Marcos 8:36 (RVR60).

[20] Jesús citó dos de los valores de Dios como los más importantes valores en absoluto: *"Ama al Señor tu Dios con todo tu corazón, con toda tu alma y con toda tu mente. Este es el primero y el más importante de los mandamientos. El segundo se parece a este: Ama a tu prójimo como a ti mismo. De estos dos mandamientos dependen toda la ley y los profetas"* (Mateo 22:37-40; observa también Deuteronomio 6:5 y Levítico 19:18).

[21] Amós 8:11.

Capítulo 9

[1] Rut 2:19-20.

[2] Observa Tito 2:3-4. Este proceso en que las mujeres mayores entrenan a las menores continúa en el Nuevo Testamento (*y se supone* que debe continuar hasta ahora). El único grupo que Pablo no le dijo a Tito específicamente que entrenara era a las mujeres jóvenes. Aquí nuevamente el apóstol instruye a Tito: "Que las ancianas les enseñen".

[3] Lucas 9:62, énfasis del autor.

[4] Observa 3 Juan 2.

[5] Deuteronomio 23:3.

[6] Deuteronomio 23:4-6.

[7] Deuteronomio 23:7-8.

[8] Rut 1:19b, énfasis del autor.

Notas finales

[9] Biblesoft, *New Exhaustive Strong's Numbers and Concordance with Expanded Greek-Hebrew Dictionary* [Nueva concordancia exhaustiva Strong de números y diccionario expandido griego-hebreo], Biblesoft. Copyright © 1994, 2003 Biblesoft, Inc. e Internacional Bible Translators, Inc.: OT:1949 *huwm* (*hoom*); una raíz primitiva [cp. OT:2000]; hacer un alboroto, o agitar grandemente.

[10] Andre LaCocque, traductor K. C. Hanson, *Ruth: A Continental Commentary* [Rut, un comentario continental] Fortress Press, Minneapolis, MN, 2004, p. 65. Comentando sobre Rut 2:5, el autor nota la pregunta de Booz: *"¿A quién pertenece esta mujer?"*, fue tan directa que hizo que algunos rabinos se preguntaran si acaso él estaba corrigiendo a sus sirvientes por permitirle espigar. Algo desató ese intrigante interés y LaCocque nombra tres posibles razones por las que Rut sobresalió ante los ojos de Booz cuando él se acercó a su campo (y estas bien pueden haberse aplicado a las calles de Belén también). Primero: su siervo le dijo sobre la relación de Rut con su parienta, Noemí; segundo: él notó que ella no encajaba con los obreros comunes, porque su ética del trabajo la hizo resaltar; y tercero: Rut era naturalmente bonita.

[11] Rut 2:2, énfasis del autor.

[12] Mona DeKoven Fishbane, "Ruth: Dilemas of Loyalty and Connection" [Rut: dilemas de lealtad y relación], una colaboración a Judith A. Kates y Gail Twersky Reimer, ed., *Reading Ruth: Contemporary Women Reclaim a Sacred Story* [Leyendo a Rut: las mujeres contemporáneas reclaman una historia sagrada], Ballantine Books, New York, 1994, p. 301: "Los rabinos sugieren que Rut era tan hermosa que los hombres tenían emisiones de semen cuando la veían".

[13] También analizamos estos comentarios escriturales en el Capítulo 5, pero desde un ángulo diferente.

[14] Rut 2:8-9, énfasis del autor.

[15] Rut 2:10, énfasis del autor.

[16] Observa Deuteronomio 23:3-8.

[17] LaCocque, *Ruth*, p. 27.

[18] Ibíd., p. 69 (inserción de paréntesis del autor).

[19] Rut 2:19, énfasis del autor.

[20] Rut 1:20-21.

[21] Observa Salmo 46:1.

[22] Observa 1 Samuel 4:19-22; 7:1; 2 Samuel 6:12-16.

[23] Rut 2:20, énfasis del autor.

[24] Observa Génesis 24.

[25] "The A-to-Z of Camels" [De la A a la Z de los camellos], de Arab.net. Acceso vía Internet en http://www.arab.net/camels/.

[26] "How Much a Gallon of Water Weigh?" ["¿Cuánto pesa un galón de agua?"]. Acceso vía Internet en http://www.aacounty.org/News/Current/WaterCompetition.cfm.

[27] Leonard S. Kravitz y Kerry M. Olitzky, *Ruth: A Modern Commentary* [Rut: Un comentario moderno], Tel Aviv, Israel: URJ Press, 2005, p. xii-xiii.

[28] Salmos 68:5, énfasis del autor.

Capítulo 10
[1] Rut 2:10b (RVR60).
[2] 2 Samuel 23:15, énfasis del autor.
[3] Observa donde dice que Jesús es el Pan de Vida en Lucas 2:4-21; Juan 6:35-41; y Él es el dador y la fuente del agua de vida en Juan 4:10-14 y Apocalipsis 21:6; 22:1.
[4] Observa Hechos 14:11-18.
[5] Andre LaCocque, traductor K. C. Hanson, *Ruth: A Continental Commentary* [Rut, un comentario continental] Fortress Press, Minneapolis, MN, 2004, p. 71. Es claro que la llegada de las dos mujeres a Belén causó sensación. Donde dice: 'Ya me han contado' [vs.11a NVI], Booz continúa hablando con una fluidez ampulosa, empleando aquí un doble *Hophal* (un tono informal pasivo; algo como: 'Me dijeron un dicho' o 'fue dicho que me dijeran'). Él énfasis en la cita es del autor.
[6] Rut 2:10b-12, énfasis del autor.
[7] Salmo 68:4-6, énfasis del autor.
[8] Extracto del artículo "Billy Graham and the Billy Graham Evangelistic Association - Historical Background" ["Billy Graham y la Asociación Evangelística Billy Graham -Trasfondo histórico"] preparado y publicado el 11/11/04 por el Centro de Archivos Billy Graham en Wheaton College, Chicago, Illinois: "A fines de 1949, de pronto él entró en una prominencia a nivel nacional. Una campaña evangelística que Graham conducía en Los Ángeles dio como resultado la dramática conversión de una figura local del mundo delictivo, y de un destacado *disc jockey*, entre otros. El magnate de los periódicos, William Randolph Hearst, por razones desconocidas, ordenó a su publicación 'darle una mano a Graham' y otros periódicos alrededor del país estuvieron de acuerdo. La campaña, planeada para tres semanas, duró siete. Luego, Graham fue a Boston para una serie de campañas y nuevamente los resultados fueron espectaculares. Luego fue a Columbia, Carolina del Sur, donde conocido al editor Henry Luce, quien quedó impresionado con el evangelista y escribió varios artículos sobre él en sus publicaciones, las revistas *Time* y *Life*". Acceso vía Internet en http://www.wheaton.edu/bgc/archives/bio.html el 24 de noviembre de 2006.
[9] LaCocque, *Ruth*, p. 68. "Los jóvenes podían sentirse atraídos a esta joven con quien una relación sexual no sería considerada adulterio (Levítico 20:10; Deuteronomio 22:22) o como una seducción represible (Éxodo 22:16 [Mateo 15]; Deuteronomio 22:28-29)" [énfasis del autor].
[10] Ibíd., p. 79. "Rut está a las claras viviendo en forma peligrosa... Vimos anteriormente que una viuda joven podía constituir una tentación aun mayor, porque el hecho de tener relaciones sexuales con ella no era punible bajo ningún medio legal"; y p. 83, donde el autor observa: "Uno no podía esperar otra cosa que promiscuidad de parte de una mujer moabita".
[11] Rut 2:13, énfasis e inserción de paréntesis del autor.
[12] LaCocque, *Ruth*, p. 72.
[13] La Biblia King James, en inglés ofrece esta versión más colorida.
[14] Rut 2:14-16, énfasis e inserción de paréntesis del autor.
[15] Rut 2:14b
[16] *The Modern Bible: The Berkeley Version* [La Biblia moderna: la versión de Berkeley],

Notas finales

Hendrickson Publishers, Peabody, MA, 2005. Usado con permiso. Todos los derechos reservados.
[17] Mateo 18:4-6, énfasis del autor.
[18] "Casi 4 de cada 10 bebés en los Estados Unidos nacen fuera del matrimonio"; *The Associated Press*, 21 de noviembre de 2006, reportado por MSNBC.com. Acceso el 27 de noviembre de 2006 vía Internet en http://www.msnbc.msn.com/id/15835429/.
[19] Rut 2:20-23, énfasis del autor.
[20] Rut 2:8-9, énfasis del autor.
[21] Observa 1 Samuel 6:13.
[22] LaCocque, *Ruth*, p. 80. "Rut está refugiada en dos lugares: el campo de Booz y la casa de Noemí (v. 23). Esta situación solo puede ser provisional. Solamente durará el tiempo de las dos cosechas, cebada y trigo. Esta es la razón, como veremos, de que al final del capítulo, cuando ella *'se quedó junto con las criadas de Booz'* y *'vivía con su suegra'*, esto no constituye un 'final feliz', sino que es la expresión de un malestar".
[23] Ibíd., "Pero aquí el final de la cosecha actúa como un 'contrapunto desventurado'... Sus fuentes de sostenimiento se agotan, las dos viudas siguen solas y juntas".

Capítulo 11

[1] Una porción de las letras de la canción ganadora del Oscar, escrita por el fallecido Howard Ashman para la película animada de Disney, *La bella y la bestia* (1991). Fuente: "IMDb, The Earth's Biggest Movie Database", vía Internet en http://www.imdb.com/name/nm0039141/bio.
[2] La traducción de la palabra según la versión King James.
[3] Rut 3:10, énfasis del autor.
[4] Lucas 7:35 (RVR60).
[5] Rut 2:20b, énfasis del autor.
[6] La definición de la palabra "bondad" derivada del Biblesoft, *New Exhaustive Strong's Numbers and Concordance with Expanded Greek-Hebrew Dictionary* [Nueva concordancia exhaustiva Strong de números y diccionario expandido griego-hebreo], Copyright © 1994, 2003 Biblesoft, Inc. e Internacional Bible Translators, Inc.: OT:2617 *checed* (*kheh'-sed*); de OT:2616; bondad; por implicación (hacia Dios) piedad: raramente (por oposición) reprobación, o (sujeto) belleza: KJV – favor, buenas obras (-dad), amablemente, (amorosa-) bondad, misericordioso (generosidad), misericordia, piedad, reproche, algo malvado. OT:2618 *checed* (*kheh'-sed*); lo mismo que en OT:2617: favor; *chesed*, un israelita: KJV- *hesed*.
[7] Jesús dijo: *"Ama al Señor tu Dios con todo tu corazón, con toda tu alma y con toda tu mente. Este es el primero y el más importante de los mandamientos. El segundo se parece a este: Ama a tu prójimo como a ti mismo. De estos dos mandamientos dependen toda la ley y los profetas"* (Mateo 22:37-40).
[8] Andre LaCocque, traductor K. C. Hanson, *Ruth: A Continental Commentary* [Rut, un comentario continental], Minneapolis, MN: Fortress Press, 2004, p. 27.
[9] Ibíd., p. 28, énfasis del autor.
[10] Observa Apocalipsis 3:17.
[11] Observa 1 Reyes 17:8-15.

[12] Rut 1:16-17.
[13] Rut 2:5.
[14] Rut 2:6, énfasis del autor.
[15] Observa Rut 2:13.
[16] Observa Rut 2:14.
[17] Observa Rut 2:16.
[18] Rut 3:1-5, énfasis del autor.
[19] Por favor entiende que no estoy queriendo faltarles el respeto a los descendientes de Abraham, Isaac y Jacob, en mi uso de un desguazadero o desarmadero en este ejemplo. Desde un punto de vista mesiánico, la misma misión del pacto abrahámico (y específicamente de la misión de Rut) era *rescatar* y *restaurar* lo que se había descarrilado o apartado por causa de la debilidad humana, error o pecado. Enseguida se mostrará que las enseñanzas rabínica clásicas apoyan el concepto de que el Todopoderoso a menudo ha preservado o redimido familias, tribus o naciones usando lo que parecen métodos o personas "cuestionables" como Tamar, las hijas de Lot y Rut.
[20] Rut 3:6-8, énfasis del autor.
[21] *Adam Clarke's Commentary* [Comentario de Adam Clarke], base de datos electrónica. Copyright © 1996, 2003 por Biblesoft, Inc. Todos los derechos reservados. Comentario sobre Rut 3:7: "[Fue a recostarse] Como todas las eras en las naciones orientales están en general a cielo abierto, es muy probable que el dueño o alguna persona de confianza continuara en el campo hasta que el grano fuera asegurado, *teniendo una carpa* en el lugar donde el grano estaba siendo trillado y zarandeado. Booz parece haber actuado por consiguiente" (énfasis del autor).
[22] *Jamieson, Fausset and Brown Commentary* [Comentario de Jamieson-Fausset-Brown], base de datos electrónica Copyright © 1997, 2003 por Biblesoft, Inc. Todos los derechos reservados. .Comentario sobre Rut 3:2: "'Él aventaba el trigo hasta la noche en la era'. El proceso de zarandeo se lleva a cabo arrojando el grano al aire, contra el viento, con una pala, luego de haber sido pisado. La era, la cual estaba comúnmente en el campo de la cosecha, era cuidadosamente nivelada con un gran rollo cilíndrico y consolidada con caliza, para que las malezas no asomaran y no pudieran llegar a ser molidas juntamente. *El agricultor generalmente se quedaba toda la anoche en el tiempo de la cosecha en la era, no solo por la protección de su valioso grano, sino también para aventarlo.* Esa operación se realizaba en la tardecita, para captar las brisas que soplaban al término de un día caluroso, y las cuales continuaban la mayor parte de la noche. *Esta es una tarea en una estación tan importante, que el amo la realiza él mismo:* y según las formas antiguas, Booz, una persona de considerable riqueza y alto rango, se recostaba a dormir en el suelo del granero, al final del montoncito de cebada que había estado aventando" (énfasis del autor).
[23] Rut 3:6-7, énfasis del autor.
[24] Proverbios 30:19b.
[25] Tikva Frymer-Kensky, *Reading the Women of the Bible: A New Interpretation of Their Stories* [Leyendo las mujeres de La Biblia: una nueva interpretación de sus historias]. Schocken Books, una división de Random House, Inc., New York, 2002, pp. 247-48 (inserción de paréntesis del autor).

Notas finales

[26] LaCocque, *Ruth*, p. 86.
[27] Ibíd., p. 83, énfasis del autor.
[28] Rut 3:8-9, énfasis del autor.
[29] Rut 3:10-11, énfasis e inserción de paréntesis del autor.
[30] *McClintock and Strong Encyclopedia*, [Enciclopedia McClintock y Strong], base de datos electrónica, Copyright © 2000, 2003 por Biblesoft, Inc. Todos los derechos reservados, del artículo sobre Rahab: "Al respecto de Rahab, aprendemos de Mateo 1:5 que ella se convirtió en la esposa de Salmón, hijo de Naasón, y fue antepasada de Booz, el abuelo de Isaí. La sospecha natural es que Salmón debe haber sido uno de los espías que ella salvó, y que la gratitud por tal beneficio llevó, en este caso, a una pasión más tierna y borró el recuerdo de toda desgracia pasada relacionada con su nombre. Se nos dice expresamente que los espías eran 'hombres jóvenes' (Josué 6:23)... y el ejemplo de los primeros espías que fueron enviados desde Cades-Barnea, que eran todos '*príncipes de Israel*' (Números 13:3), así como también la importancia de que el servicio fuera llevado a cabo, llevarían a uno a esperar que ellos también *fueran personas de alto rango*. Pero, sin embargo, es cierto, según la autoridad de Mateo, que Rahab fue la madre de la línea de la cual salió David y, finalmente, Cristo" (énfasis del autor).
[31] Observa Juan 3:16.
[32] Ruth 3:10b.
[33] 1 Corintios 13:7.
[34] Tamar Frankiel, autor de "Ruth and The Messiah" [Rut y el Mesías], un capítulo que aparece en *Reading Ruth: Contemporary Women Reclaim a Sacred Story* [Leyendo a Rut: las mujeres contemporáneas reclaman una historia sagrada], New York: Ballantine Books, 1994, pp. 330-31: "Cada persona se rinde completamente a la autoridad del otro. Es como si cada uno, aunque enfrente una sugestión inusual o una serie de hechos sorprendentes, reconoce en ellos la voluntad de Dios y la acepta con total abandono del yo".
[35] LaCocque, *Ruth*, p. 92, citando a Phyllis Trible, *God and the Rhetoric of Sexuality* [Dios y la retórica de la sexualidad], OBT. Philadelphia: Fortress Press, 1978, p. 183.

Capítulo 12
[1] Rut 3:12-13, énfasis del autor.
[2] Observa Hebreos 11:10.
[3] *McClintock y Strong Encyclopedia* [Enciclopedia McClintock y Strong], base de datos electrónica. Copyright © 2000, 2003 por Biblesoft, Inc. Todos los derechos reservados. Las fechas extraídas del artículo detallado sobre "David", específicamente la ubicación por parte de los autores de la primera unción de David por el profeta Samuel en 1068 a.C., y su unción como rey de Israel por consenso en 1046 a.C.
[4] Observa la historia del profeta Elías en 1 Reyes 17:1-9.
[5] Rut 3:13b, énfasis del autor.
[6] Rut 3:12, énfasis del autor.
[7] Tikva Frymer-Kensky, *Reading the Women of the Bible: A New Interpretation of Their Stories* [Leyendo las mujeres de La Biblia: una nueva interpretación de sus historias],

New York: Schocken Books, una división de Random House, Inc., 2002, pp. 248-49.

[8] "Mientras que la ley meramente imponía al hermano la obligación de casarse con la viuda sin hijos, e incluso le permitía renunciar a dicha obligación si asumía la desgracia conectada con tal rechazo (observa Deuteronomio 25:7-10); según Rut 4:5 se había vuelto una costumbre tradicional exigir el matrimonio por levirato de parte del redentor de la porción del pariente fallecido, no solo que la posesión de bienes raíces sería retenida en forma permanente en la familia, sino que, además, la familia misma no sufriría la extinción". C. F. Keil y F. Delitzsch, *Commentary on the Old Testament* [Comentario del Antiguo Testamento], base de datos electrónica. Copyright © 1996 por Hendrickson Publishers, Inc. Todos los derechos reservados.

[9] Andre LaCocque, traductor K.C. Hanson, *Ruth: A Continental Commentary* [Rut, un comentario continental] Fortress Press, Minneapolis, MN, 2004, p. 47. "El tema del levirato está en juego desde el principio en el libro de Rut... El término... designa a un cuñado (Latín, *levir*) en la ley del levirato (Deuteronomio 25:5-10)".

[10] Frymer-Kensky, *Reading the Women of the Bible*, pp. 248-49.

[11] Rut 3:13 (RVR60), énfasis del autor.

[12] Frymer-Kensky, *Reading the Women of the Bible*, p. 247. El autor dice: "[Noemí] no siente que pueda acercarse a Booz directamente. Tal vez las viudas no tenían el derecho de negociar contratos matrimoniales; o quizás Israel tenía un sistema de dotes además de la dote o el pago por la novia, y siendo indigente, no podía pagarlo."

[13] LaCocque, *Ruth*, p. 28: "El libro de Rut como método hermenéutico –es decir, de acuerdo a una interpretación expansiva de la Ley– concuerda con una visión teológica del primer orden que uno puede resumir brevemente: *Dios es mayor que la Ley*... a pesar del tema central en Rut acerca de *hesed*, porque la palabra es un augurio de la interpretación de la Ley que supera a la letra. Uno podría creer que esta visión es más cristiana que judía; pero, en forma significativa, es una virtud que los primeros rabinos reconocían dentro del Hasidim. Ellos avanzaban 'más allá de lo que la Ley pedía', una expresión técnica aplicada en el Talmud a los individuos carismáticos cuya interpretación de los textos a través de *hesed* los llevaran a cumplir los mandamientos que se hallan por encima de la letra. *Hesed* es la virtud del exceso".

[14] Juan 21:25, énfasis del autor.

[15] LaCocque, *Ruth*, p. 84. El escritor agrega: "Este es un caso de lo que Soren Kierkegaard llamaba una 'suspensión teleológica de lo ético'".

[16] Tamar Frankiel, autor de "Ruth and the Messiah" [Rut y el Mesías], un capítulo que aparece en *Reading Ruth: Contemporary Women Reclaim a Sacred Story* [Leyendo a Rut: las mujeres contemporáneas reclaman una historia sagrada], New York: Ballantine Books, 1994, pp. 323.

[17] LaCocque, *Ruth*, p. 70. La nota al pie del autor cita: "Ostriker, 'Redeeming Ruth' [Redimiendo a Rut], 175 nro. 1". La referencia bibliográfica completa dice: Alicia S. Ostriker, "The Redeeming of Ruth" [La redención de Rut]. En ídem, es decir algo citado previamente, *The Nakedness of the Fathers: Biblical Visions and Revisions* [La desnudez de los padres: visiones y revisiones bíblicas], New Brunswick, NJ, Rutgers University Press, 1994, pp. 169-175.

[18] Ibíd., p. 84, "El tema aquí es devolverle la vida a un clan israelita arrasado por la

Notas finales

muerte de sus progenitores. Solo una combinación de las leyes sobre redención y el levirato es capaz de revivir al clan de Noemí de la muerte".
[19] Ibíd., p. 87.
[20] Observa Filipenses 2:5-11.
[21] Frymer-Kensky, *Reading the Women of the Bible*, p. 248, énfasis del autor.
[22] Ezequiel 16:8 (RVR60), énfasis del autor.
[23] Cuatro comentaristas brindan las siguientes perspectivas sobre la frase "de tapa" en Ezequiel 16:8 y hacen referencia a Rut en sus comentarios: Adam Clarke dijo que decir "'extendí mi manto sobre ti' significa 'te desposé'. Esta era una de sus ceremonias matrimoniales iniciales". *Adam Clarke's Commentary* [Comentario de Adam Clarke], base de datos electrónica. Copyright © 1996, 2003 por Biblesoft, Inc. Todos los derechos reservados. Otro comentario observa: "El manto es a menudo usado como un cubrecama en el Oriente". Comentario de Jamieson-Fausset-Brown, base de datos electrónica, Copyright © 1997, 2003 por Biblesoft, Inc. Todos los derechos reservados. Keil y Delitzsch escribieron: "'Extendí mi ala sobre ti', [significa] el volado o borde de la vestidura, la cual también servía como *cubrecama* [una colcha bordada, un cubrecama]; en otras palabras, 'me casé contigo (cf. Rut 3:9, Ezequiel), y por ende cubrí tu desnudez'". Keil y Delitzsch, *Commentary on the Old Testament: New Updated Edition* [Comentario del Antiguo Testamento: nueva versión actualizada], base de datos electrónica. Copyright © 1996 Hendrickson Publishers, Inc. Todos los derechos reservados. Matthew Henry, al referirse a la adopción de los hijos de Israel por parte de Dios y su paso por el desierto, escribe: "Cuando Dios los guió por debajo de la columna de nubes y de fuego, *él extendió su manto sobre ellos*". *Matthew Henry's Commentary on the Whole Bible: New Modern Edition* [Comentario Matthew Henry a toda La Biblia: nueva edición moderna], base de datos electrónica, Copyright © 1991 por Henrickson Pblishers, Inc., énfasis del autor.
[24] *International Standard Bible Encyclopedia* [Enciclopedia Internacional Standard], base de datos electrónica. Copyright © 1996, 2003, por Biblesoft, Inc. Todos los derechos reservados, del artículo sobre Booz: "1 Crónicas 2:11-12 dice que Booz era un descendiente de Jezrón, y por lo tanto probablemente un principal del clan jezronita en Belén. La tradición judía identifica a Booz con Ibsán (Jueces 12:8-10).
[25] Filipenses 2:7
[26] Observa Rut 4:13.
[27] Observa Mateo 1:18-25.
[28] Rut 3:14-15, énfasis del autor.
[29] Rut 3:16-18, énfasis del autor.
[30] Frymer-Kensky, *Reading the Women of the Bible*, p. 248-49.

Capítulo 13
[1] Rut 4:12
[2] Mateo 13:44, énfasis del autor. ¿Pudiera ser que Jesús tuviese a Rut y Booz en mente cuando contó esta parábola y su compañera, "la perla de gran precio", en el versículo siguiente?
[3] Susanne Klingenstein, "Circles of Kinship" [Círculos familiares], un capítulo que

aparece en Judith A. Kates y Gail Twersky Reimer, ed., *Reading Ruth: Contemporary Women Reclaim a Sacred Story* [Leyendo a Rut: las mujeres contemporáneas reclaman una historia sagrada], Ballantine Books, New York, 1994, p.204. El Midrash es más específico que la Meguilá sobre la naturaleza de la relación de Booz con Noemí. La mayoría de los rabinos sostienen la teoría de que el marido de Noemí, Elimélec, Booz y otro habitante de Belén, mencionado brevemente en el capítulo 4 de la Meguilá, eran hermanos (Ruth Rabba 6:3)."

[4] El rabí Noson Weisz dijo: "La necesidad de ella [de Rut] era tan grande que el mundo entero esperaba que Rut naciera". Rabí Noson Weisz, "The Book of Ruth: A Mystery Unraveled" [El libro de Rut: un misterio desentrañado], un artículo Shavuot publicado en www.aish.com, un sitio educativo judío con base en Israel. Acceso vía Internet en http://www.aish.com/holidays/shavuot/The_Book_of_Ruth_A_Mystery_Unraveled_p.asp el 21 de octubre de 2006, énfasis del autor.

[5] Ibíd., citado del Talmud (Baba Kama 38a), énfasis del autor.

[6] Ibíd.

[7] Observa Deuteronomio 16:18.

[8] *Adam Clarke's Commentary* [Comentario de Adam Clarke], base de datos electrónica. Copyright © 1996, 2003 por Biblesoft, Inc. Todos los derechos reservados. Sobre la frase: *"Ven acá, amigo mío, y siéntate"*, en Rut 4:1: "Este modo familiar de compilación es usado primero aquí. El original es *sh^{a}baah poh, p^{a}loniy 'almoniy*! '¡Oiga usted, Fulano de Tal! ¡venga y siéntese aquí!' Esto es usado cuando la persona es conocida, y su nombre y su residencia son desconocidos. '*Almoniy* viene de '*aalam*, estar en silencio o escondido, por lo tanto la Septuaginta lo traduce como *kruphe*, tú, persona desconocida; *p^{a}loniy* proviene de *paalah*, cortar o distinguir; tú de cierto lugar en particular. Los modos de compilación de esta clase son comunes en todos los idiomas".

[9] Rut 4:1-3.

[10] Rut 4:4a, énfasis del autor.

[11] Rut 4:4b, énfasis del autor.

[12] Adaptado de Biblesoft, *New Exhaustive Strong's Numbers and Concordance with Expanded Greek-Hebrew Dictionary* [Nueva concordancia exhaustiva Strong de números y diccionario expandido griego-hebreo], Biblesoft. Copyright © 1994, 2003 Biblesoft, Inc. e International Bible Translators, Inc., definición para "anunciar" – OT:1540 *galah (gaw-law')*; una raíz primitiva; desnudar (especialmente en un sentido de desgracia); por implicación, exiliar (los cautivos generalmente eran despojados de su ropa); figurativamente, revelar: KJV – anunciar, aparecer, traer, (llevar, guiar, ir), cautivo (en cautividad), partir, revelar, descubrir, exilio, irse, abrir, abiertamente, publicar, quitar, desvergonzadamente, seguramente, decir, destapar.

[13] Observa Deuteronomio 14:29; Proverbios 15:25; Zacarías 7:9-14; y Malaquías 3:5.

[14] Rut 4:5 énfasis del autor.

[15] Rut 4:6-8, énfasis del autor.

[16] Leonard S. Kravitz y Kerry M. Olitzky, *Ruth: A Modern Commentary* [Rut: Un comentario moderno], URJ Press, Tel Aviv, Israel, 2005, p. 17. El autor también dijo: "El rabino principal de Israel emitió un fallo en 1950 que eliminaba el requisito

del matrimonio por levirato, pero sigue siendo un tema en las comunidades ultra-ortodoxas *chareidi*.
[17] Comentario de Jamieson-Fausset-Brown, base de datos electrónica Copyright © 1997, 2003 por Biblesoft, Inc. Todos los derechos reservados, del comentario de Rut 4:7.
[18] Cynthia Ozick, "Rut", un capítulo que aparece en *Reading Ruth*, pp. 230-31, énfasis del autor.
[19] Observa Lucas 10:30-37.
[20] Andre LaCoque, trad. K.C. Hanson, *Ruth: A Continental Commentary* [Rut, un comentario continental] Fortress Press, Minneapolis, MN, 2004, p. 111.
[21] Rut 4:9-10.
[22] Rut 4:11-13, énfasis del autor.
[23] Observa Génesis 38.
[24] Tamar Frankiel, autor de "Ruth and the Messiah" ["Rut y el Mesías"], un capítulo que aparece en *Reading Ruth*, p. 323: "Uno de los enemigos de David, Doeg, un hombre brillante y un consejero del rey Saúl, atacó reiteradamente la reputación de David por ser de ancestros moabitas, y animó a Saúl a matar a David por rebelde (1 Samuel 22). Él alegaba que como la abuela de David era una moabita, su matrimonio con Booz era una unión prohibida y por lo tanto David era un *mamzer*, o bastardo".
[25] Tikva Frymer-Kensky, *Reading the Women of the Bible: A New Interpretation of Their Stories* [Leyendo las mujeres de La Biblia: una nueva interpretación de sus historias], Schocken Books, una división de Random House, Inc., New York, 2002, p. 253.
[26] El apóstol Pablo dijo: "*En tanto que llego, dedícate a la lectura pública de las Escrituras, y a enseñar y animar a los hermanos*" (1 Timoteo 4:13).
[27] LaCocque, *Ruth*, p. 123, énfasis del autor.

Capítulo 14
[1] Rut 4:14,17b.
[2] Observa Mateo 16:26; Marcos 8:36.
[3] Hechos 13:22.
[4] Winkie Pratney, *Fuego en el horizonte*, Caribe Betania, 2000.
[5] Tamar Frankiel, autor de "Ruth and the Messiah" ["Rut y el Mesías"], un capítulo que aparece en *Reading Ruth: Contemporary Women Reclaim a Sacred Story* [Leyendo a Rut: las mujeres contemporáneas reclaman una historia sagrada], Ballantine Books, New York, 1994, p. 323, énfasis e inserción de paréntesis del autor.
[6] Rut 4:15, énfasis e inserción de paréntesis del autor.
[7] Observa Efesios 1:6 (RVR60).
[8] Por favor entiende mi propósito en la siguiente declaración: Parecemos impulsados a encontrar "atajos" en cada área de la vida, incluyendo en nuestra salvación. En contraste con la oferta de Dios de salvación por gracia y fe en Cristo Jesús solamente, las "otras" religiones del mundo son populares precisamente porque ofrecen planes de obras hazlo-tú-mismo, mantras, y *kits* de cómo hacer para lograr alguna clase de logro superior. La Palabra de Dios es *mejor* y más duradera que cualquiera cláusula contractual de buena obra. Y hasta el apóstol Pablo veía la necesidad de clarificar la

diferencia entre enfocarse en lo que él llamaba "la *letra* de la ley" y el *espíritu* de la ley en Romanos 2:28-29; 7:6 y 2 Corintios 3:6. Una produce un legalismo mortal, porque busca una vida separada del propósito amoroso de Dios, que envió a su Hijo a *"buscar y salvar lo que se había perdido"*. La otra, el espíritu de la ley, reconoce la necesidad de las buenas obras y acciones rectas, pero deposita el poder total de redención en la misericordia y gracia de Dios mismo.

[9] Observa Mateo 6:7. Para un estudio más completo sobre la misión de la oración, observa mi libro *Oraciones de un buscador de Dios*, Casa Creación, 2003.

[10] Frankiel, *Reading Ruth*, p. 324, énfasis del autor.

[11] Ibíd., p. 323 [Nota: Este pasaje ya fue citado en el Capítulo 10.]

[12] Rut 4:18-22.

[13] Observa Gálatas 2:6.

[14] Observa Génesis 24-27.

Acerca del autor

El autor de los *best sellers* de la serie *Buscadores de Dios*, Tommy Tenney, ha ministrado y viajado por más de setenta y dos países. Con todos esos viajes posee una gran experiencia en tratar de "encontrar su camino". Ha estado por más de treinta años en el camino del ministerio y del matrimonio. Tommy y su esposa Jeannie residen en Louisiana con sus tres hijas, un yerno, tres nietos y dos perros yorkies. Puedes visitarlo en la web en www.godchasers.net (en inglés).

Esperamos que este libro
haya sido de su agrado.
Para información o comentarios,
escríbanos a la dirección
que aparece debajo.

Muchas gracias.

PENIEL
info@peniel.com
www.peniel.com